本书系国家社会科学基金"十四五"规划 2021 年度教
事权视域下中华民族共同体意识在统编语文教科书中建构研究"（项目编
号：BMA210046）的阶段性成果。

统编语文教科书里的中华 优秀传统文化谱系研究

吴艳梅　著

新 华 出 版 社

图书在版编目（CIP）数据

统编语文教科书里的中华优秀传统文化谱系研究 /
吴艳梅著 . --北京：新华出版社，2024.5. -- ISBN
978-7-5166-7413-0

Ⅰ. G633.302

中国国家版本馆 CIP 数据核字第 20249ZR670 号

统编语文教科书里的中华优秀传统文化谱系研究
著者：吴艳梅
出版发行：新华出版社有限责任公司
　　　　　（北京市石景山区京原路 8 号　邮编：100040）
印刷：天津和萱印刷有限公司

成品尺寸：170mm×240mm　1/16　　　印张：13.5　　字数：214 千字
版次：2024 年 6 月第 1 版　　　　　　印次：2024 年 6 月第 1 次印刷
书号：ISBN 978-7-5166-7413-0　　　　定价：68.00 元

微店

视频号小店

抖店

京东旗舰店

扫码添加专属客服

微信公众号

喜马拉雅

小红书

淘宝旗舰店

|序　言|

2017 年 10 月 18 日，习近平总书记在党的十九大报告中强调："没有高度的文化自信，没有文化的繁荣兴盛，就没有中华民族伟大复兴。"① 中国特色社会主义文化，源自于中华民族五千多年文明历史所孕育的中华优秀传统文化，熔铸于党领导人民在革命、建设、改革中创造的革命文化和社会主义先进文化，植根于中国特色社会主义伟大实践。深入挖掘中华优秀传统文化蕴含的思想观念、人文精神、道德规范，结合时代要求继承创新，让中华文化展现出永久魅力和时代风采。为了继承和弘扬中华优秀传统文化，2017 年 1 月，中共中央办公厅、国务院办公厅印发了《关于实施中华优秀传统文化传承发展工程的意见》。② 该《意见》指出，文化是民族的血脉，是人民的精神家园。中华民族和中国人民在修齐治平、尊时守位、知常达变、开物成务、建功立业过程中培育和形成的基本思想理念，可以为人们认识和改造世界提供有益启迪，可以为治国理政提供有益借鉴。开展中小学中华优秀传统文化教育，对于永续中华民族的根与魂，坚守中华民族的共同理想信念，筑牢民族文化自信、价值自信的根基，维护国家文化安全，增强国家文化软实力，培养青少年做堂堂正正的中国人，具有重要意义。

雅斯贝尔斯认为学校有四项任务，"第一是研究和教学专业知识课程；第二是教育与培养；第三是生命的精神交往；第四是学术。"③ 可见，学校不仅是增长学识的知识王国，更是精神生活的天堂。各级各类学校应充满着

---

① 习近平：决胜全面建成小康社会 夺取新时代中国特色社会主义伟大胜利——在中国共产党第十九次全国代表大会上的报告［EB/OL］.［2017 - 10 - 27］. https：//www. gov. cn/zhuanti/2017 - 10/27/content_ 5234876. htm.

② 中共中央办公厅 国务院办公厅印发《关于实施中华优秀传统文化传承发展工程的意见》［EB/OL］.［2017 - 01 - 25］. https：//www. gov. cn/zhengce/2017 - 01/25/content_ 5163472. htm.

③ 雅斯贝尔斯. 什么是教育［M］. 邹进，译. 北京：生活读书·新知三联书店，1991：149.

浓郁的文化气息，是学生学习、生活的空间。新时代对学生进行传统文化教育，就是要用中华优秀传统文化对学生进行正确的世界观、人生观、价值观教育，激发学生的崇高价值追求。

2021 年以来，国家教材委员会、教育部确定了习近平新时代中国特色社会主义思想、党的领导、革命传统、中华优秀传统文化、总体国家安全观以及国防、生命安全与健康等重大主题，研制、颁布了相关主题进课程教材指南或指导纲要等指导性文件。① 2021 年，教育部印发的《中华优秀传统文化进中小学课程教材指南》，明确了中华优秀传统文化进中小学课程教材的基本原则和主题内容，为中华优秀传统文化进教材提供了基本依据。2022 年，教育部印发的《义务教育课程方案和课程标准（2022 年版）》中提出全面落实习近平新时代中国特色社会主义思想，将重大主题教育有机融入课程，增强课程的思想性。②

长期以来，我国中小学教科书体系中中华优秀传统文化教育相关内容有所涉及，"在某些方面，仍存在被简单'塞进''补进''加进'等现象，未能有机'融入'现有教育体系，有些内容安排也呈现出碎片化、系统性不足等倾向"。③ 问题的症结在于知识与价值相割裂的二元论哲学。中华优秀传统文化博大精深，内容极其丰富，如何根据不同学段、不同学科以及学生的学习特点，有针对性地选取合适的学习内容，准确把握内容的深度、难度以及呈现方式等，仍需我们持续深入研究以提供指导。因而就有必要重新审视优秀传统文化融入中小学教科书的实质、逻辑创新、融入的策略体系。语文学科是传承发展中华优秀传统文化的重要载体。《义务教育语文课程标准（2022 年版）》（以下简称"义教新课标"）将"中华优秀传统文化"确定为语文课程内容的三大主题之一，并要求"围绕创造性转化和创新性发展

---

① 教育部关于印发《革命传统进中小学课程教材指南》《中华优秀传统文化进中小学课程教材指南》的通知（教材 [2021] 1 号）[EB/OL]. [2021 – 06 – 01]. http://www.moe.gov.cn/srcsite/A26/s8001/202102/t20210203%5F512359.html.

② 教育部关于印发义务教育课程方案和课程标准（2022 年版）的通知（教材 [2022] 2 号）[EB/OL]. [2022 – 04 – 08] http://www.moe.gov.cn/srcsite/A26/s8001/202204/t20220420_619921.html.

③ 田慧生，张广斌，蒋亚龄. 中华优秀传统文化融入课程教材体系的理论图谱与实践路径 [J]. 教育研究，2022（04），52 – 60.

要求，确定中华优秀传统文化内容主题"①如何赋予中华优秀传统文化以新的时代内涵和现代表达形式，实现中华优秀传统文化与语文学科的深度融合，是摆在语文学科教育面前的一个重大课题、重大挑战，也是重大使命。中华优秀传统文化是统编语文教科书内容的重要组成部分，是语文课程育人的媒介，对其中的中华优秀传统文化构成进行描述和分析，探讨语文教科书里的中华优秀传统文化谱系存在什么问题，旨在重新审视优秀传统文化融入语文教科书的实质、转化策略体系，以推进中华优秀传统文化教育得以深度、有机地融入义务教育语文教科书，进而充分实现中华优秀传统文化的育人价值。

---

① 中华人民共和国教育部. 义务教育语文课程标准 2022 年版 [S]. 北京：北京师范大学出版社，2022：18.

|目　录|

第一章　中华优秀传统文化理论阐释

第一节　文化与中华优秀传统文化

中华优秀传统文化是中华民族的根和魂，中国传统文化融入现代生活，是研究中华优秀传统文化教育的价值所在，但中华优秀传统文化是个庞杂的范畴，其内涵浩如烟海，宽博无垠，其传统不是凝固的沉淀物，而是不断更新的相对稳定的结构，是从过去流淌到现今的精神河流，每个人都不自觉地站在传统的延长线上。它天然生就的品格承载着历史的惰性力而又不随顺时俗俯仰，在更新的过程中，中华文化的大传统和小传统互为影响、大传统须通过和小传统结合，来增加自己的辐射力，小传统则有赖大传统的思想凝聚与品质提升。

一、文化的含义

文化是人类社会实践的产物，并随着人类文明的演进得以丰富和完善。"文化"二字最早可追溯到商代甲骨文，"文"本义指各色交错的纹理，许慎在《说文解字·文部》中言："文，错画也，象交文。"《礼记·乐记》称："五色成文而不乱。"后引申为多重含义，如指代包括语言文字在内的各种象征符号，进而具体化为文物典籍、礼乐制度；进一步引申出人文修养之义，开始拥有了与"质""实"相对的道德修养与崇高精神的意思，[①] 如《论语·雍也》称"质胜文则野，文胜质则史，文质彬彬，然后君子"；此外，"文"还有善与德行之义，如《礼记·乐记》："礼减而进，以进为文；乐盈而反，以反为文。"郑玄注"文，犹美也、善也"。"化"本义为变化、

---

① 董成雄. 中国优秀传统文化的系统解读和传承建构 [D]. 泉州：华侨大学，2017.

改变。如《易·卜辞下》中所谓："男女构精，万物化生"而后，"化"又引申为教化，如《说文解字·匕部》中："化，教行也。""文化"的使用较早可追溯到战国末年的《易·贲卦·象传》，"（刚柔交错），天文也。文明以止，人文也。关乎天文，以察时变；关乎人文，以化成天下"，在这里，天文指代天道自然规律，人文则指向人与人之间的社会伦理。这段话意在阐释作为统治者，要善于观察大自然的天道规律，从而明晰时序的变化，同时又要观照人文伦理，让天下人都能够懂得长幼尊卑的秩序，遵守礼仪规范。① 因此，"文""化"从一开始联用起，就具有了"以文教化"的思想。

然而，在中国的文化传统中，对于文化并没有明确的定义，我们今天所说的文化的概念，最初是从西方引进并由日文转译过来的。在西方，"文化"一词起源于拉丁文 Cultura，意为耕种、居住、练习等，英文、法文同样用 Culture 传达种植、栽培之意，而后又加入了对人品德的教养等元素。西方学者普遍认同，最早对文化进行定义的是英国学者泰勒，他在《原始文化》中提到，"所谓文化或文明，就其广泛的民族学意义来说，乃是包括知识、信仰、艺术、道德、法律、习俗和作为一名社会成员的任何人所获得的能力和习惯在内的一种复合整体。"② 文化是人类社会特有的现象，动物的行为往往出自本能，而人类的文化则强调人类的主观创造，凡经人"耕耘"过的一切均是文化。③ 受泰勒等人的影响，国内学者也开始尝试性地对文化进行定义，根据《辞海》的权威释义，文化分广义与狭义两个方面，广义的文化指向人类社会历史实践过程中所创造的物质和精神财富的总和，狭义的文化则指向社会的意识形态，以及与之相对应的制度和组织机构。④ 梁漱溟在《中国文化要义》一书中认为文化包含着社会生活中的各个方面，经济、政治、历史都在文化范畴之内。⑤ 文化是人类在社会历史发展过程中创造出来的精神成果。文化以民族为载体依附于具体国家，是民族共同体的深层记忆和民族国家精神意涵的符号化表达。文化亦是人为的，它得益于

---

① 张岱年，方克立. 中国文化概论［M］. 北京：北京师范大学出版社，1994：5.
② 泰勒. 原始文化［M］. 蔡江浓编译. 杭州：浙江人民出版社，1988：12.
③ 王新婷. 中国传统文化概论［M］. 北京：中国农业大学出版社，2011：1.
④ 舒新城. 辞海［M］. 上海：中华书局，1936—1941.
⑤ 梁漱溟. 中国文化要义［M］. 成都：路明书店初版，1949，11.

"被吸收在群体中的人们所共同接受才能在群体中维持下去"。①

据此我们可以发现，中西方在对文化的理解上既存在差异也存在共通点，首先，二者对文化的理解经历了不同的历程。西方一开始将文化定位于物质生活方面，认为文化的本意是"耕种"，强调人的物质创造，继而引申到精神领域，强调文化对人品行及道德的教养之意；而中国则与此相反，中国古代对文化的理解首先着眼于"以文教化"，倾向于狭义的精神层面，而后拓展到更广泛的物质与精神相结合层面。其次，共通点在于它们最终都指向了文化的综合性，即文化涉及人类社会生活的各个方面。与此同时，文化的核心是人。一方面，人创造了文化，并通过文化传承和创新不断地塑造和改变着文化；另一方面，文化对人起形塑作用，文化所包含的价值观、信仰、习俗、艺术、语言等决定了人们在社会生活中的行为方式、礼仪规范、社交方式等。

关于文化结构，目前学术界通常将文化分为三个层次。一是精神文化层面，精神文化是人类在社会实践和意识活动中长期孕育出来的价值观念、思维方式、道德情操、审美趣味、宗教感情、民族心理等，是人类观念的反映。二是物质文化层面，物质文化指向满足人类生活和生存需要所创造的物质产品及其所表现的文化。三是制度文化层面，制度文化主要反映个人与他人、个体与群体等社会关系，是人类在社会活动中建立的各种社会关系规范的总和，这三者相互渗透，共同指引人类社会生活的发展。② 此外我们还应该注意，文化与文明是两个既相互区别又具有内在联系的概念。不管是文化还是文明都是以"人"作为创造主体的，离不开人的社会实践活动，但二者又不能一概而论。恩格斯等人将人类历史的史前时期划分为蒙昧时代、野蛮时代、文明时代。在蒙昧时代，人们主要以获取现成天然产物为主，野蛮时代是学会畜牧和农耕的时期，是学会靠人的活动来增加天然产物生产的方法的时期，而文明时代则是学会对天然产物进行进一步加工的时期，是真正的工业和艺术的时期。③ 文明是和野蛮相对的，是一元的，指向人类社会的发展与进步程度，文化可以有精华与糟粕之分，但只有那些可以推动社会历

---

① 费孝通. 论人类学与文化自觉 [M]. 华夏出版社，2004：196.
② 邓天杰. 中国文化概论 [M]. 北京：北京师范大学出版社，2012：8.
③ 马克思，恩格斯. 马克思恩格斯选集：第4卷 [M]. 中共中央马克思恩格斯列宁斯大林著作编译局，编译. 北京：人民出版社，1995：6.

史发展的、具有积极的部分才可以构成文明因素，总的来说，文化是文明的外在表现形式，而文明是文化的内在价值。①

二、中华优秀传统文化

对于中华（或中国）传统文化的理解可以从中国、传统、文化三个概念入手。"中国"一词的由来最早可追溯到商朝，由于商朝在地理位置上处于中心，故将这块土地称之为"中国"。在古代，"中国"是"中央之国"或"中央之城"的代名词，但当时的"中国"和我们今天所说的"中国"并不是同一个概念，真正将"中国"作为正式国别的简称是从近代辛亥革命以后开始的。时至今日，"中国"逐渐发展为一个以汉族为主体，共包含56个民族的统一多民族国家。②

所谓"传统"，意味着传承与系统，有一以贯之之意，是世代相承的。传统文化是从历史上流传下来的保存在每个民族中具有稳定样态的文化要素的有机体，影响着人们的思想观念、行为方式、生活习俗，③ 但传承并不意味着静止，"传统"既是对中华民族几千年来智慧结晶的继承，同时也蕴含着丰富的时代内涵，正如黑格尔所说，"传统并不仅仅是一个管家婆，只是把它所接受过来的忠实保存着，然后毫不改变地保持着并传给后代，它也不像自然的过程那样，在它的形态和形式的无限变化与活动里，永远保持原始的规律，没有进步"，④ 因此，并非所有来源于过去的文化都可称之为传统文化，只有那些对人类社会生活具有重要价值、充满生命活力的文化才得以得到延续与继承。⑤

中华传统文化是56个民族在中华大地上共同创造的文化，形成了以中华民族为创造主体，以夏、商、周一直到清末鸦片战争以前为时间脉络，具有稳定的文化样态并经过世代传承仍影响着整个社会的发展，具有时代价值的文化体系。

---

① 杨海蛟，王琦. 论文明与文化 [J]. 学习与探索，2006（1）：66-73.
② 张洪基. 喻世趣文 [M]. 2002：1.
③ 盛亚丹. 中学中华优秀传统文化教育中存在的问题及对策研究 [D]. 武汉：华中师范大学，2017.
④ 黑格尔. 哲学史讲演录 第1卷 [M]. 贺麟，王太庆译. 北京：商务印书馆，2009：8.
⑤ 赵洪恩，李宝席. 中国传统文化通论 [M]. 北京：人民出版社，2003.05.

包括物质文化、制度文化、思想文化等多个层面，融合了先秦子学、两汉经学、魏晋玄学、隋唐佛学等多个文化实体，是包括儒家、墨家、道家、法家等在内的多个学术流派相互碰撞交流的结果，承载着中华民族精神，①是中华民族对于人类的巨大贡献。

中华优秀传统文化有着悠久的历史，它孕育于夏商，繁荣于两周，定型于秦汉，转型与清末，历经几千年的发展，呈现出一幅多姿多彩的文化画卷。② 中华传统文化在历史发展长河中形成了兼容并包的文化形态，这其中既有精华也不乏糟粕，毛泽东曾在《新民主主义论》中表明我们要对文化有所辨识，取其精华，去其糟粕。"优秀"规定了中华传统文化的性质，意味着将其中糟粕的部分区别开来。关于中华优秀传统文化，学界曾从不同角度对其进行了解释。

庞朴在《要研究"文化"的三个层次》中提到，文化可以被划分为三个层次，分别为表层的物质文化层面、中层的制度与理论层面，以及包含价值理念，伦理道德、宗教信仰、审美意识等在内的最深层次。③ 在《中国文化导论》一书中，李宗桂认为精神思想层面是文化的内核部分，中华民族长期发展中形成的宗教信仰、社会伦理、审美情趣等的总和构成了中国文化的本质。④ 在《传统文化的精华》一文中，张岱年表示："中国文化的优秀传统的核心就是关于人的自觉的思想。"⑤ 与此同时，他还强调中华优秀传统文化所具备的时代价值，优秀传统文化的"人本思想、辩证思想、古代唯物主义、天然协调、无神论传统、人际和谐、民族独立、忧国忧民"思想至今具有突出意义。⑥ 可见，中华优秀传统文化不仅在物质上，更在精神上对于社会的发展与进步具有促进意义。中华优秀传统文化是中国传统文化的精华所在、精神所在、气魄所在，是体现民族精神的价值内涵，它是在中华民族长期的历史发展过程中形成并具有积极的历史作用，且至今具有重要价值的思想文化，纵使经过岁月的洗礼，仍能保持自身强大的生命力，指导

---

① 李宗桂 . 试论中国优秀传统文化的内涵 [J]. 学术研究，2013（11）：35－39.
② 刘丽娜 . 中华优秀传统文化融入大学生思政教育的路径探析 [D]. 长春：东北师范大学，2018.
③ 庞朴 . 要研究"文化"的三个层次 [N]. 光明日报，1986－1－17（2）.
④ 李宗桂 . 中国文化导论 [M]. 广东：广东人民出版社，2002：14.
⑤ 张岱年 . 传统文化的精华 [M]. 石家庄：河北人民出版社，1996：471－474.
⑥ 张岱年 . 文化与哲学 [M]. 北京：教育科学出版社，1988：73.

人类进行正确的社会实践。从文化的古与今来看，中华优秀传统文化是鸦片战争以前中国社会发展起来的文化精华，它与近代以来形成的革命文化和社会主义先进文化之间是相互作用的关系，一方面，对中华优秀传统文化的吸收与改造促进了后者的生成；另一方面，革命文化与社会主义先进文化的发展又展开了对中华优秀传统文化的继承与弘扬。文化自信是一个国家、一个民族发展过程中最基本、最深层次、最持久的力量。中华优秀传统文化中所蕴含的天人合一、贵和尚中以及和合文化等理念具有鲜明的民族特色和时代价值，是中华民族得以繁衍壮大的精神内核。在当今文化多元的社会背景下，弘扬中华优秀传统文化可以使人们可以更好地认识自己的文化根源和民族精神，形成对自己文化的自豪感和认同感，对于提升国家文化软实力，坚定文化自信、促进文化认同、走向文化自觉具有重要意义。

第二节　中华优秀传统文化的基本精神

一、文化精神的意涵

中国传统文化历经千年之久，拥有自身强大的动力，而文化精神就是推动文化发展的内在动力。《说文解字·米部》"精，择也。从米青声。子盈切"，即优选品。《说文解字·示部》"天神，引出万物者也。从示申。食邻切"。即"神"指天神，引出万物的存在。那"精神"就是指引领万物的优选品。与"文化"相结合的"文化精神"即引领民族延续发展不断前进的优秀传统文化。

文化精神是相对于文化的具体形态及表现而言的，文化的具体体现包括制度、器物、习惯、环境等等。这些都与内在的文化基本精神相关联，文化的基本精神就是所有这些文化现象中的最精微的内在动力和思想基础，是指导和推动民族文化不断前进的基本思想和基本观念。中国文化的基本精神是民族延续发展的精神动力或者说是中华民族生存发展的精神支柱。而优秀传统文化的实质是民族文化基本精神的具体体现。此外，张岱年还揭示了中国文化基本精神的特点："一是具有广泛的影响力，感染熏陶了大多数人民，并为他们所认同所接受，成为他们的基本人生信念和自觉的价值追求；二是具有维系民族生存和发展、促进社会进步的积极作用"。①

如果从理论高度审视，所谓的中国文化的基本精神，实质上就是中华民族的民族精神。民族精神，就广义来讲，就是指导中华民族延续发展、不断前进的思想精粹，是民族文化的主导思想。从性质而言，它是一种伟大的卓越精神，就其表现形式而言，文化的基本精神属于意识形态范畴，它渗透在民族的优秀传统文化之中，凝聚在文化传统之中。所谓的文化传统是指受到某种特定的文化的影响，经过长期历史沉淀而逐渐形成的，为广大群众所接受的且难以转移的思想和行为习惯。也就是说中国文化的基本精神是中国文化的发展产物，在文化中占主导及核心的地位，是大家所广为熟知的思想观念。

二、中华优秀传统文化基本精神的主体内容

中国文化博大精深，源远流长，所以中国文化的基本精神也必将不是单一的，而是包含诸多要素的思想体系。张岱年认为中国文化基本精神的主题内容包括"天人合一""以人为本""刚健有为""贵和尚中"。②

（一）中华优秀传统文化基本精神的主体内容：天人合一

人生于天地宇宙之间，对渺小的人类与浩瀚的宇宙难免会产生好奇，人们对于天与人的关系的探索从未停止。而中西文化在对于人与自然关系的认识上具有一定的差异，中国文化强调人与自然的和谐统一，而西方文化则更重视人要征服自然、改造自然，才能求得人的生存与发展。中国文化主张天人协调、天人合一，他们认为，天与人、人与自然是相通的因而可以实现统一。

中国古代天人合一的思想有一个逐渐演化的过程。作为一个概念，"天人合一"的思想在先秦就已显露，但直到北宋才由张载以命题的形式正式提出。中国古代天人合一思想的萌芽在西周时期，人们认为天是有意志的人格神，是自然与社会的最高主宰，天人关系即神人关系。《尚书·洪范》中说："惟天阴骘下民。……天乃赐禹洪范九畴，彝伦攸叙。"③ 认为天是保佑

---

① 张岱年，方克立. 中国文化概论［M］. 北京：北京师范大学出版社，1994：285.
② 张岱年，方克立. 中国文化概论［M］. 北京：北京师范大学出版社，1994：286.
③ 徐奇堂. 尚书［M］. 广州：广州出版社，2001：86.

民众的，因而把九类大法赐给禹，人伦规范才安排就绪。在春秋战国时期，天人合一成为儒道墨阴阳四家共同认可的基本精神之一。[①] 孟子把天道和人性联系起来，《孟子·尽心上》中说"尽其心者，知其性也；知其性，则知天矣。"[②] 孟子认为天有善恶之心，人性天赋，善端与生俱有，因而性、天相通。庄子主张"无以人灭天"，反对人为，追求"天地与我并生，而万物与我为一"的天人合一的精神境界。《易传·文言》提出了著名的"与天地合其德"的天人合一思想。它说："夫大人者，与天地合其德，与日月合其明，与四时合其序，与鬼神合其吉凶。先天而天弗违，后天而奉天时。"[③] 所谓与天地合其德，是指人与自然界要相互适应，相互协调。"先天"，即为天之前导，在自然变化未发生之前加以引导；"后天"，即遵循自然的变化规律，从天而动。从哲学思维的角度考察，用现代语言表述，就是天人协调的思想，即一方面尊重客观规律，另一方面发展人的主观能动性。至战国末期，神学天命观式微。但西汉以后，君权天授说又再度兴起，至汉武帝时代，演变为董仲舒的天人感应论，其将儒学与阴阳家思想结合起来，[④] 认为天有阴阳，人也有阴阳，因此天人之间可以感应，并形成了"天人之际，合而为一"的"天人感应"思想。[⑤] 至宋代，天人合一的思想作为社会文化思潮，被各种派别思想家所接受，代表学者有理学家张载、程颐、程颢和朱熹等对天人合一观念作了进一步的发掘。张载在中国文化史上第一个明确提出了"天人合一"的命题。他在《正蒙·乾称》中提出儒者"因明致诚，因诚致明，故天人合一，致学而可以成圣，得天而未始遗人。"[⑥] 张载认为人和自然都遵循统一的规律，性天相通，道德原则和自然规律是一致的，且在张载看来人生的最高理想是天人协调，主张穷理尽性，即"为天地立心，为生民立命，为往圣继绝学，为万世开太平"，以完成人道，实现天道，最终达成天道和人道的统一。

---

① 何勤华，张顺. 从"天人合一"到"以和为贵"——中国古代治国理政的法理创新与实践 [J]. 治理研究，2022，38（6）.

② 王瑞. 孟子 [M]. 成都：四川人民出版社，2019（9）：291.

③ 朱安群，徐奔. 周易 [M]. 青岛：青岛出版社，2011（1）：09.

④ 修建军. 论"和"为儒学之精义 [J]. 孔子研究，2005（3）.

⑤ 何勤华，张顺. 从"天人合一"到"以和为贵"——中国古代治国理政的法理创新与实践 [J]. 治理研究，2022，38（06）.

⑥ 苏士梅. 正蒙 [M]. 开封：河南大学出版社，2016.11.

再者，何为"天"？"天与人"两者的关系如何，需要重点讨论。中国文化的"天"不是简单的指天空，也不是造物主的天。天的含义很丰富，是自然而然的天，也是代替民意的天。天根据民意行事，民的意愿是什么，天就传达出来，天是民的代表。春秋时期齐桓公和管仲曾有一段对话支撑这一论点，齐桓公问管仲曰："王者何贵？"曰："贵天。"桓公仰而视天。管仲曰："所谓天者，非所谓苍苍莽莽之天也。君人者，以百姓为天。百姓与之则安，辅之则强，非之则危，背之则亡"。即王者以民为天，得民心者得天下，失民心者失天下。除此之外，天不仅仅指天，也指天地。中国文化经常将天地合在一起简称为天，例如孔子说"大哉尧之为君也，巍巍乎！唯天为大，唯尧则之。"①

天地人的关系用一句话概括即"天生之、地养之、人成之"。天生万物，地养万物，人居其间，人就是万物中的一员，没有其特殊性；其他万物在天地中间没有主体能动性，人却具有不同于其他万物的主动性。所以天生、地养、人治三者并列，人治参与到天生、地养当中，三者相辅相成相互依存。天地人关系在强调人的主体性、能动性的同时，也要求人要向天学习，不能强行、随意改变天的运行规律。地有很多品德，天地德广大无私，广阔包容是人们首先应该学习德品德。天地是十分诚信的，孔子说"天何言哉？四时行焉，百物生焉。天何言哉！"② 春生夏长秋收冬藏，今年是春夏秋冬，明年还是春夏秋冬，后年还是春夏秋冬，天没有言语，但一年四季德运行、万物的生长都有常，这用一个字表达就是诚，这也是需要我们去学习的。除此之外，人类更要敬天、地。东汉哲学家王充在《论衡·自然》中说的"天地合气，万物自生"，③ 天地、阴阳之气相合，万物就产生了。在中国文化里，天生出万物来，所以天是一切生命的来源。一切生命由天生出来以后，要靠地来养育。因此，万物的生长都离不开天与地，人应该敬天、地。

综上所述，中国古代的天人合一强调人与自然的统一、人的行为与自然的协调、道德原则与自然规律的一致，充分显示了我国古代思想家对于主客

① 张南峭. 论语 [M]. 郑州：河南人民出版社，2019 (11)：92.
② 张南峭. 论语 [M]. 郑州：河南人民出版社，2019 (11)：205.
③ 王充. 论衡 [M]. 上海：上海人民出版社，1974 (09)：277.

体、主观能动性与客观规律之间的辩证思考。

(二) 中华优秀传统文化基本精神的主体内容：以人为本

人文主义或者说以人为本向来是中国文化的一大特色，是中国文化基本精神的重要内容之一。"以人为本"也就是指以人作为考虑问题的根本，也就是在天地之间，以人为中心；在人与神之间，以人为中心。

在中国文化的发展历程中，以人为本的人本主义思想一直占以中心地位。"以人为本"目前可见最早的文字记载，出自《管子》一书中《霸言》篇："夫霸王之所始也，以人为本。本理则国固，本乱则国危。"① 其意为霸王之业的开始，是以人民为本。本治则国家巩固，本乱则国家危亡。即重视人民的地位，这与我国当今所提出的"人民当家做主"不谋而合。而"以人为本"的思想在先秦时期最为盛行，其主要体现在儒墨道三家。儒家学者的人本主义思想强调"反对以神为本，坚持以人为本"、在个人修养上关注"仁"、在江山社稷管理中重视"民"。《论语·雍也》中，孔子教导弟子"务民之义，敬鬼神而远之，可谓知矣"，当弟子问如何事鬼神时，孔子回答道"未能事人，焉能事鬼"，弟子又问人死后的情况，孔子说"未知生，焉能死"，可见孔子所关注的是现实的社会人生问题。除此之外，孔子还十分重视"仁"的地位。孔子说："人而不仁，如礼何？人而不仁，如乐何？"② 其解释为：一个人没有仁爱之心，遵守礼仪有什么用？一个人没有仁爱之心，礼乐有什么用？由此认为"仁"为孔子学说的核心。而孟子更从性善说、心性论、修养论、五伦说、仁政说等五个方面极大地发展了孔子的仁学思想③。儒家学者还十分重视"以民为本"的人道主义思想。《孟子·尽心下》指出"诸侯之宝三，土地、人民、政事"。还特别提出："民为贵，社稷次之，君为轻。"④ 由此可见，孟子所说的"民为贵"，强调的是以民为本、以民为贵、以人民为核心，其实质就是以人为本思想。除儒家学者之外，墨道两家也重视"以人为本"的思想。墨家"兼爱"的人性观以及"尚利贵义"的道德观都体现了以人为本的人文主义思想。墨子主张要

---

① 赵守正. 管子注译上 [M]. 南宁：广西人民出版社，1982.09.

② 张南峭. 论语 [M]. 郑州：河南人民出版社，2019 (11)：22.

③ 陆卫明，吕菲. 先秦儒学"以人为本"思想诠释 [J]. 西北大学学报（哲学社会科学版），2017，47 (1).

④ 王瑞. 孟子 [M]. 成都：四川人民出版社，2019：332－342.

"兼相爱，交相利"，因为墨子认为社会的问题在于人与人之间的问题，是因为人们不相爱，只为自己的利益，所以墨子希望人们可以懂得相亲相爱互利互惠的关系，这于国家、社会、人民都有益处。其中"天下相爱而生"正是体现了这一观点，"人类命运共同体"也是对其观点的传承与创新。"尚利贵义"为个人的道德标准，目的在于兼爱社会的实现。墨子说："兴天下之利，除天下之害，将以为法乎天下。"即做任何事都要符合大众的利益，否则就不做。"义利并重，取利合义"的道德取向有助于人道德境界得到提升，助于社会的安定和谐，这正是以人为本中注重精神境界提升以及为民众做贡献的体现。从表面来看，道家重视天地、自然，对人事的兴趣似乎不太大，若从整体来看道家思想，不难发现道家思想中也体现了人文主义精神。① 先秦道家两个杰出代表——老子和庄子，其思想中具有充分的人文思想、人文精神。老子崇尚仁慈，认为人与人之间还是要讲仁，提出"三宝"：慈、俭、不敢为天下先。其中"三宝"中的"慈"蕴含了仁的内涵，仁义礼与老子的"道""德"环环相扣。老庄德道德论与孔孟德人道观和人伦关系规范有些不同，老庄德思想视野由人间社会关怀到整个的天地、宇宙，由此再探讨天地万物，人类从哪来，怎么发生，其本源是什么，存在的根基是什么等等问题。②

总而言之，无论是儒家的三纲领（明明德、新民、止于至善）八条目（格物、致知、正心、诚意、修身、齐家、治国、平天下），还是墨家的兼爱、道家的修道积德，都是重视道德修养的人本主义。相比之下，西方的人本主义主要强调人的个体及精神自由。重视人的个体的思想早在希腊时期已萌芽，在雅典的民主城邦治理中，公民作为独立的参政者参与到城邦的大小事务中，共同掌握国家权力。这一思想流传下来及至近代，学者在批判资本主义时，强调的是生活在资本主义社会中每个人不自由的状态与重视人的个体自由的显现。同时西方"以人为本"的思想被以"精神"为本的思想所替代，在漫长的中世纪中精神力量主宰一切，精神力量高于君权，直到文艺复兴才打破中世纪的黑暗，重新提出以人为本，反对

---

① 刘运华．先秦"人本"思想之追溯［J］．科学咨询（决策管理），2009（6）：8．

② 本书编委会．大国智慧：中华优秀传统文化培育的核心思想理念［M］．北京：北京图书馆出版社，2017.10．

神权而倡导人权。在 17、18 世纪的启蒙运动中，以人为本的思想得以发扬光大并倡导"自由""平等""博爱"等人文主义理念，成为西方文化传播的精髓。[①] 因此，中国的人本主义文化与西方资产阶级人本主义有质的区别，不能混为一谈。

（三）中华优秀传统文化基本精神的主体内容：贵和尚中

贵和谐，尚中道，作为中国文化的基本精神之一，也在中华民族和中国文化发展过程中起着非常重要的作用。

在中国历史上，通过"和同之辨"得以解释"和"的内涵。西周时期的史伯认为由不同元素相配合，才能使矛盾均衡统一，获得和谐效果。史伯在《国语·郑语》中说"和实生物，同则不继。以他平他谓之和，故能丰长而物归之。若以同裨同，尽乃弃矣"。[②] 即不同的事物相配合而达到平衡，就叫做"和"，"和"才能产生新的事物。相同的事物相累积，只能发生量的变化，不会产生新的事物。史伯是第一个对和谐论进行探讨的思想家。此外，春秋末年齐国的晏婴用"相济""相成"的思想丰富了"和"的内涵。而孔子也十分重视"和"的思想，《论语·学而》中提出"礼之用，和为贵"，[③]《论语·子路》中说到"君子和而不同，小人同而不和"。[④] 即孔子认为要以和为作为治国处事标准，并将"和"的思想扩展到人生的价值领域，用以区分"君子"和"小人"，这都体现了孔子以"和"作为人文精神的核心。

贵和的思想，肯定事物的多样性，并以广阔的胸襟、海纳百川的气概接受多样性的不同，以促进民族和民族文化的发展。其主要体现在文化价值、民族价值及治国之道三方面。第一，在文化价值上，最具代表性的是隋唐时期的文教政策——"崇儒兴学，兼容佛道"。在主导思想的规范引领下，不同派别、不同民族的文化思想并存，且相互交融，实现多样统一，体现"有容乃大"的气魄。第二，在民族价值上，中国文化素以礼平等待人，尊重不同民族的文化，承认任何民族文化都有价值。在汉代受武帝之命"通

---

① 杨依源. 中西传统文化视域下的"以人为本"思想比较研究 [J]. 作家天地，2022（2）：179 – 181.

② 史延庭. 国语 [M]. 长春：吉林人民出版社，1996（5）：298.

③ 张南峭. 论语 [M]. 郑州：河南人民出版社，2019（11）：07.

④ 张南峭. 论语 [M]. 郑州：河南人民出版社，2019（11）：152.

西南夷"，招抚少数民族，并以"兼容并包""遐迩一体"的思想作为指导，以此将不同民族融为一体，成为统一的中华民族。第三，在治国之道上，兼容天下的胸怀表现为"以君子长者之道待天下"，善于听取不同的建议。这些都是中国古代重和去同精神的具体体现，为中华民族的发展发挥了重要的积极作用。

古代的"贵和"思想往往是与"尚中"联系在一起的。为了达到和谐的状态，怎样实现"和"的理想就变为值得探讨的问题。儒家认为，根本的途径在于保持"中道"。何为"中"？儒释道都讲"中"，三教的"中"具有相同之处，都强调不要片面，但是各自有不同的特点。儒家讲的中庸强调要达到一种平衡——致中和，强调标准、分寸、恰如其分，不要过也不要及。道家讲的守中强调要互相包含，你中有我、我中有你，阴阳消长。所谓天下有道，道法自然，顺其自然即为"中"。"中"在中国文化中是一个非常根本的理念，"中道""中庸"的"中"也是一个标准，也就是规和矩，即做什么事情都要掌握这个"中"，掌握规矩。但是这个"中"不是僵化的、教条的，它是一定要根据时间、地点、条件的变化而变化，要达到动态的平衡。① 另外，"中"就是"执其两端用其中"，"中"离不开两端，指的是两端之"中"。所以，看事情不能只看一面，既要看这面，也要看那面；此外还不能过，也不能不及，不能偏于这面，也不能偏于那面，否则会失去平衡，所以做什么事情既要掌握标准也要恰如其分。②

孔子将"持中"的办法作为实现并保持和谐的手段，在他看来，无过犹不及，凡事及其两端而取其中，便是"和"的保证，也是实现"和"的途径。总的来说，以中为度，中即和，是儒家和谐管的重要内容。"和"包括"中"，"持中"就能"和"，即"中和"。③ 中和是人生实践中所能达到的最高境界，通过实践追求理想与现实的统一。④

中国古代贵和尚中的思想，作为东方文明的精髓，作为中国基本精神的

① 本书编委会. 大国精神：中华优秀传统文化积淀的珍贵精神财富 [M]. 北京：北京图书馆出版社，2017. 10.

② 楼宇烈. 中国人的人文精神 上 [M]. 北京：北京联合出版公司，2020. 12.

③ 张岱年，方克立. 中国文化概论 [M]. 北京：北京师范大学出版社，1994：295.

④ 本书编委会. 大国智慧 中华优秀传统文化培育的核心思想理念 [M]. 北京：北京图书馆出版社，2017. 10.

一部分，反映了几千年来民族的求正、求中、求和心理，① 使得中国人十分注重维持和谐局面，对于民族精神的凝聚及维护社会稳定都有着积极的作用。

（四）中华优秀传统文化基本精神的主体内容：刚健有为

刚健有为作为中国文化的基本精神之一，是人们处理天人关系和各种人际关系的总原则，是中国人积极的人生态度最集中的理论概括和价值凝练。

对于"刚健有为"的理解，在中国古代许多著作中都有体现。首先《易传》提出刚健有为的思想并作出了概括的经典论述。《象传》说"天行健，君子以自强不息"，即宇宙不停运转，人的活动应当效法天，不断前进，这要求要充分发挥人的主观能动性，自强不息。《易传》还说"大有，其德刚健而文明，应乎天而时行""刚健中正，纯粹精也"。② 他把刚健作为一种重要的品质，要刚健而中正，即坚持原则，以"中正"的态度立身行事。其次孔子十分重视刚健有为的品格。孔子说"刚毅木讷近仁"，刚毅指坚定性。孔子又说"三军可夺帅也，匹夫不可夺志也"，这体现孔子肯定临节而不夺的品质，同时也体现了在孔子心中，刚健和有为是不可分割的，刚健有为之人，既要坚定又要有历史责任感和时代使命感。除此之外，孔子还提倡要具有担当道义、为崇高理想不屈不挠的奋斗精神。即所谓的"士不可以不弘毅，任重而道远，仁以为己任，不亦重乎？死而后已，不亦远乎？"。除此之外，孟子对于刚健有为思想具体化，体现在培养"大丈夫"的理想人格。孟子明确表示"生，亦我所欲也；义，亦我所欲也。二者不可得兼，舍生而取义者也"。他的理想人格为大丈夫，其应有"富贵不能淫，贫贱不能移，威武不能屈"的坚持独立人格及顶天立地的精神。总而言之，这种刚健有为的民族精神，体现为"为天地立心，为生民立命，为往圣继绝学，为万世开太平"的入世开拓精神，"居庙堂之高则忧其民，处江湖之远则忧其君"的家国情怀，"先天下之忧而忧，后天下之乐而乐"的高度社会责任感，"富贵不能淫，贫贱不能移，威武不能屈"的大丈夫气概。③

① 段虎. 传统文化中的贵和尚中精神［J］. 河南师范大学学报（哲学社会科学版），2008（02）：161–163.

② 朱安群，徐奔. 周易［M］. 青岛：青岛出版社，2011.01.

③ 夏宇旭. 中国传统文化导论［M］. 北京：清华大学出版社，2021.09.

与刚健有为、自强不息的积极进取相比，中国传统文化中也有柔静之美之说。以先秦道家学派和宋明理学为主要代表，如老子主张"致虚极，守静笃，"① 庄子及其后学更提出了"心斋""坐忘"等理论，要求忘掉人己、物我等一切区别对待，停止一切身心活动，以达到"形如槁木，心如死灰"的境地。中国传统哲学中一直有着动静之变。但是作为中国文化的主导精神，在中国的两千多年的历史中，刚健有为、自强不息的思想一直占以上风地位，柔静思想不过是一种补充。刚健有为、自强不息的思想成为中华民族奋发向上、蓬勃发展的动力，已经融化在中国人的思想意识与行动规范中，成为中华民族的文化基因，体现在生活的方方面面。

刚健有为、自强不息精神还有一个重要体现，那就是积极否定、革故鼎新的改革精神。② 《礼记·大学》中称赞"苟日新、日日新、又日新"，③《易传》也肯定"天地革而四时成，汤武革命，顺乎天而应乎人。革之时，大矣哉。"④ 这种革故鼎新的思想，成为后来不同历史时期朝野上下津津乐道的变革观念，成为有道讨伐无道的思想武器，近代中国的革命先驱者更是以这种精神不断改革创新、探求救国救民的真理。对于当代社会，大到国家、民族，小至单位、个人都应该继承和发扬这种精神，不断积极进取，与时俱进。

中国文化的基本精神，作为中华民族精神的体现，具有广泛的影响力，推动着社会的发展，浸润每个人的思想，使全体中华儿女凝为一体，同心同德的为中华民族的整体利益和长远利益而不懈奋斗。正是因为如此，每当国家面临外敌入侵时，中华民族儿女都能够万众一心的抵御外敌；而每当出现内乱时，人们往往会在"中华一体"的民族认同基础上，冰释前嫌，变分为和。中国文化的精神反映着中国文化健康的发展方向，能够鼓舞激励人民前进，激发民族的自信心、自尊心和自豪感。同时，文化的基本精神也成为推动人民为民族统一、社会进步而鞠躬尽瘁死而后已的内在动力。例如刚健有为的文化精神在近代的洋务运动、抗日战争等不同的历史时期一直激励人们奋发向上，坚持与内部恶劣势力及外敌入侵作斗争；传统文化中以人为本

① 老子. 道德经 [M]. 安伦，译. 上海：上海交通大学出版社，2021：33.
② 陈江风. 中国文化概论 [M]. 南京：南京大学出版社，2021.06.
③ 崔高维校点. 礼记 [M]. 沈阳：辽宁教育出版社，2000：223.
④ 朱安群，徐奔. 周易 [M]. 青岛：青岛出版社，2011.01.

的精神，激励着人们尊重人的价值和尊重，追求崇高的精神境界；中华文化中的天人合一、贵和尚中的精神启发人民自觉维护整体利益的价值取向及重视自然的生态平衡。中国文化是在多元一体的格局中发展起来的，不同的文化有不同的特色，但都蕴涵奋进精神，拥有中华一体文化认同意识，使其走向融合，成为中华民族文化大家庭的重要部分，在演进的历程中逐渐形成文化的大传统，成为牢固的民族文化心理，上升为全民族共同的精神财富。在文化大传统的熏陶下，原有地域的小传统即表现出文化的共性，由保留了自己的特殊性，实现了共性与个性的统一。同时，大传统与小传统相互渗透，不可分隔，这一特性使得中国的文化精神广为接受。且这些思想观念的整合，塑造了中国文化博大、宽厚的精神风貌。

第三节　中华优秀传统文化的基本特点

优秀传统文化是一个国家、民族在长期的社会实践中所积淀的物质文明和精神文明遗产的精华，也是民族特有的思维方式和情感世界的精神体现。[1] 中华民族在其五千年的发展历史中，创造了灿烂的中华文明，形成了具有强大生命力的中华优秀传统文化。中华优秀传统文化代表着中华民族独特的精神标识，积淀着中华民族最深沉的精神追求，是中华文明的智慧结晶和精华，是中华民族的文化基因和精神命脉，是中华民族生生不息、发展壮大的丰厚滋养，是我们在世界文化激荡中站稳脚跟的根基。[2]

习近平总书记在文化传承发展座谈会上，列举了天下为公、民为邦本、天人合一等诸多中华优秀传统文化的重要元素，认为这些元素共同塑造出中华文明突出的连续性、创新性、统一性、包容性等特征。[3] 只有准确把握这些特征，才能在坚定文化自信的基础上做好中华优秀传统文化的创造性转化与创新性发展。

---

① 雍际春. 中华优秀传统文化与文化自信——历史依据与现实逻辑 [J]. 甘肃政协，2023（4）：33-40.

② 蔡向阳，郑柏松. 中华优秀传统文化内涵特征及其融入大学生思政教育的时代价值 [J]. 黄冈职业技术学院学报，2022，24（6）：73-75.

③ 张晓松，林晖，杜尚泽，张贺. 赓续历史文脉 谱写当代华章——习近平总书记考察中国国家版本馆和中国历史研究院并出席文化传承发展座谈会纪实 [J]. 共产党员（河北），2023（13）：9-13.

一、连续性

中国文化的连续性，是指中国文化从历史、物态呈现和主要内涵精神的不间断发展特性。就中国文化的历史来看，从旧石器时代黄河流域文化形态的产生，到近代鸦片战争后中国社会性质发生变化，中国的文化历史仍然是绵延不断的。即便是近代、现代的社会巨变乃至当代的社会转型，中国文化的脉络都没有发生根本的改变，只是在形式和内容上有所调整和充实丰富。[①]

英国历史学家汤因比认为，在近 6000 年的人类历史上，出现过 23 个文明形态，但是在全世界只有中国的文化体系是长期延续发展而从未中断过的文化。西方哲学家罗素说："自孔子以来，古埃及、巴比伦、波斯、马其顿，包括罗马帝国都消亡了，但是中国却以持续的进化生存下来了。"所以这种源远流长的连续性，是中华优秀传统文化的一个重要特征，[②] 其主要体现在以下四个方面。

（一）国土疆域的连续性

"中国"作为一个专有名词，其含义或概念来自上古时期在黄河流域获得统治地位的政权。秦汉之后，中央王朝的疆域在商、周二朝的基础上，有了较大的发展。此后，随着王朝的更替、变化与发展，中央王朝统治的大致区域和疆土基本确定。其间，无论朝代如何更迭变化，或者即便是政权割据、军阀混战，但中国人的生存空间或者说中央王朝控制的关键、核心疆域范围，如黄河流域、长江流域、珠江流域等，并没有发生根本性变化。疆域的相对固定性和连续性，有效避免了文明和文化的割裂，这是中华文明延续发展的基础性条件。

（二）政治谱系的连续性

在中华文明发展史上，自夏、商、周以下至清朝，政治实体衔接有序，后一个朝代都自称是前一个朝代的继承者，强调前朝何以失天下、本朝何以得天下，强调本朝和前朝所具有的联系。这种联系的叠加，形成一个一脉相承的政治谱系。绵延 5000 多年的中华文明虽历尽艰辛磨难，但政治发展脉

---

① 阮堂明，沈华. 中国文化概论 [M]. 广州：暨南大学出版社，2012.09.
② 邹广文. 连续性：中华文明的首要特性 [J]. 人民论坛，2023（14）：14 - 19.

络清晰可循，文明传统历久弥新，具有突出的连续性。

（三）语言文字的连续性

语言文字是文明文化的承载、交流与传播的主要介质。自秦始皇统一六合，"书同文、车同轨"后，以汉语为主的语言文字体系就确立并延续了下来。中国的语言文字尽管在不同的历史时期有不同的特性特点，但这些差异主要表现在语音、词汇及专门术语上，语法结构并没有发生根本性变化。更重要的是，语言文字所有的变化都是在长期的历史发展过程中逐渐发生的，后人可以沿着前人的解读读懂更早的典籍。从未中断的语言文字，是中华文明具有突出的连续性的重要标志。四是文化传统的连续性。春秋战国时期，古代中国涌现出老子、孔子、庄子、孟子、墨子、韩非子等伟大思想家，他们提出的思想主张、价值观念塑造了中华文化传统，对后世的政治理念、人生哲学、社会伦理等产生了深远影响。这些思想精华不断汇聚到中华优秀传统文化之中，通过史书记载、文献传承、教育延续等各种方式代代相传、世世研习，成为中华文明连续发展的记录，使中华民族的共同记忆从未中断。①

二、创新性

创新始终是推动一个国家、一个民族向前发展的重要力量，也是推动整个人类社会向前发展的重要力量。习近平总书记指出，"中华文明具有突出的创新性，从根本上决定了中华民族守正不守旧、尊古不复古的进取精神，决定了中华民族不惧新挑战、勇于接受新事物的无畏品格。"② 回望中华民族 5000 多年的文明发展史，无论是物质文明、制度文明还是精神文明的丰富发展，都是发扬创新精神取得的成果。历史充分证明，中华民族是具有伟大创新精神的民族，中华文明具有突出的创新性。全面建设社会主义现代化国家、建设中华民族现代文明，必须继承和弘扬中华文明的创新性。

中华文明的创新性源自中华民族的创新精神。从历史文献记载来看，中华民族向来崇尚创新创造，主张革故鼎新。《周易》中的"富有之谓大业，

---

① 瞿林东. 深刻理解中华文明突出的连续性 [J]. 学习月刊, 2023 (8): 4 - 6.

② 习近平在文化传承发展座谈会上强调 担负起新的文化使命 努力建设中华民族现代文明 [N]. 人民日报, 2023 - 06 - 03 (01).

日新之谓盛德，生生之谓易"，① 《礼记·大学》中的"苟日新，日日新，又日新"② 等文言，都饱含着创新精神。几千年来创新精神活跃于中华民族各个历史时期，体现在各个方面，中华文明在应对内外环境变化中不断变革，在传承的基础上不断创新，因而能够始终保持生机活力。

（一）物质文明成就所体现出的创新性

秦汉时期，中国完成了诸如纸、指南车、手摇纺车、织布机、风扇车、钻井机、浑天仪和候风地动仪等许多重大技术发明，形成了算学、天学、舆地学、农学和医学五大学科范式。南北朝时期，数学家祖冲之计算出圆周率的范围，这一精度保持近千年之久；农学家贾思勰的《齐民要术》在中国农业发展史上具有里程碑意义，标志着中国农学体系的成熟；北宋时期，毕昇在雕版印刷全盛的时代发明胶泥活字，开活字版印刷时代之先河；晚明时期，李时珍的《本草纲目》提出了接近现代的本草学自然分类法；宋应星的《天工开物》简要而系统地记述了明代农业和手工业的技术成就，其中包括许多世界首创的技术发明。

在几千年的文明发展进程中，中华民族创造了闻名于世的科技成果，在农、医、天、算等方面形成了系统化的知识体系，取得了以四大发明为代表的一大批发明创造。这些物质文明和科学技术发展成就，是古代中国对世界的贡献，也充分证明创新是推动人类文明进步的根本动力。③

（二）制度文明成就所体现出的创新性

制度文明是处理各种社会关系、有效管理社会的规范体系成果，主要功能在于满足人们的社会生活需求、维护社会秩序、保障人们生命和财产安全等，包括政治制度、法律制度、治理体系等。我国制度建设源远流长。《周易》中就记有"节以制度，不伤财，不害民"，④ 大意就是以典章制度为节制，就不会伤财害民。我国历史上不仅创造了闻名于世的科技成果，也创造了世界领先的制度文明。

比如，我国古代地方行政制度历经多次变革。周朝实行分封制。秦朝统一中国后，除都城设内史管辖外，在地方上采用郡县制，将全国划分为36

---

① 朱安群，徐奔. 周易 [M]. 青岛：青岛出版社，2011.01.
② 崔高维校点. 礼记 [M]. 沈阳：辽宁教育出版社，2000：223.
③ 何星亮. 深刻理解中华文明的创新性 [J]. 学习月刊，2023（8）：7-9.
④ 朱安群，徐奔. 周易 [M]. 青岛：青岛出版社，2011.01.

个郡，郡下设县。汉承秦制，早期实行郡县与封国并行的制度，武帝以后直到东汉末期基本上采用郡县制。东汉末期到魏晋南北朝时期，在郡、县两级之上设州一级地方政权建制，形成州—郡—县的三级行政区划制度。元代确立行省制度，行省成为州、府之上的地方行政区。这些变化反映了我国古代治理体系的创新发展，集中体现了我国古代治理智慧。

（三）精神文明成就所体现出的创新性

精神文明是文明社会的观念和意识形态，是物质文明和制度文明在人们头脑中的反映，包括伦理道德、思想理念、文化艺术等方面的成就。

中华优秀传统文化蕴含着丰富的思想理念、价值和道德规范。比如，孔子最早提出"仁""礼""义"三个范畴，孟子进一步提出"仁义礼智"四个范畴，董仲舒在此基础上加了一个"信"，发展为"仁义礼智信"五常，成为当时普遍认同的价值标准。此后，"五常"一语频频出现在史籍中，成为中华传统文化的精神内核。又如，宋代在综合先秦儒家道德观念的基础上，形成了"孝悌忠信礼义廉耻"八德，体现着评判是非曲直的道德标准，为中华文明注入深厚的伦理责任和家国情怀，潜移默化地影响着中国人的行为方式。①

中国传统哲学思想发展已有3000多年的历史，经历了先秦子学、两汉经学、魏晋玄学、隋唐佛学、宋明理学等学术发展阶段，产生了儒、释、道、墨、名、法、阴阳、农、杂、兵等各家学说，形成了厚德载物、明德弘道的精神追求，实事求是、知行合一的哲学思想，执两用中、守中致和的思维方法等诸多思想元素。这些哲学思想为古人认识世界、改造世界提供重要依据，也为中华文明发展奠定了哲学基础，为人类文明发展作出了重大贡献。

几千年来，我国的精神文明不断发展变化、不断融合创新，取得了一系列重要成果，它代表着中华民族独特的精神标识，为中华民族生生不息、发展壮大提供了丰厚滋养。

三、统一性

中国五千多年文明史表明，我国各民族经过交往交流交融，逐渐形成了

---

① 张玉梅，彭剑勇. 中华优秀传统文化精神标识的三重逻辑 ［J］. 现代交际，2023（11）：77－83＋123.

休戚与共、荣辱与共、生死与共、命运与共的共同体，这就是中华民族共同体。统一的中国就是中华民族共同体的载体，各民族的命运都与中国作为统一多民族国家息息相关。习近平总书记指出："中华文明具有突出的统一性，从根本上决定了中华民族各民族文化融为一体，即使遭遇重大挫折也牢固凝聚，决定了国土不可分、国家不可乱、民族不可散、文明不可断的共同信念，决定了国家的统一永远是中国的核心利益，决定了坚强统一的国家是各民族人民的命运所系。"① 从古至今，各民族都为祖国大家庭的形成和发展贡献了力量。建立了向内凝聚的统一多民族国家和形成了多元一体的中华民族大家庭是中华文明具有突出的统一性的重要历史表现。

（一）建立向内凝聚的统一多民族国家

我国地理特征为西高东低，大江大河多呈"一江春水向东流"之势。这样的地理条件决定了中原地区的黄河流域自然环境比较优越，经济发展较快，文化水平比较先进，能够对周围地区产生辐射力和吸引力。早在先秦时期，我国就逐渐形成了以华夏族为凝聚核心、"五方之民"共天下的交融格局。中原地区的华夏族从黄河中下游向外发展，逐步形成了汉族；生活在中原地区周边的少数民族部落逐步向内聚集，形成了多民族融合互动、向内凝聚的自然历史过程。此后，我国历史上的政治局面大致可以归为三类，即以汉族为主体的统一王朝、以少数民族统治者为主建立的统一王朝、多民族王朝并立，这三类政治局面都表现出极强的向内凝聚特性。以汉族为主体的统一王朝通过中原地区经济、社会和文化的发展，协同和带动周边少数民族发展，形成强大的向内凝聚力；以少数民族统治者为主建立的统一王朝本身就是向内凝聚的产物，这些王朝入主中原后又极大地带动了周边少数民族向内凝聚的趋势；在多民族王朝并立的时期，各并立的王朝都以正统自居，并极力争夺中原地区的"正统"地位，即使在这样的时期，大一统思想依然在起作用，中华文明依然表现出突出的统一性，各民族文化融为一体的内聚性依然在发展。这些历史现象的产生，很重要的一个原因是秦朝实行"书同文，车同轨，量同衡，行同伦"，成为中国统一的多民族国家的重要起点。此后，无论哪个民族入主中原，都以"统一天下"为己任。这表明，在中

---

① 林国标. 习近平文化思想对中华优秀传统文化的阐释与弘扬［J］. 海南大学学报（人文社会科学版）：1-9.

国历史发展进程中,各民族逐步形成了强大的凝聚力,向内凝聚的结果使中华文明呈现出突出的统一性。

(二)形成多元一体的中华民族大家庭

"多元一体"中的"多元"和"一体"深刻反映了中华民族各民族内在的多样性和统一性之间辩证和谐的共同体关系,恰如其分地反映了中华文明起源和发展的模式。目前我国有 56 个民族,各民族在漫长的历史进程中形成了各自的文化传统,此为"多元"。不过,这些民族从来不是以相互隔绝、相互排斥状态出现的,各民族大杂居小聚居,相互嵌入,具有不可分割的内在联系,形成了共同体,此即"一体",这就是中华民族。在中华民族共同体中各民族之间你中有我、我中有你,谁也离不开谁,形成了强烈的共同体意识、共同价值追求和文化认同,56 个民族这个"多元"在中华民族这个"一体"中得到充分体现。鸦片战争以后,中国逐步沦为半殖民地半封建社会,国家蒙辱、人民蒙难、文明蒙尘,中国人民遭受了前所未有的劫难。一部中国近代史就是各族人民团结起来救亡图存的历史。在外来侵略寇急祸重的严峻形势下,我国各族人民手挽着手、肩并着肩,英勇奋斗,浴血奋战,打败了穷凶极恶的侵略者,捍卫了民族独立和自由,共同书写了中华民族保卫祖国、抵御外侮的壮丽史诗。在中华民族和中华文明的危急时刻,各民族总是能够同仇敌忾、保家卫国,生动体现了中华文明突出的统一性。

四、包容性

中华优秀传统文化具有强大的包容性。文化的包容性是指一种文化对异于自身的另一种文化的正视和容纳,可以理解为求同存异、兼收并蓄。"求同存异",就是能与其他民族的文化和谐相处;"兼收并蓄",就是能在文化交往中吸收、借鉴其他民族文化中的积极成分。中华传统文化的包容性同时也体现了中国文化强大的融合力和同化力。这种融合力、同化力使中国传统文化延绵坚韧,顽强生存,蓬勃发展,有利于各民族文化在和睦的关系中交流,增强对自身文化的认同、对外域文化的理解。

(一)各地域、各民族文化的融合

中国大陆特殊地理环境提供了中国文化相对独立和隔绝的生存状态,这是地理前提。中国大陆境内有黄河流域的中原文化,长江流域的巴蜀文化、楚文化和吴越文化等。早在秦朝统一之前。不同区域文化之间就存在着密切的交流，民族间的文化在双向传播中博采众长。在中国文化的发展进程中，不同时期的北方民族都很大程度地汉化，并将他们的畜牧业生产技术传入中原，同时北方民族也学习汉族的农耕技术。在不同民族的长期生活和交往中，中原地区各民族语言的差异慢慢消失，汉语逐渐成为通用语言，夷夏观念日益淡化。因此，中国传统文化并不单纯是汉民族的文化或黄河流域的文化，而是在汉民族文化的基础上兼容并包了中国境内各民族的不同地域的文化，形成了内涵丰富的中华文化。

（二）对不同文化的吸纳和消化

中国文化对外来文化能充分有效的采撷、吸纳和消化，使之成为中华文化的有机组成部分，从而使中国文化的内涵更加丰富。在中国文化发展的历史进程中，虽然没有受到来自欧洲、西亚和南亚方面的威胁，但屡遭到北方游牧民族和南夷的军事冲击，如春秋以前"南夷"与"北狄"的入侵，西晋后期"五胡乱华"，宋元时期党项、契丹、女真、蒙古人先后南侵，直至明朝末年满人入关。这些勇猛彪悍的游牧民族虽然在军事上占据优势，甚至多次建立强有力的统治政权，但是，他们在文化方面都自觉不自觉地被先进的华夏农耕文化所同化。这些游牧民族或半农耕半游牧的民族，在接触先进的中原农耕文化的过程中，不但没中断中原文化，相反，他们几乎都发生了由氏族部落社会向封建社会的过渡或飞跃。军事征服的结果，没有使被征服者的文化毁灭断绝，而是使征服者的文化改变和皈依，被中原文化融合同化。中国文化也在吸收了其他各少数民族的新鲜血液之后，进一步增加了新的生命力。

因此，外族文化进入中原地区，外域文化进入中国之后，都被中国文化强大的同化力和融合力逐渐汉化和中国化，与原有的汉族文化融为一体，如外族的楚文化、吴文化、巴蜀文化，以及西域文化、佛教文化等，都先后成为中国文化不可分割的有机组成部分。中国文化历数千年从未中断，表现了顽强的生命力，这与中国农业宗法社会所具有的顽强的延续力有关，与半封闭的大陆环境所形成的隔离机制有关，同时，中国文化本身所具有的包容性也是一个重要原因。[①]

兼容并包是中华优秀传统文化十分鲜明的特色，同时也是十分可贵的优

---

① 龚贤.中国传统文化概论［M］.广州：世界图书广东出版公司，2011.12.

点。在当今世界一体化经济，全球化，政治多极化，社会信息化文化多元化的背景下，兼容并包的特征，具有极为重要的价值。首先，强大的包容性有利于形成多元共融的文化环境。传统的儒家、道家、法家、佛教等各种思想流派在创始的过程中就包含着兼容并包的基因，并在以后的发展历程中不断积淀，这为形成多元共融的文化环境奠定了良好的基础。文化冲突以及与文化为背景的宗教冲突在世界各地不断发生，但是在中国范围内的文化冲突乃至宗教冲突都非常有限，这得益于传统文化生态所具备的多元共融特性。其次，强大的包容性有利于营造和而不同的文化氛围。中华优秀传统文化的包容性体现在文化体系具有"和而不同"的特性。儒家、道家、法家、佛教等从一开始就在倡导开放、包容，把包容的性格注入自身的文化基因中。儒家创始人孔子提倡"和而不同"，这一期盼即蕴涵着对其他文化的包容。"和"是要正视差异性，包容不同于自身的要素，不同的要素之间能够同存共处，组成的共同体也是导向多元化、价值多样化的。与此同时，强大的包容性也有利于形塑海纳百川的实践气度。兼容并包的文化特性有利于塑造文化实践的"海纳百川，有容乃大"的格局与气魄。在不同的历史时期，都出现了不同程度的文化交融与会通。在近代化过程中，我们先后向日本学习、向英国学习、向美国学习、向苏联学习，只要对我们有利的都可以借鉴。海纳百川的实践气度推动了文化自身的创造性转化与创新性发展。①

第四节　中华优秀传统文化的基本价值

中华优秀传统文化中蕴含着丰富的价值观念和人生智慧，对于国家、社会和个人发展来说都具有重要价值。

一、中华优秀传统文化是实现中国梦的思想支撑

中华优秀传统文化是国家文化软实力的重要组成部分，是中国文化的核心，在维护国家统一、促进国家发展、塑造国家形象上发挥重要作用，为实现中华民族伟大复兴的中国梦奠定思想基础。

---

① 李红辉. 论中华优秀传统文化的强大包容性及其价值［J］. 濮阳职业技术学院学报，2023，36（5）：98-102.

中华优秀传统文化维护着国家统一与国家安全。"传统文化的凝聚性结构是把民族成员共同的经验、期待和行为建构成具有'规范性'作用的象征意义体系,"① 中华优秀传统文化中所蕴含的价值观是增强国家凝聚力的意识基础。首先,传统文化强调尊重国家、尊重权威、尊重传统,这有助于减少分离和分裂倾向,为国家统一与安全提供情感支持。其次,儒家思想中的"仁爱""忠诚""礼敬"等理念,促进了国家内外的和平共处,减少战争与冲突,为维护社会稳定与国家安全提供了思想保障,中华优秀传统文化为国家安全提供了思想基础。最后,中华优秀传统文化对国家安全的维护有着积极的作用。例如,在政治方面,中华优秀传统文化强调"民本"思想,认为政治的目的是服务人民,这种思想可以促进政治稳定和民主发展。在社会方面,中华优秀传统文化强调社会和谐、家庭和睦、人际友善等价值观念,这些价值观念可以促进社会稳定和和谐发展,维护国家统一和安全。

中华优秀传统文化促进国家发展与富强。"中华优秀传统文化是指我国五千年传统文化传承下来的精华部分,是中华民族的智慧结晶,为我国长足发展提供了精神保障和力量源泉。"② 中华优秀传统文化作为中国文化的重要组成部分,对于国家的发展具有举足轻重的作用。首先,中华优秀传统文化中蕴含着丰富的国家发展智慧,其中最为重要的是"和合"思想。"和合"思想主张不同事物之间的和谐共处,相互促进。在国家治理方面,"和合"思想要求领导者要善于协调不同利益群体之间的关系,实现社会的和谐稳定。"中庸"思想也是中华优秀传统文化中的重要理念之一。"中庸"思想强调做事要适度,不偏激,不极端,这对于国家的经济发展、政治稳定具有重要意义。同时,"礼治"思想也是中华优秀传统文化中的重要组成部分。"礼治"主张以礼治国,通过礼仪规范来约束人们的行为,维护社会秩序。这些思想对于当今中国的国家治理仍然具有重要的指导意义。其次,中华优秀传统文化作为中华文化的瑰宝,蕴含着"自强不息"等民族精神,这些精神激励着中国人民不断进取,为国家富强提供了强大的精神动力。国家的发展离不开人才的支撑,中华优秀传统文化注重人的全面发展,倡导尊

---

① 翟志峰,董蓓菲.文化记忆视角下语文教科书融入中华优秀传统文化的路径 [J].中国教育学刊,2021 (4):80-84.

② 赵敏.新时代中华优秀传统文化的德育价值——评《中国传统"践行"德育思想研究》[J].中国教育学刊,2023 (8):117.

重知识、尊重人才，这种文化氛围为国家培养了大量优秀人才，为国家的繁荣富强提供了智力支持。与此同时，中华优秀传统文化中拥有的丰富文化资源，如中国画、书法、戏曲等，不仅充实了国家的文化底蕴，也通过文化产业的创新发展为国家经济贡献了新生力量。

中华优秀传统文化是国家形象和国家声誉的象征。中华优秀传统文化，深深植根于中华民族的历史长河中，具有深厚的历史底蕴和独特的文化魅力。中华优秀传统文化是国家形象的象征，它为国家形象赋予了鲜明的特色和内涵，展示了中华民族的精神风貌、价值追求和文化自信。同时，中华优秀传统文化涵盖了众多的领域，如哲学、文学、艺术、科技等，为国家形象提供了丰富的素材和多样化的展示方式。作为国家形象的名片，文化对于提升国家声誉也具有重要作用。中华传统文化的丰富内涵和深厚底蕴，使得中国在国际评价中获得了高度赞誉。例如，中国被赞誉为"文明古国""礼仪之邦"等，这都离不开中华优秀传统文化的传承和发展。同时，中华优秀传统文化在国际交流中的贡献与影响也不容忽视，它为世界各国提供了了解中国、认识中国的途径，增进了国际友谊和合作。随着中国国际地位的提升，中华优秀传统文化在全球范围内逐渐普及和推广。中国在各个领域内的文化交流活动中积极向世界展示中华优秀传统文化的魅力，如中国画、书法、中医等代表作品。这些文化的传播不仅增进了国际社会对中国的了解和认知，也提升了中国在国际舞台上的声誉和影响力。

二、中华优秀传统文化引领社会发展方向

中华优秀传统文化蕴含着丰富的道德规范，习近平总书记指出："中华文化积淀着中华民族最深沉的精神追求"，[①] 中华优秀传统文化作为中国历史文化的重要组成部分，维护着社会和谐与稳定。它不仅能够促进人际关系的和谐、调解社会矛盾，也能够为政治稳定提供坚实的文化基础。中华优秀传统文化弘扬了和为贵、和而不同、和合共生的思想，倡导了仁爱、礼义、忠孝、和睦、互助的道德，形成了以和为美、以和为贵的风尚，构建了以和为本、以和为纲的秩序。因此，我们应该更加重视和弘扬中华优秀传统文

---

① 赵景欣，彭耀光，张文新. 中华优秀传统文化传承与学生发展核心素养研究［J］. 中国教育学刊，2016（6）：23-28.

化，使其在促进社会和谐与稳定中发挥更大的作用。

中华优秀传统文化对社会的发展具有重要的推动作用，它不仅能够为现代法治建设提供重要的思想支持和实践经验，也能够为社会市场经济的发展做出重要的贡献。一方面，中华优秀传统文化在现代法治建设中具有重要的应用价值。例如，中华优秀传统文化中的"以和为贵、和合共生"等理念，可以为现代法治建设中的调解、仲裁等替代性纠纷解决机制提供思路和方法。这些理念强调通过协商、调解等方式解决纠纷，避免过多的诉讼程序，有助于节约司法资源，提高司法效率；中华优秀传统文化中的"天下为公、公平正义"等理念，可以为现代法治建设中的法律援助、司法公正等提供价值支持。这些理念的弘扬，有助于保障弱势群体的合法权益，推动社会公平正义的实现；中华优秀传统文化中的"尊重自然、顺应天道"等理念，可以为现代法治建设中环境保护、可持续发展等提供思想基础。这些价值观的弘扬，有助于提高公民的道德水平，为法律的实施创造良好的社会环境。同时，它也能够为现代法律制度的完善和发展提供重要的启示和借鉴。例如，强调人伦秩序与家庭关系：中华传统文化注重家庭伦理和社会秩序，认为家庭是社会的基本单位，也是个人道德修养的起点。这种思想与现代法律制度中对于家庭关系的规定和维护相呼应，为完善和发展现代法律制度提供了有益的启示；倡导德治与法治相结合：中华传统文化注重德治与法治的结合，认为治理国家应该以道德教化为本，法律制度为辅。这种思想对于现代法律制度的发展具有重要的借鉴意义，有助于更好地平衡法律与道德的关系，为社会发展提供有力的保障；注重集体主义与爱国主义：中华传统文化强调集体主义和爱国主义精神，认为个人应该服从集体和国家利益。这种思想有助于完善和发展现代法律制度中的公共利益保护机制，促进社会的和谐稳定发展；推崇诚信与公正：中华传统文化强调诚信和公正，认为这是做人的基本道德要求。这种思想对于现代法律制度中对于公正和诚信的追求具有重要的启示意义，有助于促进社会的公平正义。另一方面，中华优秀传统文化在现代市场经济中具有重要的应用价值。诚信原则：中华优秀传统文化强调诚信原则，认为诚信是商业活动的基础。在现代市场经济中，诚信成为一种重要的竞争力和品牌形象，对于企业的长期发展具有至关重要的作用；义利观：中华优秀传统文化注重义利之辨，认为"义"和"利"是相互依存的，强调在追求利益的同时要遵循道义和伦理。这种价值观有助于引导企业在市场经济中注重社会责任和公共利益，实现经济效益和社会效益的统一。

和合思想：中华优秀传统文化中的和合思想强调和谐、合作、共赢。在现代市场经济中，这种思想有助于企业建立良好的人际关系和合作关系，实现互利共赢的局面；创新精神：中华优秀传统文化注重创新和变革，认为只有不断创新才能适应市场的变化。这种精神激励着企业不断进行技术研发和管理创新，提高核心竞争力；家庭观念：中华优秀传统文化重视家庭和亲情，认为家庭是社会的基本单位。在现代市场经济中，企业可以借鉴这种家庭观念，建立和谐的企业文化和团队凝聚力，提高员工的工作积极性和归属感；道德规范：中华优秀传统文化中蕴含着丰富的道德规范和伦理准则，如孝道、友爱、仁义等。这些规范有助于引导企业树立正确的价值观和道德标准，培养员工的道德意识和社会责任感；儒家思想：儒家思想是中华优秀传统文化的重要组成部分，强调中庸之道、礼乐文化、德治等理念。这些理念为企业提供了管理哲学和经营策略的借鉴，有助于企业实现可持续发展。

中华优秀传统文化是社会文明与美好的标杆。优秀传统文化在新时代的德育价值也体现在社会公德方面。首先，优秀传统文化强调的是人与人之间的和谐与尊重。例如，儒家学说主张的"仁爱"思想，提倡关爱他人、尊重他人，这对建立良好的社会公德具有重要的指导意义。在当今社会，很多人忽视了对他人的尊重和关心，导致社会公德水平下降。通过弘扬优秀传统文化，我们可以帮助人们重新认识到尊重和关爱他人的重要性，从而提升社会公德水平。其次，优秀传统文化还强调个人对社会、对他人的责任和义务。例如，儒家学说中的"义"，就是指一个人应当遵循的道德规范和义务。在新时代，这种对社会责任和义务的认识，可以帮助人们更好地履行自己的社会公德义务，为社会做出更大的贡献。

此外，优秀传统文化还提倡诚实守信、尊老爱幼等价值观。这些价值观在当今社会依然具有重要意义。通过弘扬这些价值观，我们可以帮助人们树立正确的道德观念，增强社会公德意识，从而促进社会的和谐发展。随着社会经济发展，部分现代人的道德精神追求没有及时跟上时代，社会上不少人出现了道德滑坡的现象，各类违背社会公德的事件屡有发生。① 中华优秀传

---

① 肖正德. 中小学中华优秀传统文化教学的突出问题及完善之路 [J]. 中国教育学刊，2019 (11)：76－79.

统文化，源远流长，博大精深。它起源于古老的华夏大地，历经数千年的积淀和发展，形成了独特的文化体系，为中华民族的繁荣和发展作出了不可磨灭的贡献，是社会文明与美好的标杆。

三、中华优秀传统文化促进个人素养的提升

中华优秀传统文化是中华民族的瑰宝，其博大精深的内涵在帮助个体形成正确价值观、提升文化自信、促进文化认同方面具有深远影响。

中华优秀传统文化有助于正确价值观的养成。中华优秀传统文化中蕴含着孝道、包容谦逊、忠诚守信等丰富的价值理念，能够使学生从小树立起正确的价值观，形成良好的品德。例如，中华优秀传统文化强调的是"仁爱"和"礼义"，它教育我们要关心他人、尊重他人，以及遵守社会公德。这种精神有助于培养我们的社会责任感和公德心，使我们能够更好地融入社会，为社会做出贡献；中华优秀传统文化还强调了"诚信"和"忠诚"，它教育我们要做到言行一致、信守承诺。这种精神有助于培养我们的诚信意识和责任感，使我们能够更好地履行自己的职责和义务；中华优秀传统文化还强调了"谦虚"和"勤俭"，它教育我们要保持谦虚的态度、勤俭节约的生活方式。这种精神有助于培养我们的谦虚意识和节俭意识，使我们能够更好地控制自己的欲望和行为。"中华优秀传统文化自古以来就是德性伦理占主导地位，注重人内在修养的培育，以此引导社会各个阶层通过遵守道德规则来处理人与人、人与社会、人与自然的关系，从而形成一种稳定的社会秩序。"[1]

中华优秀传统文化是增强文化自信的动力。习近平总书记在党的十九大报告中提出，"中国特色社会主义文化源自中华民族五千多年文明历史所孕育的中华优秀传统文化。没有高度的文化自信，没有文化的繁荣兴盛，就没有中华民族的伟大复兴。"[2] 文化自信是指人们对自身文化的认同和自豪感，是人们在不同文化交流中保持自尊、自信、自强的精神状态，对学生成长具有重要意义。中华优秀传统文化，作为中华民族的精神命脉和突出优势，无

---

[1] 王明娣，翟倩. 中华优秀传统文化融入教学的价值、困境及路径 [J]. 民族教育研究，2020，31（6）：24-30.

[2] 习近平：决胜全面建成小康社会 夺取新时代中国特色社会主义伟大胜利——在中国共产党第十九次全国代表大会上的报告 [EB/OL]. [2017-10-27]. https：//www. gov. cn/zhuanti/2017-10/27/content_ 5234876. htm.

疑是我们文化自信的重要来源。它犹如一座丰碑，屹立于世界文化之林，展现着中华民族独特的文化魅力和精神风貌。在这座丰碑中，凝聚着华夏先民的智慧与汗水，孕育出璀璨夺目的文明成果。从孔子的仁爱思想到老子的无为而治，从墨子的兼爱非攻到庄子的逍遥自在，这些深邃的思想观念，不仅塑造了中华民族的精神世界，也为人类文明进步提供了宝贵的思想资源。进入新时代以来，党和国家领导人不断深入挖掘中华优秀传统文化，推动中华优秀传统文化的创造性转化和创新性发展，以中国特色社会主义文化形态助推全面小康、脱贫攻坚的实现，增强了新时代文化自信的坚定底气。①

中华优秀传统文化是提升文化认同的重要源泉。文化认同是指个体对于所属文化及其价值观念的认同和归属感。它对于个人的心理发展、社交行为以及国家社会的稳定都具有重要意义。中华优秀传统文化对于文化认同的塑造作用主要体现在以下几个方面：首先，传统文化中所倡导的道德观念、人伦关系等，有助于人们形成正确的价值观和道德标准；例如，儒家思想中的"仁、义、礼、智、信"等道德准则，鼓励人们要有爱心、讲道义、守礼仪、有智慧和诚实守信。这些价值观能够引导人们形成正确的行为准则，从而在社会中发挥积极的作用；传统文化还强调个人修养和自我完善。道家思想中的"无为而治"和"道法自然"，以及儒家思想中的"修身齐家治国平天下"，都强调个人品德和自我修养的重要性。这些思想能够帮助人们培养谦虚、自律和勤奋的品质，从而在个人成长和发展中取得成功；传统文化在处理人与自然的关系方面也有深刻的见解。中华文化中的中华文化中的天人合一、贵和尚中的精神启发人们自觉维护整体利益的价值取向及重视自然的生态平衡，强调人与自然的和谐相处，启示人们要尊重自然、保护环境，反对过度开发和破坏生态平衡的行为。其次，传统文化的艺术表现形式，如诗词、绘画等，能够激发人们的民族自豪感和文化自信心；一方面，诗词作为传统文化的重要表现形式之一，以其独特的韵律和美感，传承着中华民族的精神内核。通过诵读经典诗词，人们可以深刻感受到中华民族的历史厚重和文化底蕴，从而增强对中华文化的认同感和自豪感。另一方面，绘画作为另一种艺术表现形式，同样在传承中华文化方面发挥着重要作用。绘画作品以

---

① 王鹤岩，郭佳乐. 新时代推进文化自信自强的中华优秀传统文化维度探赜［J］. 学校党建与思想教育，2023（10）：12－14.

其细腻的笔触和丰富的内涵，描绘出中华民族丰富多彩的生活场景和历史变迁，让人们在欣赏艺术之美的同时，更加深刻地理解中华文化的独特魅力和精神内涵。最后，传统文化中的礼仪规范，如尊老爱幼、待人以诚等，有助于提升人们的社交素质和人际关系。例如，尊老爱幼是一种基本的道德价值观，它教导人们在交往中尊重长辈和爱护晚辈。这种价值观有助于维护社会的和谐稳定，增强家庭和社区的凝聚力。在社交场合中，表现出对长辈和晚辈的尊重和关爱，能够赢得他人的尊重和信任，进而建立良好的人际关系。同时，文化认同对于传承和发扬中华优秀传统文化也具有推动作用。首先，中华优秀传统文化是中国人民的精神财富，是中华文明的重要组成部分。然而，随着时代的变迁和现代化的推进，许多传统文化面临着被遗忘或边缘化的风险。因此，提高文化认同感成为保护和传承传统文化的重要途径。其次，文化认同能够激发人们对传统文化的热爱和尊重，从而增强其保护和传承的意愿。当人们深刻理解并认同自己的文化时，他们会更愿意参与传统文化的传承活动，传播传统文化的价值观念，甚至为传统文化的创新发展做出贡献。最后，文化认同还有助于增强民族凝聚力。中华优秀传统文化是中华民族的共同记忆和身份认同的重要来源。通过提高文化认同感，可以加强民族团结，增强民族自豪感和归属感，从而促进社会的和谐稳定。

第二章　语文教科书是中华优秀
传统文化的重要载体

　　"为什么学习语文课程"是对语文课程价值的提问，语文课程的综合性育人价值集中表现在三个方面：一是开展丰富多样的语文实践活动，培养有效获取信息、沟通交流的能力；二是借助语文实践活动，实现审美鉴赏能力、批判与创新思维等方面的发展与提升；三是体认传统文化的独特性、尊重与理解多样文化。在围绕核心素养开展的教育变革中，各国课程标准在前两个方面已呈现出较强的趋同性，而传统文化则充分彰显了不同文化背景语文课程的独特价值。换言之，强化语文学习与传统文化的重要价值，成为世界各国语文课程改革的战略选择。中华优秀传统文化是传统文化中的精髓，蕴含着丰富的人文精神与中华传统美德，而中华优秀传统文化要发挥其实现伟大复兴中国梦的思想支撑作用、引领社会发展方向的先导作用以及在提升个人素养方面的重要价值，学校教育是不可缺失的一环，2017年中共中央办公厅、国务院办公厅印发《关于实施中华优秀传统文化传承发展工程的意见》（以下简称《意见》），《意见》中指出："要将中华优秀传统文化贯穿于启蒙教育、基础教育、职业教育、高等教育、继续教育各领域。以幼儿、小学、中学教材为重点，构建中华文化课程和教材体系。"[1] 由此可见，加强中华优秀传统文化教育是文化传承的重要工程之一。与此同时，学校教育中各学科课程又在传承中华优秀传统文化过程中发挥着关键作用。其中，语文课程的性质又规定了其与中华优秀传统文化相融合的应然取向。

---

[1] 中共中央办公厅 国务院办公厅印发《关于实施中华优秀传统文化传承发展工程的意见》[EB/OL]. https：//www. gov. cn/zhengce/2017－01/25/content_ 5163472. htm.

第一节 "以文化人"的语文课程价值取向

一、语文课程性质规定了与中华优秀传统文化相融合的应然取向

我国语文教育具有"文以载道""以文化人"的传统,这一传统突出语文教育的目的是育人、成人。诚如中共中央办公厅、国务院办公厅在《意见》中指出的那样:"中华优秀传统文化积淀着多样、珍贵的精神财富,如求同存异、和而不同的处世方法,文以载道、以文化人的教化思想,形神兼备、情景交融的美学追求,俭约自守、中和泰和的生活理念等,是中国人民思想观念、风俗习惯、生活方式、情感样式的集中表达,滋养了独特丰富的文学艺术、科学技术、人文学术,至今仍然具有深刻影响。"[①]

语文课程是一门学习国家通用语言文字运用的综合性、实践性课程,在推广普及国家通用语言文字、增强凝聚力、铸牢中华民族共同体意识,建立文化自信、培育时代新人,实现中华民族伟大复兴等方面具有不可替代的优势。[②] 学生学习语文并非静态地、单纯地学习和掌握语文知识,而是在学习综合性知识基础之上掌握国家通用语言文字的实践运用能力。换句话说,义务教育语文课程并不是单一的语言文字课程,而是聚合了丰富的文史哲等人文社会科学和自然科学学科知识于一体的课程。此外,语言文字学习并不是仅仅学习书本上的知识、更重要的是语言文字实践。这个实践既包括语言实践,如朗读、会演讲等,也包括写作实践。没有语言实践与写作实践,是学不好语文的。

语文教育中的文、哲、史是不分的,很难分离出其中属于语文的那部分来单独论述语文的育人功能。语文教育的过程是"化人",是"学"。"化"是潜移默化之化,春风化雨之化;文以载道,"道"是化入语文教育之中的,正如《孟子·告子下》所说,"有如时雨化之",而不是简单的说教。语文教育的过程强调的是学生的学,《论语·学而》开篇就说"学而时习之",《荀子·劝学》第一句话是"学不可以已",强调的都是"学",而不是教

---

① 中共中央办公厅 国务院办公厅印发《关于实施中华优秀传统文化传承发展工程的意见》[EB/OL]. https:∥www.gov.cn/zhengce/2017-01/25/content_ 5163472. htm.

② 教育部. 义务教育语文课程标准(2022 年版)[S]. 北京:北京师范大学出版社,2022.

师的教。因此，巢宗祺老师指出，我国几千年的语文教育都是"经典范例—诵读"的模型。学生学习语言文学，主要通过自己读书，诵读经典范例，获得大量的感性积累和体悟，逐步体会、把握语言运用规律，提高语言文学修养，涵养品行人格。①

这种学习语言文字的方式体现了语文课程"工具性"与"人文性"相统一的特点。工具性指语言文字是人类社会重要的交际工具和信息载体，注重培养学生的语言文字运用能力；人文性指语言文字本身所承载的丰富的人文精神内涵，包含民族文化、宗教、哲学、艺术、科学以及人类社会的真善美。人文性注重发展学生的思维能力，提升学生的思维品质，助力学生形成自觉的审美意识，培养高雅的审美情趣。语文课程"工具性"与"人文性"相统一的特点规定了教师在语文教学中不仅要传授语言知识与技能，同时要注意挖掘经典篇目、人文典故等类别中所体现的中华优秀传统文化内容，借助语文学习，引导学生汲取中华优秀传统文化的营养，了解中华优秀传统文化的历史渊源与时代价值，从而增强文化底蕴，形成正确世界观、人生观、价值观。此外，中华优秀传统文化中积淀着文化自信的精神标识，塑造着文化自信的精神追求。② 其中，语言文字作为中华优秀传统文化的重要组成部分，是传承和弘扬中华优秀传统文化的重要载体，语言文字自信是文化自信的基石，而语言文字又构成了语文教科书的核心内容，教科书中所记载的唐诗宋词、神话寓言以及民间故事等大多是以语言文字为载体，同时每一种语言都蕴含着独特的文化内涵和表达方式，使得语文教科书得以实现其"以文化人"的价值取向。一方面，通过规范使用语言文字，学生的语文知识、语文能力得以提升，语文学习方法和习惯得以不断完善；另一方面，中华优秀传统文化为语言文字提供了丰富的内涵和历史背景，其中所蕴含的民族精神和精神品质引导着学生的精神追求。

语文课程的特殊性质决定了其在中华优秀传统文化教育中的特殊价值。语文学科为中华优秀传统文化教育提供有力支撑，同时，语文又依托中华优秀传统文化内容得以发挥其"以文化人"的作用，二者相辅相成，密不可分。

---

① 陆志平. 以文化人的新境界——新时代的语文课程建设 [J]. 基础教育课程，2020 (274)：7 - 17.

② 李金云，翟倩. 从文化记忆到记忆文化：中华优秀传统文化融入语文教材的教学转向 [J]. 当代教育与文化，2023，15 (06)：39 - 43 + 105.

二、语文课程目标明确了"以文化人"的意涵

2021 年，教育部印发《中华优秀传统文化进中小学课程教材指南》（以下简称教材指南）的通知，其中指出："语文学习的过程就是文化获得的过程。"① 同时，《义教新课标》中将文化自信、语言运用、思维能力、审美创造归结为语文核心素养的四个方面，其中，文化自信是指学生认同中华文化，对中华文化的生命力有坚定信心。文化自信是通过语文学习，热爱国家通用语言文字，热爱中华文化，继承和弘扬中华优秀传统文化、革命文化、社会主义先进文化，关注和参与当代文化生活，初步了解和借鉴人类文明优秀成果，具有比较开阔的文化视野和一定的文化底蕴。②

文化自信是语文核心素养的重要内容，统编语文教科书主要围绕文化理解、文化认同以及文化实践活动三个层面展开对学生文化自信的培养。文化理解，是指通过学习语言文字作品，领会中华文化的博大精深，理解中华文化的强大生命力和先进性，初步理解和借鉴不同民族、不同区域不同国家的优秀文化，懂得尊重和包容。文化认同是指学生通过学习运用国家通用语言文字，体会中华文化的核心思想理念和人文精神，增强文化自信，理解、认同、热爱中华文化。文化认同是一个长期浸润的过程，也是一个对话思辨的过程，更是一个在浸润和对话中自主建构的过程。文化实践包括文化积淀和文化参与两个方面，文化积淀，是指在丰富的语言实践活动中，对富有文化内涵和品位的经典文本，尤其是中华文化的经典文本口诵心惟、熟读精思，并能持之以恒、日积月累，从而拥有数量丰富、品位高雅的文化记忆；文化参与，是指关注并参与当代文化传播与交流，在运用国家通用语言文字的过程中，坚持文化自信，提高社会责任感，增强为中华民族伟大复兴而奋斗的使命感和荣誉感。

《论语·述而》中孔子的"四教"理念，即文化教育（文）、德行修养（行）、忠诚（忠）和信仰（信）。孔子教导弟子应"文、行、忠、信"并

---

① 教育部关于印发《革命传统进中小学课程教材指南》《中华优秀传统文化进中小学课程教材指南》的通知（教材［2021］1 号）［EB/OL］［2021 - 06 - 01］. http：//www. moe. gov. cn/srcsite/A26/s8001/202102/t20210203％5F512359. html.

② 中华人民共和国教育部. 义务教育语文课程标准 2022 年版［S］. 北京：北京师范大学出版社，2022：18.

重，力求成为德智兼修之人，体现了孔子对人的全面发展的深刻认识。[①] 结合孔子的教育思想，可以将语文教科书中的传统文化体系归纳为"文、行、信"三位一体的内在结构，在统编语文教科书中，"文"指向了传统文化知识与文选，以"文"为载体，帮助学生形成对文化的理解；"信"旨在引导学生在传统文化学习过程中形成正确的道德品格与理想信念，产生文化认同；"行"则指向了具体的文化实践活动，是中华优秀传统文化教育的着力点，也是语文课程实践性的体现，具体而言，中华优秀传统文化三位一体的内容体现在识字与写字、阅读与鉴赏、表达与交流、梳理与探究等语文学习活动中，具体见表2-1。

表2-1　语文学习中蕴含的中华优秀传统文化意蕴

文化自信	识字与写字	阅读与鉴赏	表达与交流	梳理与探究
文化理解	了解汉字的造字原理，认识汉字字形、字音、字义间的关系，感受汉字背后的文化内涵。	阅读古典诗文、经典文学作品等，挖掘文本中的文化内涵，感悟其中所蕴含的核心理念与人文精神。	在写作中对文化现象进行深入探究，分析其历史背景文化内涵，就某一文化主题展开交流，多层次的理解文化。	梳理教材中反映优秀传统文化的文学作品，进一步查阅资料，加深理解。
文化认同	欣赏汉字的形体美和艺术价值，注重汉字书写的规范性和审美性。	欣赏文学作品的独特意蕴，通过讨论、交流分享自己的阅读感受和理解，同时在了解不同文化背景下的文学作品过程中更深刻地认识到中华文化的独特性。	在与民族文化、地域文化等相关的表达中切实感受文化的魅力；撰写关于民族节日、民族风情的文章，进一步激发学生的文化认同。	就某个文化现象展开讨论与交流，挖掘其背后所体现的优秀传统与核心价值观。
文化践行	将所学的汉字知识应用到实际生活中，利用所学汉字编写故事、创作诗歌等。	将所学的文学作品知识转化为实际的行动，在古诗文诵读、角色扮演、文学创作中表达自己的理解与感悟。	主动参与文化表达与交流实践活动，如诗歌朗诵大赛。	组织中华优秀传统文化专题活动，如文化节、文化讲座等；积极参与民俗礼仪活动，传承和弘扬优秀传统文化。

由此可见，语文学科在"以文化人"方面具有独特优势，文化自信中的"文化"，不是泛泛的普适意义上的概念称谓，而是特指、专指"中华文

---

① 任翔. 语文教材传统文化教育内容体系化刍论 [J]. 中国教育学刊, 2020 (06)：23-28.

化""中华优秀传统文化"是中华文化的根系与血脉，凝聚了中华民族几千年来认同并奉行的思想理念、价值观和民族精神，是中国特色社会主义植根的文化沃土。"革命文化"是中国人民在中国共产党的领导下于革命实践中形成，并在建设、改革的进程中不断与时俱进、完善创新的物质文化和精神文化的总和，已经深深融入中华民族的血脉和灵魂，成为社会主义核心价值观的丰富滋养。"社会主义先进文化"是指以马克思主义为指导，继承和弘扬中华优秀传统文化和革命文化，吸收借鉴世界优秀文化成果，集中体现中国人民在新的历史条件下所追求的文化，其精髓是社会主义核心价值体系。

中华优秀传统文化教育是语文核心素养得以实现、"以文化人"功能得以发挥的重要手段。首先，中华优秀传统文化为语文学科"以文化人"提供了理论来源，语文学科通过传授中华优秀传统文化知识，引导学生深入了解和体验中华优秀传统文化，从而培养他们的文化自信和民族自豪感。这种文化自信和民族自豪感，正是语文学科"以文化人"理念得以落地生根的坚实基础。其次，中华优秀传统文化中所蕴含的讲仁爱、守诚信的思想理念以及自强不息、崇德向善的基本精神等为语文学科"以文化人"提供了重要指引，构成了文化教学中的重要内容。

第二节 "以文化人"的语文课程内容

中华优秀传统文化作为中华文化的精华与根基，其蕴含的核心思想理念、中华人文精神与中华传统美德是民族精神和价值追求的集中展现。《指南》强调，语文是落实中华优秀传统文化教育的核心课程，要全面体现中华优秀传统文化蕴含的核心思想理念、人文精神和传统美德，引导学生理解和热爱国家通用语言文字，体悟中华优秀传统文化中蕴含的爱国情怀、中华精神、荣辱观念，提高审美情趣，厚植中华文化底蕴，坚定文化自信。语文教科书是文选型的文本，"统编本"语文教科书的课文选篇强调经典性、文质兼美、适宜教学并兼顾时代性，[①] 这意味着选入的文章不仅具有历史价值和文化内涵、适合学生的年龄特点和认识水平，同时还反映当代社会价值观

---

① 温儒敏．"部编本"语文教材的编写理念、特色与使用建议［J］．课程．教材．教法，2016，36（11）：3－11.

和审美取向。与此同时，教科书遵循学生身心发展规律和核心素养的内在逻辑，以生活为基础，以语文实践活动为主线，以学习主题为引领，以学习任务群为载体，整合多种要素设计语文学习任务群，其中，中华优秀传统文化成为重要关注点，具体详见表2-2。

表2-2　各语文学习任务群中的中华优秀传统文化学习内容

学习任务群	第一学段	第二学段	第三学段	第四学段
语言文字积累与梳理	诵读、记录学到的成语、谚语、短小的故事等，感受中华优秀传统文化，养成自主积累的习惯。	诵读、积累成语典故、中华文化名言、短小的古诗词和新鲜词语、精彩句段等，丰富自己的语汇，分类整理、交流，初步认识中华优秀传统文化蕴含的思想。	诵读优秀诗文，分主题梳理自己积累的成语典故、格言警句、对联等语言材料，并尝试运用到日常读写活动中，增强表达效果。	继续丰富自己的积累。分类整理、欣赏、交流所积累的词语、名句、诗文等，并在日常读写活动中积极运用，提升自身的中华文化修养。
实用性阅读与交流	学习有关中华优秀传统文化的短文，将读到、听到、看到的故事讲给他人听。	学习具体、清楚、生动地讲述有关老一辈无产阶级革命家和革命英雄、劳动模范、科学家的事迹，以及反映中华传统美德的故事。	学习革命英雄和劳动模范的事迹，尝试用多种媒介方式记录、展示、讲述他们的故事，表达自己的崇敬之情。	阅读叙事性和说明性文本，发现、欣赏、表达和交流家庭生活、学校生活、社会生活和大自然的美好，热爱生活，感恩生活。
文学阅读与创意表达	阅读并学习讲述革命领袖、革命英雄、爱国志士的童年故事；诵读表现自然之美的短小诗文；学习儿歌、童话等。	阅读并讲述革命故事、爱国故事、历史人物故事，感受幸福生活来之不易；阅读描绘大自然、表现人类美好情感的诗歌等文学作品；阅读富有想象力和表现力的儿童文学作品。	阅读、欣赏革命领袖、革命先烈创作的文学作品，以及表现他们事迹的诗歌、小说、影视作品等。	阅读反映中国革命各个时期的重大事件、伟大成就、代表性人物及其感人事迹的优秀文学作品；阅读表现人与自然的优秀文学作品，包括古诗文名篇；阅读表现人与社会、人与他人的古今优秀诗歌、散文等文学作品。

续表

学习任务群	第一学段	第二学段	第三学段	第四学段
思辨性阅读与表达	阅读有趣的短文，发现、思考身边的鸟兽虫鱼、花草树木、家用电器等日常事物的奇妙之处，说出自己的想法。	阅读解决生活问题的故事，尤其是中华智慧故事，结合自己在生活中遇到的问题学习思考的方法，尝试运用列提纲、画思维导图等方式，表达故事中的道理。	阅读关于中华传统美德、社会公德等方面的短论、简评，结合校园或社会生活中的实际事例，学习有理有据地口头或书面表达自己的观点，感受其中的智慧。	阅读关于生活感悟、生活哲理方面的优秀作品，学习思考与表达的方法；学习革命领袖的理论文章、经典的思辨性文本（包括短小的文言经典），理解作者的立场、观点与方法。
整本书阅读	阅读、朗诵优秀的儿歌集，感受儿歌的韵味和童趣。	阅读表现英雄模范事迹的图书，如《小英雄雨来》《雷锋的故事》等，讲述英雄模范的动人故事，学习其中蕴含的中华智慧。	阅读反映革命传统的作品，如《可爱的中国》《小兵张》《闪闪的红星》等。	阅读革命文学作品，如《红星照耀中国》等；独立阅读古今中外诗歌集、散文集等文学名著，如《朝花夕拾》《骆驼祥子》等。
跨学科学习	参与学校、社区举办的节日和风俗活动，留意身边的传统节日、风俗习惯等文化现象，感受和学习生活中的中华优秀传统文化。	参观物质文化遗产，了解非物质文化遗产；关注传统节日节气、民俗风情、民间工艺、历史和传说等；探寻日常生活中龙凤、松竹梅兰等中华文化意象。	积极参加校园文化社团，参与学校和社区举办的民乐等相关文化活动，体验、感知、传承中华优秀传统文化，运用多种形式分享自己的经验与感受。	围绕仁爱诚信、天下为公、和谐包容以及科学理性、艺术精神等，选择专题，组建小组，开展学习与研究；组建文学艺术社团，开展相关文化活动。

一、国家通用语言文字与中华优秀传统文化

语言文字既是文化的载体，又是文化本身。① 语言文字是人类社会最重要的交际工具，人们借助语言文字保存和传递人类文明的成果，同时，语言文字是人类社会最重要的信息载体，人们通过学习获得语言文字能力，实现

---

① 姚喜双．语言文字是文化自信的源泉 [N]．光明网，2020 - 08 - 22.

交流观念、意见、思想等目的。国家通用语言文字文化在语文课程中体现为语言形式和文字形式。语言形式包括语音，语法，词汇等；文字形式表现为成语，对联，民俗谚语和书法等，他们在语文课文中又笼统表现为不同文体、不同风格、不同内容。中华优秀传统文化大类基本包括物质文化、精神文化、制度文化与行为文化，具体到语文教材中又细分为中国饮食文化、文字文化、艺术文化、政治经济制度以及节日习俗、民族礼仪等，其中囊括了经典选篇、文化知识、传统活动、传统技艺等文化内容。语文课程将中华优秀传统文化中所蕴含的核心思想理念、人文精神与中华传统美德以符合学生认知发展特点的方式组织起来，引导学生在学习国家通用语言过程中领悟文化魅力，树立文化自信。

（一）统编语文教科书中语言文字形式的中华优秀传统文化

汉语言文字形式的中华优秀传统文化主要表现为：成语、对联、民谚俗语。首先，有固定的结构形式和固定的说法的成语，是中国传统文化的一大特色，也是汉语言文字文化在语文教科书课文中的重要表现形式。这些成语大多是从古代承沿下来的，它代表了一个故事或者典故，能够有效精炼表达、增强修辞效果以及协调句式。如七年级上册《纪念白求恩》中出现的"拈轻怕重""麻木不仁"一针见血地批评了那些对工作不负责任的利己主义者，展现了汉语言文字简洁精炼 但意蕴深远的一面；其次，对联中的汉字特性主要体现在字数对等、句式相同、平仄相协、韵律和谐等方面。这些特点共同构成了对联独特的语言艺术魅力，使得对联在表达意义的同时，也充满了音乐美感和节奏感。"仄起平落"书写传统让对联文字朗朗上口，成为中华文化的瑰宝。统编初中语文教科书课文中完整对联的引用很少，其中七年级下册选取了"四面荷花三面柳，一城山色半城湖"，将一幅生动细腻的自然风景画卷呈现在读者面前；二年级上册语文园地四则选用了"清风明月本无价，近水远山皆有情"，借助清风、明月、近水、远山这些看似普通的自然现象表达了对于生活哲理深刻思考。此外，与课文作者相关的对联是了解课文的良好资源，如广州文天祥祠对联"犹留正气参天地、永剩丹心照古今"可以帮助学生了解九年级下册《过零丁洋》的写作背景；再次，民俗谚语中也蕴含着丰富的汉语言文字现象。如七年级上册《春》中"一年之计在于春"、八年级下册《大自然的语言》中"七九河开、八九雁来，九九加一九，耕牛遍地走。"

（二）统编语文教科书中传统文学形式的中华优秀传统文化

中华优秀传统文化以丰富多样的传统文学形式融入语文教科书课文，可归纳为诗词、散文、小说、寓言、神话等多种文体，表现为方言现象、音变现象、语调变化的语音形式，古今异义、一词多义、通假现象的词汇形式和主谓宾定状补的语法形式等。中国传统文化以儒家思想为主体框架，与此同时，儒家与道家佛家互相批判又相互融合，铸就了中华民族的思想观念、道德规范和人文精神，这些文化精髓蕴含在传统典籍中，构成了语文教科书传统文化内容的源泉。其中，古典诗文是承载语文课程传统文化内容最具代表性的文学载体之一，通过学习这些诗词作品，学生不仅能感受到古代文人墨客的情感世界和审美追求，还能领悟到中华文化的博大精深。古诗文学习内容涵盖了经、史、子、集等多方面，这一内容依据可从《三字经》中得到启示，①《三字经》记载了传统教育的内容及学程，告诉学子们学习的次序与重要性，如："为学者，必有初，小学终，至四书，"这句话旨在说明作为一个学者，学习一定有其初始阶段，首先要完成小学教育，然后才能开始研读"四书，"如统编初中语文七年级上册第三单元中便选取了《论语》十二章供学生了解孔子的思想与教育理念；"孝经通，四书熟，如六经，始可读，"在理解了《孝经》且熟识"四书"之后就可以开始研读"六经"了。八年级下册《关雎》、《蒹葭》出自《诗经》，旨在引导学生领会诗歌中的美好感情；"经既明，方读子，"了解经书要义之后才可以开始读"子"部书籍，主要指向先秦诸子的著作，如《老子》、《庄子》、《墨子》等，② 八年级下册《桃花源记》为我们描绘了一个理想化的社会蓝图，体现道家无为而治、顺应自然的思想。此外，除了文学形式外，中华优秀传统文化在语文教科书中的体现还表现在语音形式和语法形式，如在小说文体中包含了丰富的方言现象，成为中华优秀传统文化融入语文课文语言文字文化中语音形式的典型代表。一方面，方言现象出现在人物的语言表达中。九年级上册《智取生辰纲》中厢禁军走路拖沓，杨志嗔言中以"俺的""洒家"表达"自己"，展现出性格的粗犷豪迈；虞候觉得杨志太过严厉，向老督管抱怨中用到"厮""这般做大"，体现出虞候对杨志的不满；老督管安慰受到呵

---

① 任翔. 语文教材传统文化教育内容体系化刍论［J］. 中国教育学刊，2020（06）：23-28.
② 肖辉主编. 三字经［M］. 北京：中国言实出版社，2020：40-59.

斥的虞候时，用到"别拗""罪过"等词语，凸显出他处事圆滑的语言特征。另一方面，方言现象也广泛出现在民间文学的书面表达中。九年级下册《蒲柳人家》是一篇以儿童视角讲述冀东北农村抗日救亡运动的课文，文中有众多民间语言表达。"何满子是一丈青大娘的心尖子，肺叶子，眼珠子59，命根子"中的尾缀"子"、何满子的爷爷外号"何大学问"中的前缀"大"均表述体现了民间口头语言的特征。

二、统编语文教科书里中华优秀传统文化的意涵

中华优秀传统文化，是中华民族在物质文化生产实践中形成并传承的精神财富，更是展现中华民族奋发向前精神的核心价值体系。其影响深远，已被广大民众所认同和接纳，成为他们基本的人生信念和自觉的价值追求，同时，这些文化精神在维系民族生存、推动社会发展进步方面发挥了积极作用。在统编语文教材中，围绕创造性转化和创新性发展要求，确定中华优秀传统文化内容主题，注重弘扬讲仁爱、重民本、守诚信、崇正义、尚和合、求大同等核心思想理念；弘扬有利于促进社会和谐、鼓励人们向上向善的中华人文精神；弘扬自强不息、敬业乐群、扶危济困、见义勇为、孝老爱亲等中华传统美德。中华优秀传统文化的主要表现形式包括汉字、书法、成语、古诗词、古代散文、古典小说、神话传说、民间故事、历史故事、寓言故事、格言警句、风俗习惯以及传统节日等。在《完善中华优秀传统文化教育指导纲要》中，将中华优秀传统文化的内容按照"个人层面——社会层面——国家层面"三个维度进行分类。通过这种方式，我们可以更深入地阐述统编语文教材中中华优秀传统文化所蕴含的核心思想理念、人文精神和传统美德，进一步弘扬和传承中华民族的优秀传统文化。

（一）人格修养

自天子以至于庶人，壹是皆以修身为本。个人修养是社会关爱和家国情怀的基础，只有实现个体精神，才能推动社会群体精神的进步。中国传统的个人修养，主要是指儒家的修身思想，修己、克己、慎独、自省，提倡爱人之道，明人伦秩序，提倡修身养德。中华优秀传统文化中的人格修养要素以精神内涵的形式全面融入统编初中语文教科书的课文中，主要体现为求真务实、崇学尚才、自强不息、坚韧勇毅、俭约自守、忠实笃信等。如一年级上册《上学歌》中提到："爱学习，爱劳动"，"劳动光荣"是传统美德中的

重要内容。三年级上册《读不完的大书》一课中描绘了大自然中的动植物，鼓励学生亲近大自然、热爱大自然。七年级下册《河中石兽》一文告诉我们凡事要全面考察、反复思索，才能找到解决问题的正确路径。为寻找沉入河中已数十年的石兽，众人顺流而下遍寻无果。殊不知石兽坚硬，沙壤轻浮，石兽浮于沙土，轻薄沙土竟能通过摩擦力托起重于自己千百倍的石兽逆行而上，去往上游。对这一现象的理解得益于讲学家对物理知识的研习，老河兵在实操中积累经验。找寻石兽的过程中需要全面考察河流、地形、石兽和沙土的情况，还需结合物理和经验知识。众人最终找到石兽，既是求真务实精神的体现，也展现了这种精神所带来的益处；如果道听途说，没有考察就乱下结论，就会造成负面影响。七年级上册《穿井得一人》正因为不加考察、道听途说、以讹传讹，导致"凿井得到一个空闲的人力"被误传为"挖井挖到了一个人"。

（二）社会关爱

社会关爱是指在个体与周围环境的互动中，包括个人与他人、个人与社会以及个人与自然的关系，所展现出的一种积极、正面的态度和行为，其核心在于秉持善意、理解他人、尊重老幼、帮助弱势群体、关注社会以及尊重自然规律。每个人都作为社会大家庭中的一员，拥有各自独特的社会角色，并需承担相应的社会责任。统编语文教科书中有许多课文通过阐述个人与他人、个人与社会、个人与自然的关系，表达了仁爱共济、立己达人、扶危济困、坚韧勇毅、亲近自然、善待生命等主题。比如"仁爱"，"仁"被视为中华文化伦理思想中最基础且最核心的价值观念。仁与爱的结合表现为同情、爱护和帮助他人。同样，正所谓"己欲立而立人，己欲达而达人"，个人的成功与否往往与其对待他人的态度紧密相连。在统编语文教科书中，体现仁爱共济、立己达人思想主题的课文大致可分为两类：一类是从个人出发，进而由己及人；另一类则聚焦于社会民生，描绘社会现象与民众生活。一方面，语文课文中作者常结合自身经历阐述自己关于仁爱的看法，他们借助文学载体，将个人的感悟与体验融入其中，使得仁爱这一抽象概念变得生动而具体，如九年级上册《岳阳楼记》中，范仲淹看似写岳阳楼不同季节之风景，实则通过探求"古仁人之心"而抒发自己民生之愿景。"先天下之忧而忧，后天下之乐而乐"中他把个人与国家社会相联系，不求官职、不论前途，而认为仁人之心必要忧其国、忧其民，体现了作者虽遭迫害、身居江湖，但仍心忧国事、关怀民生的爱国情怀。另一方面，对社会的关怀往往表现为对民生的关注和同情。八年级下册《卖炭翁》，通过描写烧木炭的老人谋生的困苦，揭露"宫市"的腐败本质，表达了白居易对底层群众的深切的同情和关怀。

（三）家国情怀

"家国"由"家"和"国"组成，是一种自家而国一脉相承的情感表达与人生理想。① 《礼记·大学》中说道"物格而后知至，知至而后意诚，意诚而后心正，心正而后身修，身修而后家齐，家齐而后国治，国治而后天下平，"家国情怀的培养是爱国教育的基础，它标志着学生从关心自我、关爱家人、逐渐扩展至关爱他人、热爱国家的思想转变。七年级下册《木兰诗》中，木兰爱父亲，她毅然决然地从军，是因为不忍年迈的父亲上战场，谁都明白如若父亲上阵杀敌必定凶多吉少，所以尚且年幼的她顶着女儿身的"压力"选择了替父从军。九年级下册《过零丁洋》中，文天祥深爱着我们的国家，发出了"人生自古谁无死，留取丹心照汗青"的慨言，即使金军攻打到宋军的最后据点，仍不屈投降，欲以死明志，展示了坚定不移的意志和崇高的民族气节。

---

① 杨清虎．"家国情怀"的内涵与现代价值［J］．兵团党校学报，2016（03）：60–66．

第三章　教科书中的中华优秀传统文化分析框架构建

第一节　中华优秀传统文化的一级分析框架构建

关于中国文化的分类，当前主流观点将其划分为官方主旋律文化、民间大众文化和学界精英文化三类。通过对这三类文化相互之间的消长关系进行深入探讨，为中国文化的发展提供有益的借鉴。然而，随着研究的逐步深入，这种"文化三分法"所存在的局限性已逐渐显现。康德根据人类语言的表现方式将文化艺术分为三类：语言的艺术、造型的艺术、艺术作为诸感觉的自由游戏。① 叔本华作为唯意志论的哲学家，按照对人的意志表现的深浅来进行艺术分类。他认为建筑是人的意志最低级、最简单的表现，悲剧是人的意志最高级的表现，这中间还存在着绘画、诗等艺术。② 上述学者的观点为我们研究文化分类提供了学理基础，但其划分标准仍具有一定的局限性。为更全面地对中华优秀传统文化进行分类，我们将梳理其他具有代表性的文化分类著作，以此来完善和提高文化分类的科学性。

张岱年先生在《中国文化概论》一书中，梳理了目前学界对文化结构的分类，分为中国语言文字、中国古代科学技术、中国古代教育、中国古代文学、中国古代艺术、中国古代史学、中国传统伦理道德、中国古代宗教、中国古代哲学。③ 石云涛在《中国传统文化概论》中，将中国传统文化分为中国古代哲学、中国古代宗教、中国古代史学、中国古代文学、中国古代艺

---

① 康德. 判断力批判 [M]. 北京：商务印书馆，1987：157.

② 刘景泉. 关于文化分类的反思 [J]. 广东社会科学，2006（3）：71－78.

③ 张岱年，方克立. 中国文化概论（修订版）[M]. 北京：北京师范大学出版社，2004：107－206.

术、中国古代科技、中国古代教育、中国传统建筑、中国民俗文化。① 张应杭将传统文化划分为：中国古代哲学传统、中国古代宗教传统、中国古代文学成就、中国古代伦理道德、中国古代教育传统、中国古代艺术传统、中国古代史学传统、中国古代科学和技术文化传统。② 田广林将传统文化分为传统哲学、史学、宗教、民俗文化、教育、文学艺术、科学技术及建筑文化。③ 孙丽青将传统文化分为中国传统哲学、中国传统宗教、中国传统伦理道德、中国古代教育传统、中国传统艺术、中国传统科学技术、中国传统文学、中国传统史学。④ 具体分析整理如下表3-1所示。

表3-1　学者对中华传统文化的理解

作者	传统文化内容	传统文化要素	共同传统文化要素
张岱年	中国语言文字、中国古代科学技术、中国古代教育、中国古代文学、中国古代艺术、中国古代史学、中国传统伦理道德、中国古代宗教、中国古代哲学。	物质文化 精神文化 制度文化	
石云涛	中国古代哲学、中国古代宗教、中国古代史学、中国古代文学、中国古代艺术、中国古代科技、中国古代教育、中国传统建筑、中国民俗文化	物质文化 精神文化 行为文化	
张应杭	中国古代哲学传统、中国古代宗教传统、中国古代文学成就、中国古代伦理道德、中国古代教育传统、中国古代艺术传统、中国古代史学传统、中国古代科学和技术文化传统	精神文化 行为文化 物质文化	物质文化 精神文化 制度文化 行为文化
田广林	传统哲学、史学、宗教、民俗文化、教育、文学艺术、科学技术及建筑文化。	行为文化 精神文化 物质文化	
孙丽青	中国传统哲学、中国传统宗教、中国传统伦理道德、中国古代教育传统、中国传统艺术、中国传统科学技术、中国传统文学、中国传统史学	物质文化 行为文化 精神文化 制度文化	

通过梳理各学者对传统文化内容的分类，归纳出四大类型的文化分类主类目，分别为物质文化、精神文化、制度文化和行为文化。此四大类型文化

① 石云涛.中国传统文化概论［M］.北京：学苑出版社，2009：16-280.
② 张应杭.中国传统文化概论［M］.上海：上海人民出版社，2000：41-193.
③ 田广林.中国传统文化概论［M］.北京：高等教育出版社，2011：142-337.
④ 孙丽青.中国传统文化概要［M］.青岛：青岛出版社，2009（4）：11-183.

受学者们认可度较高，故本研究将以此四大类型文化作为中华优秀传统文化的一级分类框架，并对其进一步细分，形成二级分析框架。

第二节　中华优秀传统文化的二级分析框架构建

一、物质文化

（一）内涵

物质文化是指文化的物质形态，任何人造物都可以算入其中。研究物质文化意味着研究人与人造物之间的关系，例如物体的制造、保存等等。伊恩·伍德沃德认为物质文化是人们感知、触摸、使用操作，在其中开展社会活动、运用、思考的任何物质实体（如鞋、杯、笔）或物质实体网络（如房屋、汽车、购物中心）。即物质文化主要是一种易携带、可感知的东西，因而是有形的、物质性的存在，是人类文化实践的一个组成部分。物质文化同当代消费研究一样，着重于通过媒体广告调动消费欲望的精神层面或是观念层面，物具有强大的文化影响力，能够在实践中衔接身体操控和精神操控。① 胡敏中认为物质文化是"以物质为载体的文化"，本质在于能满足人的物质需求，如饮食、文物、古建筑。就其载体形式来看，又包括纸张、语言文字。此外，他还进一步论述了物质文化和非物质文化的关系，认为物质文化属于上层文化，需要借助固态或静态形式传承，具有传播速度快、规模大和保存时间长等特点，但同时也间离了人类文化表现特有的情景性，与之相对，非物质文化则是相对立于物质文化的概念。作为人类文化的两翼，物质文化决定了人类文化的架构性和方向性，非物质文化使得人类文化具有丰富性和多样性，二者不可分割。② 彭菊花认为物质文化遗产是传统文化的实物载体，也是历史文化信息的原景再现，是"看得见""摸得着"的静态文化，是传统文化传承的重要内容。③

---

① 伊恩·伍德沃德. 理解物质文化［M］. 张进，张同德，译. 兰州：甘肃教育出版社，2018（4）：16.

② 胡敏中. 论物质文化和非物质文化［J］. 新视野，2008（1）：73 - 75 + 4.

③ 彭菊花. 完善中华优秀传统文化教育浅探——以人教版小学《语文》教材为例［J］. 理论月刊，2015（1）.

　　张宏提出物质文化是人类从事的物质生产创造活动及其劳动产品的总和，体现了人与自然的关系。物质文化以满足人类生存发展所必需的衣、食、住、行为目标，反映了人类对自然界认识、把握、改造和利用的程度和结果，反映了社会生产发展水平。[①] 赵昭提出所谓物质文化就是指人类创造的各种器物，是人的物质生产活动及其产品的总和，是物质形态的文化事物。与此同时，将物质文化划分为两大类别：一是人类为日常生活的衣、食、住、行而创制的各种产品、器物和设施，二是人类为生产劳动而创制的各种工具和工程。[②] 金鸣娟认为物质生产文化是指在人与自然的关系中，人类改造自然、征服自然的活动与成果，即主要包括实体性、器物性的成果。[③] 刘少虎等人将物质文化等同于物态文化，将其概括为人类所从事的物质生产活动及其结果的总和，是构成整个文化的基础，是文化中最活跃的因素，认为物质文化以满足人类自身生存发展所必需的衣、食、住、行等各种条件为目标，直接反映人与自然的关系，反映人类对自然的认识、利用和改造的程度和结果，包括可触知的具有物质实体的文化事物。[④] 王钢认为物质文化是人类活动作用于自然界的产物，是人们在物质生产活动中所创造的文化，是人在物质生产领域中认识和改造自然的能力、水平。物质文化常常是衡量社会进步的一种标志，因为人们为了生存，为了获得生存所必需的衣、食、住、行等物质资料必须进行生产活动，必须进行征服自然、改造自然的活动，因此，物质文化是整个人类文化的物质基础。[⑤]

　　综上所述，物质文化作为整个人类文化形成的基础，反映了人与自然的关系，是人在认识自然、利用自然和改造自然的过程中形成的。物质文化以其最直接、可被感知的物质形态，直接满足了人们衣食住行等方面的生存和生活需求，并有力推动科技进步和社会发展。

（二）物质文化分析框架

　　关于物质文化的分类，政策文件及部分学者著作中均有涉及。《中华优

---

① 张宏. 中国传统文化概论 [M]. 北京：北京理工大学出版社，2019 (12)：5.
② 赵昭. 中国传统文化十讲 [M]. 重庆：重庆大学出版社，2019 (1)：5.
③ 金鸣娟. 中国传统文化 [M]. 北京：中国农业大学出版社，2004 (6)：3.
④ 刘少虎，彭明福，余杨. 中国传统文化概论 [M]. 成都：电子科技大学出版社，2019 (6)：3.
⑤ 王钢. 中国传统文化 [M]. 2006 (8)：3.

秀传统文化进中小学课程教材指南》中将物质文化分为经典篇目、科技成就、艺术与特色技能。[1] 沈锡伦在《中国传统文化和语言》中将物质文化分为考古文化、建筑和园林文化、饮食文化、手工艺文化、服饰文化。[2] 段联合等学者一致认为物质文化包括科学技术、艺术风格、建筑风格。[3] 刘少虎等人认为物质文化包括中国传统科学技术、中国传统艺术文化、中国建筑园林文化、中国饮食文化、中国传统医学文化。[4] 李光等学者将物质文化分为中华传统科学文化、中华传统技术文化和中华传统生活文化三类。[5] 杜昀芳等学者认为物质文化包括传统服饰文化、传统饮食文化、中国建筑文化和交通出行四类。[6] 易志军认为物质文化主要可分为中国古代科技、中国古代建筑、民间手工艺、中华雕塑、中华民俗，其中，中华民俗包括中国传统服饰、中国传统饮食、中国传统节日。[7] 综上所述，各位学者对于物质文化的分类方式各有侧重，但都旨在全面、深入地展示中华优秀传统文化的丰富内涵和独特魅力，具体内容见表3－2。

表3－2　政策文件/学者对物质文化的理解

政策文件/学者	物质文化所应包含的内容	共有内容
《中华优秀传统文化进中小学课程教材指南》	经典篇目（文学、历史的名著名篇，科学典籍，经典艺术作品）、科技成就（四大发明、都江堰工程、传统医药）、艺术与特色技能（烹饪、刺绣、剪纸、雕刻）	饮食、服饰、建筑、出行、科技、传统手工艺
沈锡伦	考古文化、建筑和园林文化、饮食文化、手工艺文化、服饰文化	

① 教育部关于印发《革命传统进中小学课程教材指南》的通知（教材［2021］1号）［EB/OL］.（2021－01－19）［2021－06－01］. http：//www. moe. gov. cn/srcsite/A26/s8001/202102/t20210203%5F512359. html.

② 沈锡伦. 中国传统文化和语言［M］. 上海：上海教育出版社，1995（7）：10.

③ 段联合，陈敏直，丁珊主编. 中国传统文化［M］. 西安：西北大学出版社，2005（8）：3.

④ 刘少虎，彭明福，余杨. 中国传统文化概论［M］. 成都：电子科技大学出版社，2019（6）：3.

⑤ 李光，肖珑，吴向东. 中华优秀传统文化［M］. 北京：北京理工大学出版社，2020（9）：60－123.

⑥ 杜昀芳，刘永记主编. 中华优秀传统文化［M］. 北京：新华出版社，2021（4）：34－77

⑦ 易志军主编. 中华优秀传统文化读本［M］. 重庆：重庆大学出版社，2020（8）：83－224、315.

续表

政策文件/学者	物质文化所应包含的内容	共有内容
段联合，陈敏直，丁珊	科学技术、艺术风格、建筑风格	
刘少虎，彭明福，余杨	中国传统科学技术（四大发明、农业用具）、中国传统艺术文化（古琴、围棋—棋盘、棋子、棋钟、棋谱、文房四宝—笔墨纸砚、雕塑）、中国建筑园林文化、中国饮食文化、中国传统医学文化	
李光，肖珑，吴向东	中华传统科学文化（古代天文学、古代历法、传统医学）、中华传统技术文化（火药、指南针、造纸术、印刷术、丝绸）、中华传统生活文化（饮食文化、品茶文化、饮酒文化、陶瓷制品、传统服饰、园林建筑）	
杜昀芳，刘永记	传统服饰文化（汉民族服饰、少数民族服饰）、传统饮食文化（饮食材料）、中国建筑文化（皇家建筑、民居、礼制建筑、园林）、交通出行（出行方式）	
易志军	中国古代科技、中国古代建筑、民间手工艺、中华雕塑、中华民俗（中国传统服饰、中国传统饮食、中国传统节日）	

参考上述已有政策文件和学术成果对物质文化的分类，本研究将物质文化划分为饮食、服饰、建筑、出行、科技、传统手工艺六个类目，并对各具体类目进行了解释说明。

1. 中国饮食文化

民以食为天，中华民族自古以来就十分重视饮食，《论语·乡党》有言："食不厌精，脍不厌细。"这一理念深刻体现了中华民族在饮食方面的精细追求。我国创造了独具民族特色的饮食结构、精湛的烹饪技艺及别具一格的器具。中华民族的饮食文化不仅反映了本民族的个性习俗，同时折射出本民族的创造精神。除此之外，中华传统文化所讲究的"礼、美、和"等精神也体现在饮食文化当中。《礼记·礼运篇》有云："夫礼之初，始诸饮食。"这体现了礼仪文化在饮食中的深厚根基。例如每逢重大节日事件都要举办宴席，其中宴请规格、座席排位等都反映了中华优秀传统文化中的礼仪文化。与此同时，中国传统饮食还讲究色、香、味、形、器、效的统一，给人以美的享受。中国自古以来就实行"共餐制"，"和"文化体现在饮食过程中饮食者之间的融洽交谈中，各民族间的交流交往交融也推动着中华饮食向着"和"的方向发展。

对于饮食文化的分类，不同的学者有不同的见解。刘少虎等学者认为中国饮食文化包括饮食材料和器皿、酒文化、菜系文化和茶道文化。① 李光等学者将中国饮食文化概括为饮食材料和器具、菜系、品茶文化、饮酒文化。② 易志军认为中国饮食文化包括饮食材料、八大菜系、茶文化和酒文化。③ 通过对已有学者关于中国饮食文化的分类总结，可以概括出中国饮食文化包括饮食材料和器具、菜系、酒文化、茶文化。其中饮食材料包括粮食、肉类、蔬菜、水果和饮料，器皿主要分为饮器和食器，材质由最初的陶器到后来的瓷器、铁器。酒在中国是寄托情感的媒介并且逐渐演变成系统的风俗习惯。中国的酒文化体现在酒的种类、酒器的使用、酒德与酒礼的提倡以及酒后的文艺创作等方面。例如，在春节饮"屠苏酒"寓意着吉祥、健康、长寿，在端午节饮雄黄酒代表着辟邪、除恶、解毒。中国的菜系主要可以分为鲁菜、川菜、浙菜、苏菜、徽菜、粤菜、湘菜、闽菜八大菜系，八大菜系各具风味。中国自古以来就有"南甜北咸、东辣西酸"的俗语用于表示不同地区人们因为当地气候、物产等因素的影响而形成的独特的饮食习惯。中国是世界上最早制茶和饮茶的国家，茶文化主要体现在茶艺和茶道上，茶道中蕴含着中华优秀传统文化中的"尚和、求雅、贵真、重礼"等精神意涵，茶艺不仅包括制茶的过程，还包括茶叶的选择和茶具的使用，茶艺如宋代的茶百戏象征着中国人严谨治学、乐观创新的精神品格，茶具如

---

① 刘少虎，彭明福，余杨．中国传统文化概论［M］．成都：电子科技大学出版社，2019（6）：179－206．

② 李光，肖珑，吴向东．中华优秀传统文化［M］．北京：北京理工大学出版社，2020（9）：94－98．

③ 易志军．中华优秀传统文化读本［M］．重庆：重庆大学出版社，2020（8）：320－323．

"茶盖、茶碗和茶托"蕴含着中国"天地人"的哲学观。综上所述，中国饮食文化分类具体内容见表 3 - 3。

表 3 - 3　中国饮食文化分类

学者	相关内容	共有内容
刘少虎，彭明福，余杨	饮食材料和器皿、酒文化、菜系文化、茶道文化	饮食材料和器具、菜系、酒文化、茶文化
李光，肖珑，吴向东	饮食材料和器具、菜系、品茶文化、饮酒文化	
易志军	饮食材料、八大菜系、茶文化、酒文化	

2. 中国服饰文化

中国服饰文化作为人类特有的文化现象，是人类物质生产的产物，象征着一个地区的生活习俗。中国服饰文化是中华优秀传统文化的重要组成部分，因民族、时代和区域的差异推动着服饰文化繁荣发展，使得服饰文化呈现出继承性、多样性、阶段性和兼容并包等特性。中国传统服饰文化具有丰富的文化内涵，体现了尊卑有序、礼仪教化的社会伦理制度，反映了人们求吉心理和民族自我意识，同时，还蕴含着"天人合一""中庸平和"之道。例如，中国传统服饰上的花纹取象于自然，这不仅表明古人对自然的向往和尊重，更是其追求与自然和谐共生的精神体现。

不同的学者对于服饰文化的划分标准不同。例如，杜昀芳等学者将中国服饰文化划分为汉民族服饰和少数民族服饰，[①] 同样，易志军在其著作《中华优秀传统文化读本》中也采取了类似的划分方式。[②] 而李光等学者则从时间维度上，总结不同朝代的服饰特点，包括原始社会时期、殷商时期、春秋战国时期、秦汉时期、魏晋南北朝时期、隋唐时期、宋元时期、明清时期。[③] 李燕和罗日明依照同样的划分逻辑，将中国服饰文化分为先秦服饰、汉魏服饰、隋唐服饰、宋辽金元服饰、明清服饰。[④] 通过对已有学者关于中国服饰文化的分类总结，可以概括出中国服饰文化分类主要包括时间维度和

① 杜昀芳，刘永记. 中华优秀传统文化 ［M］. 北京：新华出版社，2021 (4)：34 - 37.
② 易志军. 中华优秀传统文化读本 ［M］. 重庆：重庆大学出版社，2020 (8)：315 - 320.
③ 李光，肖珑，吴向东. 中华优秀传统文化 ［M］. 北京：北京理工大学出版社，2020 (9)：111 - 114.
④ 李燕，罗日明. 中华服饰文化 ［M］. 北京：海豚出版社，2022 (8)：12 - 137.

种族维度，本文将全面考量不同朝代文化中汉族与少数民族的服饰特色，深入剖析各历史阶段各民族服饰文化的独特魅力。原始社会服饰主要以动物皮毛为主，到仰韶文化晚期才开始形成衣服制度；殷商时期服饰以皮、革、丝、麻为主要材料，至此，中国服饰中的"上衣下裳"制度已确立；春秋战国时期，受道家"无为"及法家"自然"思想的影响，该时期更重视服饰的实用性；秦汉时期衣冠融合六家特色，以区分官阶等级和尊卑贵贱，同时织绣工艺的发达使得服饰审美更加多元化；魏晋南北朝时期胡服和中国传统服饰相融合，服饰更加追求合身适体；隋唐时期各民族服饰文化的融合达到了新的高度，除沿袭历代制度，还融合了胡服的圆领、开衩等特点，出现了半臂、披帛等服饰样貌；宋元时期，宋代服饰较唐代更保守，更注重自然、淳朴和雅致，元代蒙古族服饰在中原大为流行；明清时期，明朝规定颜色和鸟兽纹样区分等级，清朝则交融了西方服饰文化特点，展现出更为开放的服饰风格。此外，不同少数民族都有其代表的服饰，如满族以旗袍为特色，回族以礼拜帽为民族象征，这些服饰不仅适应了各民族的生活习惯，也体现了独特的礼仪文化。关于中国服饰文化的分类，具体内容见表 3 - 4。

表 3 - 4　中国服饰文化分类

学者	相关内容	共有内容
杜昀芳，刘永记	汉民族服饰（首服、身服、佩饰）、少数民族服饰（藏族、维吾尔族、苗族、朝鲜族、傣族）	各朝代汉族和少数民族服饰
易志军	汉族服饰民俗（商代、西周、春秋战国、魏晋南北朝、唐宋元明清）、少数民族服饰民俗（满族、朝鲜族、蒙古族、维吾尔族、哈萨克族、回族、藏族、傣族等）	
李光，肖珑，吴向东	原始社会时期、殷商时期、春秋战国时期、秦汉时期、魏晋南北朝时期、隋唐时期、宋元时期、明清时期	
李燕，罗日明	先秦服饰、汉魏服饰、隋唐服饰、宋辽金元服饰、明清服饰	

3. 中国建筑文化

中国建筑具有悠久历史和别具一格的艺术风格。其核心特点是以木架结构为主，这种结构不仅方便就地取材，还使得建筑在损坏时易于修葺和恢复。在外观装饰方面，尤其重视屋顶设计以及衬托行建筑和色彩的运用。将中国传统建筑主要分为官式建筑和民间建筑，官式建筑反应当时最高的建筑水平和艺术审美，但是建筑风格较趋于统一，观之民间建筑因地制宜，风格多样，契合当地的地貌特征和人们的审美观念。除此之外，中国建筑文化也蕴含着"以人为本""天人合一"的思想和"尊卑有别"的等级观念。"以人为本"的理念在"坐北朝南，冬暖夏凉"的建筑结构上以及在寓意着吉祥如意的诗文字画装饰上得到彰显。"天人合一"即追求人、自然和建筑的和谐统一，中国各地的建筑依据当地的地理环境、气候条件各具特色，如南方采用依山傍水的开放式格局，而北方更喜欢封闭式的庭院。至于"尊卑有别"的等级观念主要体现在建筑的颜色、装饰物和基座深度等方面，地位尊崇者常居住于中心建筑，如皇帝的正殿位于皇宫的中心，这种布局不仅彰显了尊卑有序的社会秩序，也体现了建筑与政治文化的紧密联系。

针对中国建筑文化，不同学者有不同见解。易志军认为中国建筑文化包括宫殿、坛庙、陵墓、宗教建筑、民居、中国古典园林。① 杜昀芳认为中国建筑文化包括皇家建筑、民居、礼制建筑和园林。② 段联合等学者将中国建筑文化划分为宫殿、陵墓、寺庙、园林、雕塑。③ 张宏将中国建筑文化分为宫殿、陵墓、宗教、园林。④ 刘少虎等学者将中国建筑文化分为城市建筑、宫殿建筑、陵墓建筑、坛庙建筑、宗教建筑、民居建筑、中国园林建筑。⑤ 通过对已有学者关于中国建筑文化的分类总结，可以概括出中国建筑文化分类主要包括宫殿、陵墓、宗教、坛庙、园林、民居。宫殿是中国传统建筑技术和艺术发展的巅峰代表，反映了中国传统文化注重社会政治秩序，维护统

① 易志军. 中华优秀传统文化读本［M］. 重庆：重庆大学出版社，2020（8）：136 - 150.
② 杜昀芳，刘永记. 中华优秀传统文化［M］. 北京：新华出版社，2021（4）：53 - 61.
③ 段联合，陈敏直，丁册. 中国传统文化［M］. 西安：西北大学出版社，2005（8）：277 - 287.
④ 张宏. 中国传统文化概论［M］. 北京：北京理工大学出版社，2019（12）：230.
⑤ 刘少虎，彭明福，余杨. 中国传统文化概论［M］. 成都：电子科技大学出版社，2019（6）144 - 152.

治者权威的特征，以故宫为代表。陵墓建筑标志着古代帝王和贵族们的尊贵和神圣，但也记录了当时对百姓的压榨，具有很高的艺术价值，最具代表性的如明十三陵。宗教建筑的重要性仅次于前两者，中国三大宗教为佛教、道教和伊斯兰教，其建筑可分为寺、塔和观三种类型。坛庙建筑标志着中国人对自然和祖先的崇拜，坛庙建筑是专门用于实行礼制的建筑，主要分为三种类型：用于祭祀天地等自然神灵的坛庙，如北京的天坛；用于祭祀祖宗的坛庙，如民间祠堂；用于祭祀古往圣贤的坛庙，如孔庙。中国古代园林建筑超越建筑实体本身，融入了当时的文学和绘画艺术，重视自然美和变化美，即在强调融入自然的同时追求曲折多变，不拘一格。中国古代园林主要可分为皇家园林和私家园林两大流派，具有代表性的皇家园林如圆明园、颐和园。中国各地的民居在遵循中国传统建筑基本规律的前提下，彰显着地方特色和民族风情，如北京的四合院、西南地区的吊脚楼和福建的土楼等。关于中国建筑文化的分类，具体内容见表 3 - 5。

表 3 - 5　中国建筑文化分类

学者	相关内容	共有内容
易志军	宫殿、坛庙、陵墓、宗教建筑、民居、中国古典园林	宫殿、陵墓、宗教、坛庙、园林、民居
杜昀芳，刘永记	皇家建筑（宫殿、陵墓）、民居（四合院、吊脚楼、福建土楼）、礼制建筑（天坛、地坛）、园林（皇家园林、私家园林）	
段联合，陈敏直，丁珊	宫殿、陵墓、寺庙、园林、雕塑	
张宏	宫殿、陵墓、宗教、园林	
刘少虎，彭明福，余杨	城市建筑、宫殿建筑、陵墓建筑、坛庙建筑、宗教建筑、民居建筑、中国园林建筑（皇家园林、私家园林）	

4. 中国古代出行方式

在悠久的历史长河中，中国古代的出行方式随着时代的变迁而不断演变。出行方式不仅反映了当时的经济发展水平，更体现了古人的智慧与创造力。通过梳理各学者对古代中国的出行方式的分类，以期明确完善本研究的分类体系。杜昀芳等学者将中国古代出行方式分为步行、车马、肩舆和舟船。①张金平认为中国古代出行方式包括车、马和轿。②许嘉璐认为中国古代出行方式包括步行、车、马。③ 通过对已有学者的观点进行分类总结可知，中国古代交通主要包括陆上交通和水上交通，出行方式一般包括步行、车、马、轿、舟船。古代出行方式在一定程度上体现了尊卑分明的等级制度，《汉书·董仲舒传》云："乘车者，君子之位也；负担者，小人之事也。"这揭示了当时社会对出行工具的严格区分，庶民通常只能步行，达官贵人才能乘坐车马、轿等工具。同时，古人步行也有要求，即需要"趋"，紧走几步以表示对对方的尊敬。在陆上交通，车马作为重要的出行工具，多为马车和牛车。马车象征着身份尊贵，牛车原代表身份低贱，自魏晋后成为清闲的象征。轿子又称肩舆，原为上山用到的工具，唐代后逐渐成为贵族乘坐的交通工具。南宋时期民间婚嫁也可用花桥，明清时期分为官轿和民轿。至于水上交通，舟船作为主要的交通工具，在南方使用较为普遍。最早的舟船为木船，主要依靠人力，而后历经各朝代的改进，出现了更华丽的楼船、轮浆。中国古代舟船的种类数量之多堪称世界之最，其按照使用对象可分为官用、民用和军用等。综上所述，具体古代出行方式分类见表 3-6。

表 3-6　中国古代出行方式分类

学者	相关内容	共有内容
杜昀芳，刘永记	步行、车马、肩舆、舟船	
张金平，昝风华	车、马、轿	步行、车、马、轿、舟船
许嘉璐	步行、车、马、	

5. 中国传统科学技术

漫长的中国古代社会发展中诞生了闪烁着人类智慧的科技，促进人类文明的进步。然而，尽管中国古代科学技术在世界上来说发展较早，但是成果却并未得到很好的传承与发展，究其原因，很大程度上在于受到了当时封建社会的压迫及思想观念的影响，具体而言，由于中华传统文化当中的"经

① 杜昀芳，刘永记. 中华优秀传统文化 [M]. 北京：新华出版社，2021 (4)：74
② 张金平，昝风华. 中国传统文化十六讲 [M]. 济南：山东人民出版社，2015 (3)：41-47.
③ 许嘉璐. 中国古代衣食住行 [M]. 北京：北京出版社，1988 (8)：122-145.

世致用、重本抑末"等思想观念的影响，使得更为重视科学技术的实用性，倾向于依赖经验直观，却忽视理论建构，如数学计算通常用于测量土地面积、粮仓体积等实际应用，但是人们并未对数学进行专门的深入研究。此外，受到"天人合一"的整体和谐思想观念的影响，传统科学技术更重视整体性和系统性，强调关注人、自然和社会的统一，而忽视自然界作为独立观察对象的独特性，使得科学技术蒙上了一层伦理道德的色彩。这种过分强调整体导致中国传统科学技术停留在模糊的认识，而忽视细节的考察，使得无法探究自然界的规律，限制了科学技术的进步。

针对中国传统科学技术的分类，易志军认为中国传统科学技术包括农业生产、天文地理、数学成就、冶炼和纺织技术、四大发明、中医。[①] 刘少虎等学者认为中国传统科学技术包括四大发明、数学、天文学、农学。[②] 张宏认为中国古代科学技术可概括为农学、医学、天文学、数学、四大发明、建筑、纺织、冶金、陶瓷。[③] 张应杭和蔡海榕认为中国古代科学技术主要体现为农学、中医药学、天文学、数学、陶瓷技术、丝织技术、四大发明。[④] 通过梳理已有学者对中国传统科学技术文化的分类总结，可以发现大多学者都从"科学"和"技术"两个层面展开分类。因此，本文将中国传统科学技术划分为"科学"层面的农学、医学、天文学、数学，以及"技术"层面的四大发明、纺织技术、冶金技术、陶瓷技术。

中国被称为农业大国，农业是中国社会的重要经济支柱，自古以来，带有"实用"色彩的中国科学技术重视农业方面的研究，在农耕、园艺、畜牧等多方面都创造出杰出的成果。以农具的演进为例，从原始的石器到先进的铁器，这一历程见证了人类智慧的不断积累，推动了农业生产的快速发展。医学的发展主要体现在中医、中药和针灸上，当时所编撰的著作在当今仍有重要意义，如《黄帝内经》《本草纲目》《针灸甲乙经》。天文学既是统治者了解"天意"的媒介，也指导着农业生产。天文学的发展主要体现在对天体的观测和记载，历法的制定和修订，以及天文仪器的制造和使用。

① 易志军. 中华优秀传统文化读本 [M]. 重庆：重庆大学出版社，2020 (8)：83 - 98.

② 刘少虎，彭明福，余杨. 中国传统文化概论 [M]. 成都：电子科技大学出版社，2019 (6)：24 - 40.

③ 张宏. 中国传统文化概论 [M]. 北京：北京理工大学出版社，2019 (12)：254.

④ 张应杭，蔡海榕. 中国传统文化概论 [M]. 上海：上海人民出版社，2000 (8)：471 - 498.

值得一提的是，我国发明了世界上最早用于测天的仪器——浑天仪，这一发明在天文学史上具有里程碑式的意义。当然，数学的发展也同样取得了举世瞩目的成就，十进制的发明和圆周率的精确计算，《九章算术》的编撰，以及算盘、算筹等计算工具的使用都彰显了中国古代数学的高度发展。四大发明包括造纸术、指南针、火药和印刷术，是古代劳动人民的智慧结晶，对古代中国的政治、经济、文化都起到了重大的推动作用，标志着中国古代科学技术发明的高度。纺织技术体现在纺丝、印花、染色和纺织机器的制造方面，如宋末元初发明的三锭棉纺车推动了当时棉纺织业的极大发展。冶金技术最早体现在青铜器的制作，如编钟、后母戊方鼎，之后发展为铁器、炼钢，极大地丰富了生活用具和军事科技。陶瓷技术诞生于饮食方面，最早用于饮器、食器，还有一些陶制工具，而后逐渐发明了更为美观实用的"瓷"，如唐代的三彩马，展现了中国陶瓷艺术的独特魅力。综上所述，中国传统科学技术分类的具体内容见表3－7。

表3－7　中国传统科学技术分类

学者	相关内容	共有内容
易志军	农业生产、天文地理、数学成就、冶炼和纺织技术、四大发明、中医	农具、医学用具、天文仪器、数学工具、四大发明、纺织技术、冶金技术、陶瓷技术
刘少虎，彭明福，余杨	四大发明、数学、天文学、农学	
张宏	农学、医学、天文学、数学、四大发明、建筑、纺织、冶金、陶瓷	
张应杭，蔡海榕	农学、中医药学、天文学、数学、陶瓷技术、丝织技术、四大发明	

6. 中国传统手工艺

中国传统手工艺一般指传统手工技艺，又称手工艺，是中国传统文化的重要组成部分，是指以手工劳动进行制作的具有独特艺术风格的工艺美术。中国传统手工艺是为了满足人们的日常生活需要和审美需要而诞生的，具有物质追求和精神追求的双重价值。就物质追求来说，正如孟子所言："且一人之身，而百工之所为备。"传统手工艺最初是为了满足生活中人的衣着需求而被创造的。如陶器和瓷器是为了满足盛放物品的需要；刀叉剑斧是为了满足生活所需及提升安全感；纺织缫丝是为了满足人们的衣着需求。就精神追求层面来说，传统手工艺在被制造的过程中融入了创造者的审美情趣和价值观念，具有陶冶情操的功能。并且，随着社会和经济的发展，中国传统手工艺的实用价值逐渐被欣赏价值所取代，人们越来越注重手工艺品的艺术性与文化内涵，将其视为展现个性、追求品质生活的象征。这种转变不仅反映了人们精神追求的丰富与多元，也彰显了中国传统手工艺在现代社会中的独特魅力与价值。

关于传统手工艺的分类，《中华优秀传统文化进中小学课程教材指南》将中国传统手工艺总结为刺绣、剪纸、雕刻。[①] 易志军认为中国传统手工艺包括瓷器、刺绣、剪纸、竹编。[②]沈锡伦认为中国传统手工艺体现为刺绣、编织、泥塑、雕刻、陶瓷。[③] 通过梳理已有学者对中国传统手工艺的分类，可以发现传统手工艺中最具有代表性的包括陶瓷、刺绣、剪纸、竹编、雕刻。陶瓷是陶器和瓷器的总称，以黏土为原料，经过多道工艺程序烧制成型，经过各朝代的发展，陶瓷工艺不断完善，其不仅代表了当时科技的发展，也表达了当时人们的美学追求，登峰造极的青花瓷便为最为典型的代表。刺绣是指用针将丝线或其他纤维按照一定的图案缝制在绣料上，用作装饰。绣品主要包括生活服饰或日常用品，高超的刺绣技法用于表现不同的艺术效果。我国著名的地方名绣包括苏绣、湘绣、粤绣和蜀绣。剪纸是指用刻刀或剪刀将纸裁剪成各种图案，如窗花、灯花等，其实用价值较弱，主要是为了表现节日氛围，表达人们的美好盼望。剪纸可分为单色剪纸、彩色剪纸和立体剪纸。竹编是用竹子编织成各种工艺品的手工艺，可以制作成筐、篮用于存放物品，也可制作成精美的花灯、风筝，供人赏玩。竹编工艺品可以分为瓷胎竹编工艺品、无瓷胎竹编工艺，其不仅因材料坚韧具有很强的实用价值，还富有精神文化内涵，如竹子常寓意着高洁、坚韧不拔、生命力旺盛等精神品格，体现了中国传统文化的基本精神。针对中国传统手工艺的分类，具体内容见表3-8。

---

① 教育部关于印发《中华优秀传统文化进中小学课程教材指南》的通知（教材［2021］1号）［EB/OL］.（2021-01-19）［2021-06-01］. http：//www. moe. gov. cn/srcsite/A26/s8001/202102/t20210203％5F512359. html.

② 易志军. 中华优秀传统文化读本［M］. 重庆：重庆大学出版社，2020（8）：159.

③ 沈锡伦. 中国传统文化和语言［M］. 上海：上海教育出版社，1995（7）：10.

表 3 - 8　中国传统手工艺分类

学者	相关内容	共有内容
《中华优秀传统文化进中小学课程教材指南》	刺绣、剪纸、雕刻	陶瓷、刺绣、剪纸、竹编、雕刻等手工制作的日用品
易志军	瓷器、刺绣、剪纸、竹编	
沈锡伦	刺绣、编织、泥塑、雕刻、陶瓷	

二、精神文化

(一) 精神文化内涵

人与动物的本质区别在于人的思想性,[①] 物质生活的充实以及制度文化的不断完善给人们留下更多空间与时间去改造自身的主观世界,[②] 逐渐形成了中国人所特有的精神文化世界。所谓精神文化是指人类在社会实践活动和思维意识活动中长期育化的成果，如价值观念、审美情趣、思维方式、民族性格等，体现了中华特有意识形态，占据文化的核心地位。

(二) 精神文化分析框架

精神文化包含多重内容，不同的专家学者对精神文化有着不同的解读视角与分类依据。《中华优秀传统文化进中小学课程教材指南》中明确了三大主题：核心思想理念、中华人文精神、中华传统美德。在精神文化层面，该文件阐释了其所涵盖的主要内容，包括历代传颂的经典篇目、蕴含深厚智慧的人文典故及展现中华独特魅力的艺术与特色技能。[③] 李光等学者将精神文化归类为哲学、宗教、伦理道德及审美。[④] 张秋芝认为精神文化包括儒家、道家、佛教文化、道教文化、古代文学、古代艺术。[⑤]周志培和赵蔚认为精神文化首先包含三项基本内容：思维方式、价值观念、审美意识。其中，具体内容包括：道德面貌、精神状态、哲学、文学、科学、历史、绘画、雕

① 杨雪萍. 语言学理论指导下英语教学多维度研究 [M]. 北京：中国书籍出版社，2022.07.
② 周志培，赵蔚. 语篇理论与教学应用 [M]. 上海：华东理工大学出版社，2020.10.
③ 教育部关于印发《中华优秀传统文化进中小学课程教材指南》的通知 (教材 [2021] 1 号) [EB/OL]. (2021 - 01 - 19) [2021 - 06 - 01]. http：//www. moe. gov. cn/srcsite/A26/s8001/202102/t20210203%5F512359. html.
④ 李光，肖珑，吴向东. 中华优秀传统文化 [M]. 北京：北京理工大学出版社，2020.09.
⑤ 张秋芝. 中国文化概论 [M]. 北京：中国广播电视出版社，2014：130 - 201.

塑、音乐等。① 杨雪萍认为精神文化表现为价值观、文学、哲学、道德、伦理、习俗、艺术、宗教等。② 陈华文将精神文化概括为宗教、信仰、娱乐、文学、艺术和语言差异等。③ 周晓阳和张多来认为精神文化包括政治理念、价值观念、审美情感、宗教信仰、科学理性、哲学思维。④ 杜刚认为精神文化包括文学艺术、价值观念、审美情趣、思维方式等方面。⑤ 刘俊哲等学者将精神文化划分为神话与艺术、科学、宗教、人文关怀、政治学和伦理学。⑥ 廖婧茜认为精神文化包括语言文字、传统文学、传统美德、传统艺术、传统历史、传统宗教。⑦

综上来看，各学者虽然对精神文化内容的理解存在一定差异，但也存在诸多重合之处。现参考各专家学者对精神文化的划分，尝试建构精神文化分析的一级框架，如表 3-9 所示。

表 3-9　政策文件/学者对精神文化的理解

政策文件/学者	精神文化内容	共有内容
《中华优秀传统文化进中小学课程教材指南》	三大主题：核心思想理念、中华人文精神、中华传统美德 经典篇目、人文典故、艺术与特色技能	文学 宗教 艺术 哲学 传统美德
李光，肖珑，吴向东	哲学、宗教、伦理道德及审美	
张秋芝	儒家、道家、佛教文化、道教文化、古代文学、古代艺术	
周志培，赵蔚	三项基本内容：思维方式、价值观念、审美意识 具体内容：道德面貌、精神状态、哲学、文学、科学、历史、绘画、雕塑、音乐等	

① 周志培，赵蔚. 语篇理论与教学应用 [M]. 上海：华东理工大学出版社，2020.10.

② 杨雪萍. 语言学理论指导下英语教学多维度研究 [M]. 北京：中国书籍出版社，2022.07.

③ 陈华文. 文化学概论 [M]. 上海：上海文艺出版社，2001：132.

④ 周晓阳，张多来. 现代文化哲学 [M]. 长沙：湖南大学出版社，2004：63.

⑤ 杜刚. 文化治理现代化与文化软实力提升研究 [M]. 太原：山西经济出版社，2022：7.

⑥ 刘俊哲，段吉福，唐代兴，等. 熊十力唐君毅道德与文化思想研究 [M]. 成都：巴蜀书社，2008：213.

⑦ 廖婧茜. 统编语文教材与中华优秀传统文化传承 [J]. 贵州师范大学学报（社会科学版），2022（6）：67-77.

政策文件/学者	精神文化内容	共有内容
杨雪萍	价值观、文学、哲学、道德、伦理、习俗、艺术、宗教等	
陈华文	宗教、信仰、娱乐、文学、艺术和语言差异等	
周晓阳、张多来	政治理念、价值观念、审美情感、宗教信仰、科学理性、哲学思维	
杜刚	文学艺术、价值观念、审美情趣、思维方式等方面	
刘俊哲、段吉福、唐代兴	神话与艺术、科学、宗教、人文关怀、政治学和伦理学	
廖婧茜	语言文字、传统文学、传统美德、传统艺术、传统历史、传统宗教	

根据表 3-9 可以得知，学者对文学、宗教、艺术、哲学、传统美德几个元素的认同度较高。语言文字是人类社会最重要的交际工具和信息载体，是人类文化的重要组成部分，考虑到语文课程是一门学习国家通用语言文字运用的综合性、实践性课程，[①] 统编语文教科书中蕴含着丰富的中国传统语言文字文化，对联、字谜等体现着中国传统的价值观念，因此有必要将语言文字划入分析范畴。此外，传统民俗是一个民族在特定社会或文化框架中形成并传承下来的习俗、风俗、节日庆典等，反映了特定群体的价值观念、生活传统等，承载着丰富的文化内涵和历史记忆。统编语文教科书以文字、插图等载体向学生展示春节、中秋节、重阳节等中国传统节日与传统习俗，帮助学生了解中华民族独特的文化标识，因此，传统民俗中也体现着精神文化内容。但由于传统民俗与行为文化高度重合，传统民俗中更强调行为文化中的礼仪。故而这里将民俗划分为行为文化，不在精神文化维度展开分析。

由此我们可以基本认为，精神文化主要包括：文学、宗教、艺术、哲学、传统美德以及语言文字。

---

① 教育部. 义务教育语文课程标准（2022 年版）［M］. 北京：北京师范大学出版社，2022.

1. 中国传统文学

中国古代文学是在传统文化的基础上发展起来的，生动地呈现了当时的社会风貌，记录历史与社会生活，与史书相互印证，其在创作意识上以抒情言志为主，主张经世致用的价值观，追求温柔敦厚的美学思想。①

针对中国古代文学的分类，不同的学者有着不同的见解。廖婧茜将中国传统文学分为神话传说、传统寓言、散文、诗词、小说。②马丽娅认为中国传统文学包括诗、词、赋、散文、小说。③郑新丽认为中国传统文学包括古代散文、古代小说、古代诗词、古代寓言、神话传说。④通过整理已有学者关于传统文学的分类，总结出中国传统文学主要包括寓言、散文、诗词、小说、神话传说等文学题材。所谓的寓言故事主要通过生动的虚构故事来传达深刻的意义或道理。这些故事通常包括象征性的元素，或是动物、人物或其他生物，通过事件和对话表达主题，以给予读者一种启示，发现生活的真理和价值观，例如《亡羊补牢》《揠苗助长》《刻舟求剑》等；散文是古代文学的重要文体之一，古代将骈体文、韵文相对的散体文章均成为散文。我国古代散文具有内容广泛深刻、创作文采及风格独具魅力、展示作者个人魅力等特点，⑤以《论语》《桃花源记》《战国策》《史记》作为典型代表；古代诗词我国的文学史上占据突出地位，充分体现了中华民族的理想信念和美学追求，以唐诗宋词为典型代表；古代小说是以塑造人物形象为中心，通过完整故事情节的叙述和深刻的环境描写反应社会生活的一种文体，它是拥有完整布局、发展及主题的文学作品，⑥在明代得到空前发展，以《三国演义》《水浒传》《西游记》为代表，清代的小说又达到创作和传播的高峰时代，以曹雪芹的《红楼梦》、吴敬梓的《儒林外传》和蒲松龄的《聊斋志异》为杰出代表；神话是文学艺术的渊薮，诞生于原始思维之中，在神话的描述中，以"隐喻"的形式，以看似夸张的情节，表达了早期人类对事物的理

---

① 张玉琳，韩亚男．中国传统文化要义与传承研究［M］．北京：中国商业出版社，2020.01.

② 廖婧茜．统编语文教材与中华优秀传统文化传承［J］．贵州师范大学学报（社会科学版），2022（6）：67-77.

③ 马丽娅，马新．中国文化四季 人文荟萃 中国传统文学［M］．济南：山东大学出版社，2017：2.

④ 郑新丽．统编版初中语文教材中的传统文化梳理［J］．教学与管理，2018（36）：86-89.

⑤ 王艳妮．中国古代文学的发展研究［M］．吉林出版集团股份有限公司，2021.12.

⑥ 龚贤．中国文化导论［M］．北京：九州出版社，2018.07.

解，映射了先民们的精神价值体系，反映了原始社会的文化精神,① 其中以《盘古开天辟地》《女娲补天》《精卫填海》为主要代表。关于中国传统文学的分类，具体内容见表 3-10。

表 3-10　中国传统文学分类

学者	中国传统文学	共有内容
廖婧茜	神话传说、传统寓言、散文、诗词、小说	寓言 散文 诗词 小说 神话传说
马丽娅	诗、词、赋、散文、小说	
郑新丽	古代散文、古代小说、古代诗词、古代寓言、神话传说	

2. 中国传统宗教

宗教是一种社会历史现象，也是一种社会意识形态。② 中国古代宗教不同于西方宗教，我国宗教强调"以人为本、生命至上"，注重人文关怀和精神探索，而非西方宗教的上帝创造和拯救世界观念。同时，中国宗教文化以多元发展为主，各宗教间相互尊重、平等相待。③

关于宗教，不同的学者持有各自独特的见解和认识。王秀峰等按照类别将中国传统宗教划分为远古宗教、佛教、道教，以及儒学所体现的宗教功能。④ 朱汉民遵循同样的逻辑将中国传统宗教划分为先秦原始宗教、道教、佛教。⑤ 通过对已有学者观点梳理及排除与其他精神文化要素相重复内容，归纳传统宗教包括佛教、道教和原始宗教。原始宗教的主要内容为信天、祭祖、拜鬼神三大类。中国人对生活的自然环境、生长万物的大地十分膜拜，故有拜天地的行为。拜鬼神是出于对祖先崇拜和不死神论的认识，其目的在于让鬼神保佑在世人们平安幸福；图腾崇拜、祖先崇拜体现了人们对于自身生命奥秘的探索，上古人们认为自己是某一动物的崇拜，并把动物作为本族的徽章和标志，本部落人对该动物的崇拜，便是图腾崇拜；从历史渊源来看，道教由古代的鬼魂崇拜，再掺杂了秦汉时期的信仰和黄老道术而成，其

---

① 孙子荀. 新世纪中国魔幻电影文化研究 ［M］. 北京：中国国际广播出版社，2021：31.
② 张崇琛. 中国古代文化史 ［M］. 兰州：甘肃人民出版社，2010：349.
③ 张茂泽. 中国思想文化十八讲 ［M］. 北京：中国书籍出版社，2018.05
④ 王秀峰，席红霞，刘国荣. 传统文化与现代社会 ［M］. 北京：当代世界出版社，2000.01.
⑤ 朱汉民. 中国传统文化导论 ［M］. 长沙：湖南大学出版社，2010：91-123.

以"得道成仙"作为最终目标；与土生土长的道教不同的是，佛教是外来宗教，佛教认为世间万物皆是由因缘合成．佛教出世影响了一大批文大夫产生了"重山水、轻仕途"的审美情致。① 综上所述，关于中国传统宗教的分类，具体内容见表 3 - 11。

表 3 - 11　中国传统宗教分类

学者	中国传统宗教	共有内容
王秀峰	远古宗教、佛教、道教、儒学的宗教功能	佛教 道教
朱汉民	先秦原始宗教、道教、佛教	原始宗教

3. 中国传统艺术

中国特有的自然环境、经济结构、文化观念及政治制度孕育了中国传统艺术．出于农业民族对于自然和天地的尊敬，主张以人为本的文化精神及崇尚群体利益，我国传统艺术表现出人与自然的和谐，重视生命生活及人的心灵与世间万物相通的状态。

关于传统艺术的分类，张宏认为中国传统艺术包括建筑雕塑、书法绘画、音乐戏曲。② 杨文笔认为中国传统艺术分为古代书法、绘画、音乐、舞蹈、戏曲、建筑。③ 王卫东和吴晓辉将中国传统艺术分为书法、绘画、音乐、戏曲。④ 通过对已有学者对传统艺术研究的梳理，将传统艺术分为绘画、音乐、建筑、书法、戏曲。中国传统绘画作为中国传统文化的一部分，具有自身的闪光点。中国画以诗境为灵魂，诗、书、画同属同一境层。就其题材内容来看，形成了山水画、人物画、花鸟画三类；⑤ 中国作为礼乐之邦，具有悠长的音乐历史，中国古代先民至迟在新石器时期便创造了音乐，在夏朝之前已产生了一些音乐作品和乐器；⑥ 中国古代建筑植根中国大地，具有鲜明的地域、民族、文化等特点，大体分为宫殿、陵墓、宗教、坛庙、园林、民居几类；书法艺术是中国艺术宝库的璀璨明珠，中国书法历史悠

①　刘英杰．中西文化对比 ［M］．赤峰：内蒙古科学技术出版社，2015.10.

②　张宏．中国传统文化概论 ［M］．北京：北京理工大学出版社，2019：224 - 242.

③　杨文笔．中国传统文化导论 ［M］．银川：宁夏人民出版社，2020：199 - 211.

④　王卫东，吴晓辉．中华优秀传统文化精要 ［M］．广州：广东高等教育出版社，2022：123 - 130.

⑤　童教英．中国古代绘画简史 ［M］．上海：复旦大学出版社，1991.09.

⑥　郑祖襄．中国古代音乐史 ［M］．北京：高等教育出版社，2008.05.

久，书体沿革流变，从甲骨文、金文演变为大篆、小篆、隶书，至东汉、魏、晋的燕书、草书、行书、楷书，每一类都有自己的特色。中国古代戏曲综合了文学、音乐、舞蹈、美术、武术、杂技等艺术，创造了无数的辉煌，成为享誉世界的民族戏剧艺术。① 关于中国传统艺术的分类，具体内容见表 3-12。

表 3-12　中国传统艺术分类

学者	中国传统艺术	共有内容
张宏	建筑雕塑、书法绘画、音乐、戏曲	绘画 音乐 建筑 书法 戏曲
杨文笔	古代书法、绘画、音乐、舞蹈、戏曲、建筑	
王卫东，吴晓辉	书法、绘画、音乐、戏曲	

4. 中国传统哲学

哲学是世界观和方法论的统一，是美好生活的向导。我国古老的哲学复兴成为时代的大趋所向。杨文笔将中国传统哲学分为古代早期哲学思想、先秦诸子哲学、老庄道家哲学、魏晋玄学、宋明理学。② 朱汉民认为中国传统哲学包括儒家哲学、道家哲学。③ 王卫东等学者认为中国传统哲学包括儒释道和其他各家。④ 张宏将中国传统哲学概括为先秦哲学、两汉经学、魏晋玄学、隋唐佛学、宋明理学。⑤ 通过对已有学者的研究进行梳理，可以发现众多学者都是按照时间逻辑进行划分。总结来说，我国传统哲学可划分为先秦哲学、两汉哲学、魏晋玄学、隋唐佛学、宋明理学五个时期。

先秦哲学主要以儒家、道家哲学为主，其代表作品有《周易》《论语》《老子》；董仲舒作为两汉经学的重要代表人物，在先秦儒家思想的基础上，形成了以天人感应、君权神授为特色的经院哲学体系，以"天人感应、三纲五常、性三品"为主要内容；魏晋玄学以两汉经学为基础，融入了佛教和道教，最终信奉儒家的《周易》、道家的《老子》和《庄子》，并称为

① 柳绪为. 古代戏曲 [M]. 重庆：重庆出版社，2016.06.
② 杨文笔. 中国传统文化导论 [M]. 银川：宁夏人民出版社，2020：145-177.
③ 朱汉民. 中国传统文化导论 [M]. 长沙：湖南大学出版社，2010：57-90.
④ 王卫东，吴晓辉. 中华优秀传统文化精要 [M]. 广州：广东高等教育出版社，2022：33-42.
⑤ 张宏. 中国传统文化概论 [M]. 北京：北京理工大学出版社，2019：94-101.

"三玄"，后世将这种哲学称为"玄学"；在隋唐时期，佛教代替玄学融入中国的哲学体系，成为当时哲学的主流派；宋明理学是以儒学为主体，融合佛道两家，建立了包括理气论、心性论为中心的哲学流派，其中，朱熹作为宋代理学的代表人物，王守仁是宋明理学"心气论"的集大成者。关于中国传统哲学分类，具体内容见表 3-13。

表 3-13　中国传统哲学分类

学者	中国传统哲学	共有内容
杨文笔	古代早期哲学思想（五行学说、八卦学说、阴阳学说）、先秦诸子哲学（儒家、孟子、荀子）、老庄道家哲学、魏晋玄学、宋明理学	先秦哲学 两汉经学 魏晋玄学 隋唐佛学 宋明理学
朱汉民	儒家哲学、道家哲学	
王卫东，吴晓辉	儒释道、其他各家	
张宏	先秦哲学、两汉经学、魏晋玄学、隋唐佛学、宋明理学	

5. 中国传统美德

关于中国传统美德的分类有如下观点：彭健把中国传统美德概括为"忠""孝""诚""信""智""礼""义""廉""耻"；① 刘涛认为中国传统美德主要包括个人美德、家庭美德、社会美德和与大自然相处；② 崔晓柏将中国传统美德概括为孝、悌、忠、信、礼、义、廉、耻；③ 徐小跃认为中国传统美德包括仁义礼智信、孝悌忠廉耻；④ 程凯华认为中国传统美德包括修身、齐家、处事、治国；⑤《关于实施中华优秀传统文化传承发展工程的意见》中深刻地总结了中国传统美德主要有天下兴亡、匹夫有责的担当意识，精忠报国、振兴中华的爱国情怀，崇德向善、见贤思齐的社会风尚，孝悌忠信、礼义廉耻的荣辱观念等。⑥

---

① 彭健. 中华传统美德的守望与接力 [M]. 北京：新华出版社，2022.08.
② 刘涛. 传统美德 [M]. 合肥：黄山书社，2016.04.
③ 崔晓柏. 中华传统美德精粹 [M]. 沈阳：辽宁人民出版社，2014.02.
④ 徐小跃. 什么是中华传统美德 [M]. 南京：江苏人民出版社，2018：28.
⑤ 程凯华. 中国传统美德 [M]. 武汉：长江文艺出版社，2002.11.
⑥ 关于实施中华优秀传统文化传承发展工程的意见 [J]. 中华优秀传统文化研究，2019 (00)：3-13.

中华传统美德是中国的宝贵道德遗产，内容博大精深，涉及社会的方方面面，其核心为仁义礼智信，在此基础上又增加修身、齐家、治国、平天下四个层面，对其进行整理，按照个人、家庭、社会及大自然四个维度进行划分，总结传统美德包括以下内容：个人要做到慎独、勤奋、勇敢、诚实、守信；对待家庭要做到孝敬父母、兄弟和睦、夫妻和谐；在社会层面要做到精忠报国、团结朋友、邻里友好、敬业爱业；对大自然更要取之有度，敬天重地。

表 3－14　中国传统美德分类

政策文件/学者	传统美德	共有内容
彭健	"忠""孝""诚""信""智""礼""义""廉""耻"	个人（慎独、勤奋、勇敢、诚实、守信等）； 家庭（孝敬父母、兄弟和睦、夫妻和谐等）； 社会（精忠报国、团结朋友、邻里友好、敬业爱业等）； 大自然（取之有度，敬天）。
刘涛	个人美德（勤奋、勇敢、谦虚、节俭、慎独、智慧、恒心、诚实、守信） 家庭美德（孝敬父母、教养儿女、夫妻和谐、兄弟和睦） 社会美德（精忠报国、尊敬师长、团结朋友、邻里友好、尊重同事、与人和善） 与大自然相处（敬天、用之有度）	
崔晓柏	孝、悌、忠、信、礼、义、廉、耻	
徐小跃	仁义礼智信、孝悌忠廉耻	
程凯华	修身、齐家、处事、治国	
《关于实施中华优秀传统文化传承发展工程的意见》	天下兴亡、匹夫有责的担当意识、 精忠报国、振兴中华的爱国情怀、 崇德向善、见贤思齐的社会风尚、 孝悌忠信、礼义廉耻的荣辱观念等	

6. 语言文字

关于"语言"，《人论》中指出"语言是人类心灵运用清晰的发音表达思想的不断劳作"，[①] 王渝光、王兴中在《语言学概论》中将语言定义为信

---

① 恩斯特·卡尔. 人论［M］. 甘阳，译. 上海：上海译文出版社，2023，06.

息载体，是音义结合的符号系统。而文字是记录语言的书写符号，是语言最重要的辅助与扩大语言交际作用的工具。① 中国语言文字博大精深，是世界上表意最丰富的语言文字之一，凝聚着中华民族的集体智慧。廖婧茜认为中国传统语言文字包括传统字谜、成语、谚语、对联。② 孙敬华将中国传统语言文字划分为成语、歇后语、谚语、灯谜、对联。③ 通过梳理学者对于中国传统语言文字的理解，得出传统语言文字包括文字、成语、谚语、字谜、对联、歇后语等。

文字作为语言最重要的辅助交际工具，经历了表形、表意和表音三个阶段。在语文教科书中，会出现一些象形文字以帮助学生去认识和了解文字的博大精深；而成语，这种固定的短语结构，其内涵并非表面所见，而是隐藏在文字之后，要了解其真正的意义不能仅通过字面，还要了解背后的故事，例如在教科书中所出现的杯弓蛇影、南辕北辙等；此外，谚语是民间集体创作、广为流传、言简意赅并较为定性的艺术语句，是民众丰富智慧和普遍经验的规律性总结，④ 例如教科书中所出现的"桂林山水甲天下""学到老，活到老"等；字谜是一种集知识性和趣味性为一体的特殊的民间韵文样式，由谜面、谜目和谜底组成。谜面犹如引人入胜的题目，激发人们的好奇心。谜目则限定了谜底的属性和数量，谜底便是最后揭示的答案，令人豁然开朗。例如教科书中所出现的字谜："画时圆，写时方。冬时短，夏时长"，这样简短的描述即为谜目，而谜底"日"更是巧妙至极，既符合谜面的描述，又充满了探索的乐趣。字谜的设置不仅为学生们提供了探索语言文字的契机，更在无形中激发了对中华文化的热爱。对联，又称楹联、对子、桃符，是汉字文化的独特产品，由律诗发展来，是特殊的格律诗。它通常是在春节时悬挂或是粘贴在壁间柱上的上下两长副联句，在张贴时，上联在左，下联在右，彰显其对称之美；歇后语是类似于成语的社会习惯用语，它把成语的意思分两段说出来，前一段是比喻或者是隐喻，后一段是对前一段的解释，前后两段好似谜目和谜底。人们在使用歇后语时，通常只说出前一段，

① 王渝光，王兴中. 语言学概论 [M]. 昆明：云南大学出版社，2005：293.
② 廖婧茜. 统编语文教材与中华优秀传统文化传承 [J]. 贵州师范大学学报（社会科学版），2022（06）：67－77.
③ 孙敬华. 中华传统文化读本 [M]. 重庆：重庆大学出版社，2020：32.
④ 王文章. 中国非物质文化遗产大辞典 [M]. 崇文书局有限公司，2022.09.

后一段由他人猜测或者是体会，① 例如"姜太公钓鱼——愿者上钩"。综上所述，对于语言文字的分类如表 3 – 15 所示：

表 3 – 15 语言文字分类

学者	中国传统语言文字	共有内容
廖婧茜	传统字谜、成语、谚语、对联	文字 成语 谚语
孙敬华	成语、歇后语、谚语、灯谜、对联	字谜 对联 歇后语等

三、制度文化

（一）内涵

关于"制度文化"，从内涵来看，是对社会共同体中各种行动主体的社会行为可能发生制约作用的各种规则和规范形态的总称。它是人类文化的一种类型或一个重要的方面，"制度文化"中的"制度"是广义的、泛指的。因此，从外延方面看，它包含所有对行动主体在各种情景下的社会行为具有制约作用的一切"规则和规范"形态。例如，它既包括"法律""道德""政策规定""组织纪律""规章规则"，也包括"宗教礼仪""教规戒律""乡约民俗""家规帮规"，还包括"行为习惯""许愿承诺"等。作为一种文化，它既包括各种"文字的、正式规定的"符号形态，也包括各种"非文字的、非正式规定的"符号形态。② 任伟认为所谓制度文化是指制度意识形态以及与其相适应的社会规范、制度及组织机构和设施等的总和，同时它也是社会规范现象存在和发展的文化基础，是人类在漫长的文化进程中进行自然和社会规范实践活动所创造的智慧结晶和精神财富。制度文化不仅包含着强制性较高的制度规范，如法律、法规等，也包含着强制性较弱的一般社会规范，如风俗、习惯、道德等，其核心是作为精神文化的价值观念。③

---

① 赵秀文，王瑞梅. 高校学术研究论著丛刊 人文社科 1 新时期现代汉语词汇的认知与教学研究 [M]. 北京：中国书籍出版社，2022.01.

② 谭明方. 论"社会行为"与"制度文化"——兼论社会学的研究对象 [J]. 浙江学刊，2001（3）：107 – 111.

③ 任伟，麻海山. 制度文化在社会主义文化建设中的作用 [J]. 前沿，2007（8）.

钱斌认为制度文化有广义和狭义之分。狭义的制度文化，仅指强制性较高的规范，如方针、政策、规则、章程、纪律、法律等及相关事物；广义的制度文化还包括强制性较弱的行为规范，如风俗、习惯、禁忌、道德等。① 广义的制度文化概念是对狭义概念的深入和发展。广义的制度文化不仅包括正式的制度文化，还包括非正式的制度文化及其二者的实施机制。正式的制度文化是一种公开的、强制性的规范体系，是内含在法律、政策、章程、准则、规则和纪律之中的文化形态的集合体。狭义的制度文化是指人类在长期的生产和社会生活实践中形成的风俗习惯、价值信念、人文精神、伦理道德等意识观念或文化形态。② 作为文化的一个子系统，制度文化是组织化的群体依照对共同价值观的文化认同，并遵循着制度规范而共同行动的过程中形成的，包括人们内心的心理原则、价值取向、理念追求、道德标准和利益调整等的观念体系。③ 制度文化主要是指人类改造社会、创造适应社会发展要求的各种制度与体制的成果。④

钱穆在《中国历代政治得失》中对传统文化中的制度文化进行了界定。他认为，中国传统文化中的制度文化是指以孔孟之道为核心的伦理道德体系，包括了君臣、父子、夫妻、兄弟等各种社会关系的道德规范和制度安排。⑤ 此外，中国传统文化中的制度文化还包括了思想观念和认知模式的制度性安排。例如，儒家思想的影响使得中国社会形成了一套以仁义、道德和孝顺为核心的思维模式，这种思维模式不仅影响个体行为，也渗透到社会制度和政治体制中。鲁迅在《中国人的性格》⑥ 中提到，中国传统文化中的制度文化是一种强调等级和秩序的文化，通过尊卑有序的社会关系和道德规范来维护社会的稳定与和谐。梁漱溟在《中华文化要义》中强调，中国传统文化中的制度文化是一种追求和谐、和睦、中庸的文化，通过礼仪和制度的规范来实现社会秩序的平衡和个体责任的承担。⑦ 陈寅恪在《隋唐制度渊源略论稿 唐代政治史述论稿》中提出，中国传统文化中的制度文化是一种注

---

① 钱斌. 制度文化概论 [D]. 合肥：合肥工业大学，2002.
② 冯永刚. 刍议制度文化在道德教育中的功效 [J]. 教育研究，2012（3）.
③ 王永贵. 建构中国特色社会主义的制度文化 [J]. 理论探讨，2012.（4）.
④ 金勇兴. 制度文化功能在当代中国现代化中的作用 [J]. 社会主义研究，2001（4）：71-72.
⑤ 钱穆著. 中国历代政治得失 [M]. 北京：生活·读书·新知三联书店，2005.03.
⑥ 阿瑟·史密斯. 中国人的性格 [M]. 北京：人民日报出版社，2010.09.
⑦ 梁漱溟. 中国文化要义 [M]. 上海：上海人民出版社，2005.05.

重人伦关系、家庭伦理和尊重传统价值的文化，通过规范和制度的约束来实现社会的稳定和发展。① 《周易》中的"天人合一"和"阴阳五行"等观念被视为中国传统文化中的制度文化，它们影响了中国古代天文、地理和医学等领域的制度安排和认知方式。②

综上所述，传统文化中的制度文化是一种复杂且多维度的概念，不仅包括了制度规范、礼仪制度，还包括了制度意识、制度精神等方面面的文化内涵。这些文化内涵代表着中华文明的高度并反映了中华民族的非凡智慧和卓越精神。

（二）制度文化分析框架

对制度文化的分析，首先应从不同学者对物质文化内容的划分中了解其所包含的要素有哪些。马林诺夫斯基认为"文化的真正单位是制度"，他将文化分为三个层次，其中第二个层次是制度和组织，比如银行体系、教育体系和政治体系等都属于这个层次。他认为通过研究文化中的制度，才能把握文化的本质。③ 牟钟鉴认为，中华传统文化中的制度文化应包含君主专制的政治制度、宗法等级的社会制度，地主占有与小农普存的土地制度，国家统治的文化教育制度和维护封建秩序的法律制度等。④ 李群和李凯将制度文化分为社会篇和文史篇，社会篇包括农商经济、城市人文和政治军事等；文史篇包括文学典章、诗词韵味和史论兴衰等。⑤ 向怀林认为，中国古代制度文化应包含三个层面，第一指社会形态，如社会主义制度等；第二指各种具体的社会规定，如经济制度、政治制度等；第三指各种社会组织的刚性规则，如考勤制度、奖惩制度等。⑥ 在《中国古代制度文化》中，彭安玉从皇帝制度、政府机构、官吏选拔等九个章节进行分析。⑦ 廖婧茜将制度文化划分为中国政治文化、中国经济文化、中国法律文化和中国礼制文化四方面。⑧ 综

---

① 陈寅恪. 隋唐制度渊源略论稿 唐代政治史述论稿 [M]. 南京：江苏人民出版社，2020.01.

② 李兴，李尚儒编译；支旭仲主编. 周易 [M]. 西安：三秦出版社，2018.06.

③ 马林诺夫斯基. 文化论 [M]. 费孝通，等译. 北京：中国民间文艺出版社，1987.

④ 牟钟鉴. 对中国传统文化要进行分类研究 [J]. 孔子研究，1988（04）：76 - 77.

⑤ 李群，李凯. 中小学需要怎样的传统文化教育？——基于北京市中小学"中华优秀传统文化"课程与教材建设的思考 [J]. 中小学管理，2019（01）：49 - 52.

⑥ 向怀林. 中国传统文化要述 [M]. 重庆：重庆大学出版社：2016（03）：193.

⑦ 彭安玉. 中国古代制度文化 [M]. 南京：南京大学出版社，2020.11.

⑧ 廖婧茜. 统编语文教材与中华优秀传统文化传承 [J]. 贵州师范大学学报（社会科学版），2022（06）：67 - 77.

合已有学者对于制度文化的理解，本文认为制度文化要素主要包括政治制度、经济制度、教育制度、礼仪制度，具体内容见下表 3-16。

表 3-16 学者对制度文化的理解

作者	制度文化内容	共同制度文化要素
马林诺夫斯基	银行体系、教育体系、政治体系	
牟钟鉴	君主专制的政治制度、宗法等级的社会制度，地主占有与小农普存的土地制度，国家统治的文化教育制度，维护封建秩序的法律制度	
李群，李凯	社会篇（农耕牧野、行商坐贾、城市人文、政治文明、军事文化、经济风貌） 文史篇（声韵熏陶、汉字趣说、古典文学、史册典章、诗词韵味、史论兴衰）	
向怀林	社会形态、社会规定、社会组织刚性规则	政治制度 经济制度 教育制度 礼仪制度
彭安玉	皇帝制度、政府机构、官吏选拔、职官管理、行政监察、赋税徭役、军事法律、教育图书、婚姻礼仪	
廖婧茜	中国政治文化（国体、政体、地方行政制度、选官制度） 中国经济文化（土地制度、农业政策、工商政策、货币政策） 中国法律文化（夏、商、周至明清的各类法律制度、法律思想） 中国礼制文化（吉礼、凶礼、军礼、宾礼、嘉礼）	

1. 政治制度

在汉语语义中，"制"有限定、约束之义，"度"代表章程、行为准则。在语义层面上，指约束人的行为准则，《辞海》中对政治制度的表述是：国家政权的组织形式及其有关制度。① 学者高放主编的《社会主义大辞典》

---

① 辞海编辑委员会编. 辞海 ［M］. 上海：上海辞书出版社，1980.

中，对政治制度的表述是："国家政权的性质及其组织形式的制度，包括国体和政体两个方面。"[①] 李良栋指出，政治制度是围绕政治活动而形成的所有政治体制的总称，目的是提高政治活动的效率，分配社会资源。其内容包括国家的性质、政体形式、国家结构形式、国家机关的组织形式及其活动原则、社会政治生活的组织形式和活动方式等。[②]徐育苗在总结国内对政治制度的各种界说后，认为政治制度是国家、政党、政治社团、群众组织、公民等政治实体在政治活动中需要恪守的各种规则。[③] 综合已有观点来说，政治制度的概念可表述为：为提高政治活动效率，合理分配社会资源而规定的各类政治实体从事政治活动所需遵守的规则。

此外，关于政治制度的分类主要有以下观点。马林诺夫斯基将政治制度分为农耕牧野和政治体系。[④]牟钟鉴将中国政治制度分为君主专制的政治制度、宗法等级的社会制度、地主占有与小农普存的土地制度。[⑤]李群和李凯认为中国政治制度表现为政治文明。[⑥] 向怀林认为中国政治制度表现为社会形态。[⑦] 彭安玉认为中国政治制度可分为皇帝制度和政府机构。[⑧] 廖婧茜认为中国政治制度体现为中国政治文化，主要包括国体、政体、地方行政制度、选官制度。[⑨] 通过分析发现，学者们对与政治制度内涵的界定大致分为广义和狭义两部分。而研究中国古代的政治制度，例如皇帝制度、等级制度等，都是局限于政体方面，即国家政权机构的组织形式。中国古代政治制度中许多内容都对当时以及现代社会治理产生了影响，例如中央集权制度，秦始皇创立的专制主义中央集权制度中的中央行政制度，由丞相、御史大夫、太尉等官职组成，其中丞相制度延续了一千多年，御史大夫兼理监察事务，太尉负责管理军事；元朝的行省制度对后世的政治制度影响

① 高放. 社会科学大辞典［M］. 河南：河南人民出版社，1988：5.

② 李良栋等主编. 新编政治学原理［M］. 中央党校出版社，2001：125.

③ 徐育苗. 解读政治制度［J］. 社会主义研究，2004（02）：53－54＋111.

④ ［英］马林诺夫斯基. 文化论［M］. 费孝通，等译. 北京：中国民间文艺出版社，1987.

⑤ 牟钟鉴. 对中国传统文化要进行分类研究［J］. 孔子研究，1988（04）：76－77.

⑥ 李群，李凯. 中小学需要怎样的传统文化教育？——基于北京市中小学"中华优秀传统文化"课程与教材建设的思考［J］. 中小学管理，2019（01）：49－52.

⑦ 向怀林. 中国传统文化要述［M］. 重庆：重庆大学出版社：2016（3）：193.

⑧ 彭安玉. 中国古代制度文化［M］. 南京：南京大学出版社，2020.11.

⑨ 廖婧茜. 统编语文教材与中华优秀传统文化传承［J］. 贵州师范大学学报（社会科学版），2022（06）：67－77.

深远，行省从此成为我国的地方行政机构，明清沿用此制，一直保留到今天。这都与皇权集中管理有密切的关系。而像科举制、察举制和九品中正制等等，都是中央集权下为巩固统治而设置的选官制度。综合来看，政治制度包括国家政权的组织形式，国家结构形式，政党制度，选举制度等。综上所述，关于政治制度的分类见表 3 - 17。

表 3 - 17 政治制度分类

作者	相关内容	共同要素
马林诺夫斯基	农耕牧野、政治体系	
牟钟鉴	君主专制的政治制度、宗法等级的社会制度、地主占有与小农普存的土地制度	国家政权组织形式
李群	政治文明	国家结构形式
向怀林	社会形态	政党制度
彭安玉	皇帝制度、政府机构	选举制度
廖婧茜	中国政治文化（国体、政体、地方行政制度、选官制度）	

2. 教育制度

《说文解字》中写道："教，上所施下所效"；"育，养子使作善也"，教育二字合起来就是教诲栽培的意思。王炳照在《中国教育制度通史》中，将教育制度详细划分为包括教育方针、学制、教育行政体制、办学体制等在内的十三个组成部分。[①] 顾明远指出，教育制度一般可分为三个层次："一是教育根本制度，主要指国家教育方针；二是教育基本制度，包括教育体制、学制和各种教育政策、法律与法规等；三是教育具体制度，指各种具体的教育行为规范、办事程序和运作机制，如教学管理制度、考试制度、评价制度等。"[②]

众多学者对教育制度所包含的类别进行了研究，主要存在以下观点。牟钟鉴认为教育制度表现为国家统制的文化教育制度。[③] 彭安玉认为教育制度表现为教育图书。[④] 李群和李凯认为教育制度包括声韵熏陶、汉字趣说、古

① 李国钧，王炳照. 中国教育制度通史 [M]. 济南：山东教育出版社，2000.
② 顾明远. [M] 教育大辞典. 上海教育出版社 . 1997：798.
③ 牟钟鉴. 对中国传统文化要进行分类研究 [J]. 孔子研究，1988（04）：76 - 77.
④ 彭安玉著. 中国古代制度文化 [M]. 南京：南京大学出版社，2020.11.

典文学、史册典章、诗词韵味、史论兴衰。① 冯天瑜认为教育制度中包括典章制度。② 综合已有学者观点，教育制度可分为学术制度、书院制度和典章制度。典章制度作为教育制度中的一类重要知识一直受到文人墨客的关注。《尚书》已见尧舜设官分职的详细记载（《尧典》《舜典》），《左传》亦留下三皇五帝官职构成的点滴记忆（昭公十七年），稍晚成书的《周礼》。③ 中国古代学校制度具体包括官学制度和私学，从西周的"学在官府"，到封建社会末期，中央官学衰败；西汉时期设置地方官学，到魏晋南北朝时期地方官学衰败。中国古代私学以孔子的私学为代表，魏晋南北朝时期，官学衰颓，私学呈现繁荣局面。著名私学教材有《三字经》《百家姓》等。中国古代书院制度起于唐代，是中国古代教育史、学术史上具有重要地位的教育组织形式，著名的书院如白鹿洞书院、岳麓书院等。书院制度与封建社会的政治、经济制度有密切联系，是封建社会的产物。总体来看，教育制度包括教育机构和组织。教育机构和组织赖以运行的规划，如各种各样的教育法律，规则和条例。具体内容见表 3-18。

表 3-18　教育制度分类

作者	相关内容	共同要素
牟钟鉴	国家统制的文化教育制度	教育机构和组织 教育法律规则条例
彭安玉	教育图书	
李群	声韵熏陶、汉字趣说、古典文学、史册典章、诗词韵味、史论兴衰	
冯天瑜	典章制度	

3. 礼仪制度

《礼记·乐记》曰："天高地下，万物散殊，而礼制行矣。"中国古代对于礼制推崇备至，中国也素有"礼仪之邦"之称。中国礼仪以周为最，中国古代一般推行周礼。古代有五礼之说，祭祀之事称吉礼，冠婚之事为喜

① 李群，李凯. 中小学需要怎样的传统文化教育？——基于北京市中小学"中华优秀传统文化"课程与教材建设的思考 [J]. 中小学管理，2019（1）：49-52.

② 冯天瑜. 中国史学的制度文化考释传统 [J]. 湖北大学学报（哲学社会科学版），2022，49（6）：65-74，170.

③ 孙正军. 何为制度——中国古代政治制度研究的三种理路 [J]. 中国社会科学评价，2019（04）：54-67，140-141.

礼，宾客之事名宾礼，军旅之事称军礼，丧葬之事为凶礼。中国的礼仪文化以其平和、中正的特征，对人们产生深远的影响。

不同学者对礼仪制度分类的看法不同，牟钟鉴认为礼仪制度包括维护封建秩序的法律制度。①彭安玉认为礼仪制度包括官吏选拔、职官管理、行政监察、赋税徭役、军事法律、婚姻礼仪。② 廖婧茜认为礼仪制度表现为中国法律文化和中国礼制文化。③ 李锦山认为礼仪制度包括农业礼仪、农事节日和农事习俗。④ 李群和李凯认为礼仪制度包括城市人文。⑤ 冯天瑜认为中国礼仪制度中包含的礼制文化包括丧礼、葬礼、祭礼。礼仪制度可分为宗教制度、法律制度、礼制制度、仪式制度，具体内容见表3－19。

法律制度是随着统治阶级强大后需要调节统治阶级内部、统治阶级和同盟者之间的关系而建立的。因此，法律制度体现了统治阶级自身的利益和意志，而法律所表现的统治阶级意志的内容是由其物质生活条件决定的。总之，法律具有国家意志性、社会规范性、规定性和强制力及约束力四大特征。⑥

自先秦起，就存在天人感应的灾异思想，即古人认为人类社会中灾害事件的起因和"天"有着密切关联。当某种灾异出现时，君主和百姓都需要修德修政加以应对，这一思想一直发展到西汉后期，和后来兴起的谶纬之学相呼应。⑦ 随着人和自然、人和人之间的关系不断变化，宗教已经发展成为一套周全的制度体系。宗教制度有助于帮助人们提高对生活的认同感，有助于稳固家庭和婚姻，为社会稳定提供强大的力量，但是同样也会变成推动社会变革或是分裂社会的工具。⑧

仪式制度从词源学的角度来看，仪式在汉语语境中首先表示为"礼仪、仪式、礼节，仪典礼制"之意，先有"礼"后有"仪"。仪式是人类社会交

---

① 牟钟鉴. 对中国传统文化要进行分类研究 [J]. 孔子研究, 1988 (04)：76－77.

② 彭安玉. 中国古代制度文化 [M]. 南京：南京大学出版社：2020.11.

③ 廖婧茜. 统编语文教材与中华优秀传统文化传承 [J]. 贵州师范大学学报（社会科学版），2022 (06)：67－77.

④ 李锦山. 中国古代农业礼仪、节日及习俗简述 [J]. 农业考古, 2002 (03)：75－87.

⑤ 李群，李凯. 中小学需要怎样的传统文化教育？——基于北京市中小学"中华优秀传统文化"课程与教材建设的思考 [J]. 中小学管理, 2019 (01)：49－52.

⑥ 安应民主编. 文化经济学 [M]. 北京：中国经济出版社, 1994.01.

⑦ 杨明著. 清代救荒法律制度研究 [M]. 北京：中国政法大学出版社, 2014.12.

⑧ 庞树奇，范明林主编. 普通社会学理论 [M]. 上海：上海大学出版社, 2011.03.

往过程中一种特殊的群体集聚的互动活动，传承社会发展积淀的历史、文化和价值观，蕴藏群体交往中积累的习俗、信仰和伦理规范，承载个体对社会生活的期待、想象和情感，是传递理性认知和孕育情感的重要途径，发挥巩固群体成员的身份、营造群体归属感的功能。①

礼制是中国古代文化的核心，通过规定人与人的之间的关系礼数，来维护稳定的社会秩序，最终的目的是维护统治者的统治。而封建帝王为了统治和管理整个国家，便制定了一整套礼制以及监督人们执行这些礼制的制度。例如：五服制是古代中国社会的一种重要文化现象，它通过规定人们在不同场合下的服装和礼仪，强化了社会阶层和等级制度，并对个人行为和心态产生了深远的影响。在现代社会，五服制已经逐渐消失，但它仍然是研究中国古代社会文化的重要内容之一。据宋代学者周必大的思想："五服者，礼之极也。"可见五服制在古代礼制中的重要性和地位。

表 3-19　礼仪制度分类

作者	相关内容	共同要素
牟钟鉴	维护封建秩序的法律制度	政治礼仪 生活礼仪
彭安玉	官吏选拔、职官管理、行政监察、赋税徭役、军事法律	
廖婧茜	中国法律文化（夏、商、周至明清的各类法律制度、法律思想）	
李锦山	农业礼仪 农事节日 农事习俗	
李群	城市人文	
彭安玉	婚姻礼仪	
廖婧茜	中国礼制文化（吉礼、凶礼、军礼、宾礼、嘉礼）	
冯天瑜	礼制（丧礼、葬礼、祭礼）	

4. 经济制度

经济制度是人类社会发展到一定阶段占主要地位的生产关系的总和，又

---

① 李婧玮，田友谊. 国家认同的生成机制考察：学校仪式的视角 [J]. 现代大学教育，2022，38（03）：71-77+113.

称社会经济结构。它是政治经济学的基本范畴，是反映经济活动中各种经济关系的规则、规范的集合。经济制度是区分人类历史上不同社会经济形态的标准。马克思主义根据占统治地位的经济制度的性质，将人类社会区分为五种基本社会经济形态：原始公社制的、奴隶占有制的、封建制的、资本主义的、共产主义的社会经济形态。周新城认为，基本经济制度处于基础性地位，决定着社会制度的性质和发展方向，决定着社会的基本的政治和法律制度。经济体制依赖于基本经济制度，是其具体实现形式，由其派生的。① 有学者将经济制度分为三个层次：第一个层次是生产资料所有制；第二个层次是具体的产权制度，是所有制的具体表现或实现形式，第三个层次是资源配置的调节机制。②

牟钟鉴将经济制度定义为地主占有与小农普存的土地制度；③彭安玉认为经济制度包括赋税徭役制度；④廖婧茜认为经济制度体现了中国经济文化，包括土地制度、农业政策、工商政策、货币政策。⑤ 综合以上观点来说，经济制度包括土地制度、赋役制度、工商制度、货币制度，具体内容见表3 - 20。土地制度在中国传统几千年来的农耕社会发挥着重大作用，是反映人与人之间、人与土地之间关系的重要经济制度。赋役制度是统治者为巩固统治而向百姓征课财物、调用劳动力的制度，《诗经》中有大量篇章反映人民被迫服役的哀哉，如《君子于役》。中国古代赋役制度是统治者银财的主要来源，其改革也历时长久，从唐代两税制直到清代的摊丁入亩。中国古代工商制度主要体现在商业政策上，如重农抑商的基本经济政策，这也形成了千百年来商人地位低下的局面。历代王朝实行的商业政策较为复杂，既有促进商业发展的举措，也有限制和监管商业的措施。货币制度是指一个国家以法律形式规定的货币流通形式，简称币制，中国古代从以贝壳作为货币，到铜本位、银本位、金本位制度。商朝开始使用金属货币，汉武帝推行货币制度改革，铸五铢钱取代半两钱，实现了货币的标准化。中国古代的货币制度为促

① 周新城. 中国特色社会主义经济制度论 [M]. 北京：中国经济出版社，2008.
② 吴宣恭，等. 产权理论比较 - 马克思主义与西方现代产权学派 [M]. 北京：经济科学出版社，2000.
③ 牟钟鉴. 对中国传统文化要进行分类研究 [J]. 孔子研究，1988 (4)：76 - 77.
④ 彭安玉. 中国古代制度文化 [M]. 南京：南京大学出版社：2020.11.
⑤ 廖婧茜. 统编语文教材与中华优秀传统文化传承 [J]. 贵州师范大学学报（社会科学版），2022 (6)：67 - 77.

进经济发展和社会稳定起到了重要作用。

表 3－20　经济制度分类

作者	相关内容	共同要素
牟钟鉴	地主占有与小农普存的土地制度	土地制度 赋役制度 工商制度 货币制度
彭安玉	赋税徭役制度	
廖婧茜	中国经济文化（土地制度、农业政策、工商政策、货币政策）	

四、行为文化

（一）行为文化内涵

人的行为受思想、观念、精神因素的支配，人类行为文化实际又是一种群体的、社会的共同行为习惯、方式等，以民风、民俗的形态出现。[①] 行为文化通常以民俗、风俗的形式体现，是凝结于人际交往的习惯行为，是社会约定俗成的定势行为模式，具有鲜明的地域性和民族性特征。[②]

（二）行为文化分析框架

不同学者对行为文化的理解不同，不同政策文件对行为文化的阐述方式有所差异，目前已存在的具有代表性的对行为文化内容的划分主要包括以下几种。《中华优秀传统文化进中小学课程教材指南》将行为文化划分为基本常识、艺术与特色技能。[③] 魏晓芳认为行为文化包括交通行为、社交行为、娱乐行为、通信行为、劳动行为、饮食行为、教育行为。[④] 张宏将行为文化概括为精神文化在人们社会实践中的反映，如中国传统节日、人生礼仪民俗、民间文学、民间艺术。[⑤] 何晓明认为传统文化包括传统节日、人生礼仪、祖先祭祀、饮食起居、民族风情。[⑥] 夏昭炎认为传统文化表现为由纪律

[①] 张宏. 中国传统文化概论 ［M］. 北京：北京理工大学出版社，2019.12.

[②] 杨快. 土家族主要古籍及其文化研究 ［M］. 武汉：武汉大学出版社，2018.04.

[③] 教育部关于印发《中华优秀传统文化进中小学课程教材指南》的通知（教材 ［2021］ 1号）［EB/OL］. （2021－01－19）［2021－06－01］. http：//www.moe.gov.cn/srcsite/A26/s8001/202102/t20210203％5F512359.html.

[④] 魏晓芳. 三峡人居环境文化地理变迁 ［M］. 南京：东南大学出版社，2014：58－59.

[⑤] 张宏. 中国传统文化概论 ［M］. 北京：北京理工大学出版社，2019.12.

[⑥] 何晓明，曹流. 中国文化概论 ［M］. 北京：首都经济贸易大学出版社，2007.10.

或戒规约定俗成的行为，由传承的礼制约定俗成的行为、由伦理道德约定俗成的行为、由习俗和禁忌约定俗成的行为。① 李光等学者将行为文化分为传统礼仪、传统节日、民族风俗、地域风俗。② 隋义等学者将行为文化分为服饰、饮食文化、建筑文化、交通、中国传统节日。③ 综合以上观点，本书将行为文化划分为节日习俗、礼仪民俗、民族风情、民间文艺、衣食住行等，具体内容见表3-21。

表3-21　政策文件/学者对行为文化的理解

政策文件/学者	行为文化内容	共有内容
《中华优秀传统文化进中小学课程教材指南》	基本常识（时令节气、称谓礼仪、传统节日、风俗习惯等）艺术与特色技能（剪纸、雕刻、游艺等）	节日习俗 礼仪民俗 民族风情 民间文艺 衣食住行等
魏晓芳	交通行为（长途与短途；水陆空；客运交通与货运交通）、社交行为（工作社交与社会社交；私密社交与公共社交；个人社交与集体社交［商贸、祭祀、节庆]）、娱乐行为（民间活动、民间歌舞）、通信行为、劳动行为（农业、手工业）、饮食行为、教育行为	
张宏	精神文化在人们社会实践中的反映，如中国传统节日；人生礼仪民俗（满月、成人礼、婚礼）；民间文学（神话传说、民歌对联等）；民间艺术（剪纸、秧歌、皮影等）	
何晓明	传统节日（春节、元宵节、端午节等）、人生礼仪（诞生礼、婚礼、成年礼等）、祖先祭祀、饮食（四时不同，饮食有别，座次）起居（人际交往）、民族风情（如泼水节、雪顿节）	

① 夏昭炎. 中国文化概论［M］. 海口：南方出版社，1999.10.
② 李光，肖珑，吴向东. 中华优秀传统文化［M］. 北京：北京理工大学出版社，2020.09.
③ 隋义，梁敏，翁洁婷. 中国传统文化认知研究［M］. 长春：吉林大学出版社，2012.11.

政策文件/学者	行为文化内容	共有内容
夏昭炎	由纪律或戒规约定俗成的行为（如乡规民约）；由传承的礼制约定俗成的行为（如五服、男尊女卑、婚礼习俗、丧礼习俗）；由伦理道德约定俗成的行为（君臣关系、夫妻关系）、由习俗和禁忌约定俗成的行为（如苗族同姓不通婚）	
李光等	传统礼仪、传统节日、民族风俗、地域风俗	
隋义等	服饰、饮食文化、建筑文化、交通、中国传统节日	

节日是动态文化的一种，随着时代的发展，一些节日习俗在历史长河中逐渐淡化，而新的习俗也在不断地应运而生。但不论其如何发展变化，儿女亲情、阖家团圆、怀念亲人都是中国岁时节日永恒的主题。① 俗话说："千里不同风，百里不同俗，"节日文化便是这多元文化中熠熠生辉的一笔。中华文明在繁衍生息过程中孕育出了多姿多彩的节日习俗文化，如立春之日，人们会张贴春贴，寓意着辞旧迎新、祈愿未来；吃梨为人们迎接春天的一种独特方式；立冬之日，热气腾腾的饺子更是家家户户不可或缺的美食。还有一些传统节日的习俗，如春节贴春联、走亲戚，清明节要祭祖扫墓，端午节划龙舟、吃粽子。这些节日习俗蕴含着中华民族的信仰与价值观念，有着深厚的文化底蕴。中国素以"礼仪之邦"著称于世，讲"礼"重"义"是中华民族世代相传的优良传统。礼仪民俗中包括诞生礼、成人礼、婚嫁礼等等。如在婴儿出生后的第三天，家中要举行正式的庆贺仪式，俗称"洗三"；过满月要置办酒席，祝贺婴儿母子平安；婴儿满一周岁要举行抓周仪式；汉族自古就有成人礼，男子称为"冠礼"，女子称为"笄礼"；婚俗礼仪中一般都包括：议婚、订婚、嫁娶、婚礼等。② 除

---

① 吴海涛，李良玉主编；张邦建著. 淮河流域民俗风情 [M]. 合肥：黄山书社，2022.05.
② 李国平，宋梅，孙长龙. 中国民俗文化与民间艺术 [M]. 石家庄：河北人民出版社，2016.03.

节日习俗与礼仪民俗外，我国各少数民族还形成了独特的节日与习俗文化，如傣族泼水节，泼水节是傣历新年，是当地重要的传统节日之一，为期3—4天，泼水过程中互相传达着祝福与吉祥；雪顿节是西藏所有节日中最隆重、规模最大的节日之一，并被列为国家非物质文化遗产，集文艺活动、宗教活动、学术交流等为一体，是一次盛大的节日盛会。关于民间文艺，《突尼斯版权示范法》中规定，"民间文学艺术是指在本国境内由被认定为该国国民的作者或种族集体创作，经世代流传而构成传统文化遗产基本成分之一的一切文学、艺术和科学作品。"然而，我国目前尚未就民间文艺的概念形成统一的认识。一般认为，民间文艺是由某群体在长期社会生活过程中创造出来的文学或艺术作品表达，其具有传承性、集体性并体现群体特性。[1]

第三节　语文教科书里的中华优秀传统文化分析框架

语文教科书是中华优秀传统文化重要载体，是中小学中华优秀传统文化教育的制度性文本，是中华优秀传统文化创造性转化在学校场域中的重要体现。前文对中华优秀传统文化内涵及其对当代社会、国家、个人层面的价值进行了阐述，将中华优秀传统文化分为物质文化、精神文化、制度文化和行为文化四个类别并展开了深入探讨。基于前述分析，构建了义务阶段语文教科书中的中华优秀传统文化谱系分析框架，分析框架由4个一级指标、20个二级指标和81条类目描述构成。物质文化维度着重对饮食、服饰、建筑、出行、科技、传统手工艺等方面进行分析；精神文化维度强调围绕宗教、艺术、传统美德、哲学、语言文字等方面进行分析；制度文化维度强调关注政治制度、经济制度、教育制度、礼仪制度几方面；行为文化维度强调节日习俗、礼仪民俗、民族风情、民间文艺几方面，详见表3-22。通过建构义务阶段语文教科书里的中华优秀传统文化谱系分析框架，助力深入探讨中华优秀传统文化在语文教科书中的呈现谱系，是推动中小学中华优秀传统文化教育的应有之义。

---

① 张革新. 民间文学艺术作品权属问题探析 [J]. 知识产权，2003（2）：48-50.

表 3 - 22　中华优秀传统文化分类框架

文化主类目	文化次类目	类目描述
物质文化	饮食	饮食材料、器具、菜系、酒文化、茶文化
	服饰	各朝代汉族和少数民族服饰
	建筑	宫殿、陵墓、宗教坛庙、园林、民居
	出行	步行、车、马、轿、舟船
	科技	农具、医学用具、天文仪器、数学工具、四大发明、纺织技术、冶金技术、陶瓷技术
	传统手工艺	刺绣、陶瓷、剪纸、竹编雕刻等手工制作的日用品
精神文化	文学	寓言、散文、诗词、小说、神话传说
	宗教	佛教、道教、原始宗教
	艺术	绘画、音乐、建筑、书法、音乐、戏曲
	传统美德	个人（慎独、勤奋、勇敢、诚实、守信等）、家庭（孝敬父母、兄弟和睦、夫妻和谐等）、社会（精忠报国、团结朋友、邻里友好、敬业爱业等）、大自然（取之有度，敬天）
	哲学	先秦哲学、两汉经学、魏晋玄学、隋唐佛学、宋明理学
	语言文字	文字、成语、谚语、字谜、对联、歇后语
制度文化	政治制度	国家政权的组织形式、国家结构形式、政党制度、选举制度
	经济制度	土地制度、赋税制度、工商制度、货币制度
	教育制度	教育机构与组织、教育法律规则条例
	礼仪制度	政治礼仪、生活礼仪
行为文化	节日习俗	春节、元宵节、端午节、中秋节等节日习俗
	礼仪民俗	诞生礼、成人礼、婚嫁礼、丧葬礼等
	民族风情	少数民族的节日与风俗，如傣族泼水节、藏族雪顿节、侗族赶歌会等
	民间文艺	剪纸、皮影、民间游艺等

第四章　统编小学语文教科书中的
中华优秀传统文化呈现情况

    本研究以传统文化相关研究文献与政策文件为基础，结合专家咨询意见，建构了教科书里中华优秀传统文化的分析框架，该框架包含物质文化、精神文化、制度文化以及行为文化四个一级类目，每个一级类目下又列出若干分析因子，按照这一框架，对 2017 年 9 月在全国各地中小学起始年级开始统一使用的 18 册统编语文教科书进行量化处理，运用统计方法计算所调查对象的类目频率，从而得到量化分析结果。在频次统计过程中，如遇两位研究者对同一调查对象的文化类目划分存在分歧，则引入第三位研究者的意见，以多数意见为准，确保类目划分的准确性和客观性。语文教科书结构包括宏观结构与微观结构，宏观结构指向语文教科书的外部样式结构，包括阶段内容、编写体系、编排体例；微观结构则以封面、导学、选文、插图等为主要内容。[①] 结合已有研究成果，本研究将从选文系统、习作系统、练习系统以及助读系统四个方面展开对统编小学语文教科书里中华优秀传统文化构成的分析，如表 4 - 1 所示。由于国家通用语言文字是语文教科书内容的载体，无法全部计算在内，故本研究对汉字不作统计。

    统编初中语文教科书里中华优秀传统文化的分析围绕导学系统、选文系统、练习系统、写作系统四部分展开。和小学语文教科书相比，初中语文教科书增设名著导读，将其和课文、课外古诗词诵读一并归入选文系统，由此确定了统编语文教科书中传统文化的分析类目，如表 4 - 2 所示。

---

    ① 刘艳兰. "部编本"与人教版小学语文实验教科书比较研究——以第一学段为例 [D]. 武汉：华中师范大学，2018.

表 4 – 1 统编小学语文教科书分析对象

分析对象	选文系统	我上学了、识字、汉语拼音、古诗词朗诵、课文
	习作系统	习作、习作例文
	练习系统	课后练习、口语交际、快乐读书吧、综合性学习、语文园地
	助读系统	单元导语、资料袋、阅读链接、识字表、写字表、词语表、常用笔画名称表、常用偏旁名称表

表 4 – 2 统编初中语文教科书分析对象

分析对象	导学系统	单元导语、课文预习、注释、旁批
	选文系统	课文、课外古诗词阅读、名著导读
	练习系统	课后练习、综合性学习、口语交际练习
	写作系统	习作

第一节 选文系统中各类传统文化呈现情况

统编版小学语文教科书的选文系统具体包括"我上学了""识字""汉语拼音""古诗词朗诵"和"课文"五大模块。选文在统编小学语文教科书中占比较大，是教科书的主体内容，但在不同年级其呈现方式有所不同。其中，"我上学了"和"汉语拼音"模块仅出现在一年级上册，目的在于帮助刚步入一年级的学生初步认识"小学生"的身份特点，学好拼音为后续学习汉字奠定坚实基础。"识字"模块仅出现在一二年级的教科书当中，目的在于帮助学生掌握汉字学习规律和方法，"古诗词朗诵"模块仅出现在六年级下册的教科书当中，帮助学生通过古诗词的积累学习感受中华文化的深厚魅力。"课文"这一模块在一至六年级全部教科书当中都有所体现。在进行各年级教科书中物质文化的数量统计时，将"篇目"作为统计单位，即各模块的具体内容统一按照教科书目录中的一课来统计，一课计为一篇目。但对于一课包含两篇课文的情况，则按照两篇来计数。如，一年级下册的《古诗二首》一课中包含了《池上》和《小池》两首古诗，统计时计为两篇。根据以上标准，对小学语文教科书中的四种文化进行具体分析，此外，教科书中制度文化内容呈现数量较少，因此这里将小学与初中语文教科书中的制度文化进行统一分析。

一、选文系统中的物质文化呈现

在选文系统中，物质文化的呈现是一个丰富多彩的画卷。它不仅反映了人类社会的历史变迁，还体现了各个时期人们的生活习俗、价值追求以及审美取向。针对小学语文教科书选文系统中物质文化内容的分布情况，我们进行了详细的梳理与分析。

（一）物质文化选文篇数及年级分布情况

在12册统编小学语文教科书中，体现物质文化要素的选文共有108篇（不计重复篇目），体现物质文化的相关选文在二年级上册、五年级下册和六年级上册占比较大，均在40%以上。其中，五年级下册物质文化选文占比最大，为该年级教科书选文总篇目的48%。其他年级选文中体现物质文化的较少，为8%—34%。一年级上册物质文化选文占比最少，为该年级教科书选文总篇目的8%。究其原因，一年级由于选文类型多体现为识字和汉语拼音，因此，其所包含的物质文化内容最少。五年级下册和六年级上册加入了大量的古诗文和文言文篇目，其中蕴含丰富的物质文化要素。由分析可得，物质文化在小学语文统编版教科书分布略不均衡，在二年级起始阶段占比大，之后呈下降趋势，但在五年级下册到六年级上册，其比重又大幅度增加，详细情况见表4-3。

表4-3　选文系统中物质文化篇数与占比

年级	选文总数（篇）	物质文化选文篇数	物质文化选文占比（%）
一年级上册	38	3	8%
一年级下册	30	5	17%
二年级上册	30	12	40%
二年级下册	32	10	31%
三年级上册	31	7	23%
三年级下册	32	11	34%
四年级上册	33	7	21%
四年级下册	32	9	28%
五年级上册	30	8	27%
五年级下册	27	13	48%

续表

年级	选文总数（篇）	物质文化选文篇数	物质文化选文占比（%）
六年级上册	32	15	47%
六年级下册	34	8	24%
总计	381	108	28%

注：单篇文章体现两种及以上物质文化计为一次

（二）物质文化各要素分布情况

通过对统编小学语文教科书选文中物质文化要素的统计，统计结果显示，选文展现了物质文化的多样性与丰富性，物质文化各类要素在选文中的占比情况如表4－4所示，中国传统手工艺选文篇数最多，达到29篇，占选文总篇数的22%；中国建筑文化的选文篇数为26篇，占选文总篇数的20%；中国古代出行方式的选文篇数为22篇，占选文总篇数的17%；中国饮食文化和中国传统科学技术选文篇数相同，均为19篇，占选文总篇数的15%；而中国服饰文化在选文系统中的篇数最少，为14篇，占选文总数的11%。

表4－4　选文系统中物质文化各要素分布情况

物质文化类型	选文篇数（篇）	所占比例（%）
中国饮食文化	19	15
中国服饰文化	14	11
中国建筑文化	26	20
中国古代出行方式	22	17
中国传统科学技术	19	15
中国传统手工艺	29	22
总计	129	

中国传统手工艺作为物质文化的核心元素，在选文中得以广泛体现，其占比高达22%，涵盖民间游戏、生活用具等多个领域。陶瓷、剪纸、竹编等手工艺品在日常生活中扮演着重要角色，同时承载着丰富的文化内涵与民族情感。例如，二年级上册《朱德的扁担》一文中的扁担是红军战士挑粮的重要工具，体现了劳动人民的智慧与辛勤，扁担上的"朱德记"三个字，赋予了"扁担"革命精神的象征意义。

　　二年级上册《纸船和风筝》描述了松鼠折纸船，小熊扎风筝，两者相互交朋友的故事。折纸船和扎风筝这两个传统手工艺活动，展现了中国传统手工艺的独特魅力和价值，同时激发孩子们的动手能力和创造力。二年级下册《传统节日》一文中包含多个手工艺品，如春节的剪纸、元宵节的花灯、端午节的粽子等。四年级上册《陀螺》一文中的"陀螺"则反映了民间游戏中的手工制作技艺，展现了童趣与创造力的完美结合。

　　四年级下册课文《芦花鞋》通过描述芦花鞋的制作过程和其背后的文化内涵，展现了中国传统手工艺——芦花鞋编织技艺的独特魅力和深厚价值，这一技艺不仅具有实用和美观的特点，还承载着人们的情感和记忆。在五年级下册古诗《四时田园杂兴（其三十一）》中"昼出耘田夜绩麻"描绘了农民白天耕田、晚上纺线的场景，体现了农耕技术和麻线制作这两项中国传统手工艺。《难忘的泼水节》一课中"象脚鼓"作为傣族传统乐器的代表，则彰显了民族手工艺的独特魅力。此外，六年级下册《北京的春节》一文中包含多种传统手工艺，如年画、风筝、空竹口琴等，这些手工艺不仅是中国文化的重要组成部分，也是中华民族优秀传统文化的瑰宝。

　　中国建筑文化在统编小学语文教科书中同样得到了充分的展现，教科书中涉及中国建筑文化的选文共计26篇，占选文总数的20%。这些选文包含了对古代宫殿、民居、桥梁、庙宇、园林等建筑风格的描述，以及建筑背后的历史典故和文化内涵。通过这些内容的学习，学生可以领略到中国传统建筑的独特魅力和深厚底蕴，同时也有助于培养他们的审美能力和空间想象力。

　　一年级下册课文《吃水不忘挖井人》通过描述毛泽东亲自带领群众挖井的事迹，体现了中国建筑文化中的人文关怀精神。尽管《我多想去看看》一文没有直接涉及建筑文化，但通过描述孩子对天安门的向往和憧憬，间接地反映了中国建筑文化对孩子的影响和熏陶。

　　三年级下册《赵州桥》一文详细描绘了桥的设计和雕刻之美。"桥长五十多米，有九米多宽，中间行车马，两旁走人。整个桥梁全部用石头砌成，没有桥墩，只有一个拱形的大桥洞横跨在三十七米多宽的河面上"，其雕刻也十分精美，"桥面两侧有石栏，栏板上雕刻着精美的图案，如两条相互缠绕的龙、两条飞龙前爪相互抵着各自回首遥望等"。通过学习这篇课文，学生可以了解赵州桥作为古代桥梁建筑的代表，其独特设计、精美雕刻和悠久历史背景均体现了古代劳动人民的智慧和才能，成为中华民族文化遗产的重要组成部分。

五年级上册课文《圆明园的毁灭》提到圆明园由圆明园、绮春园和长春园组成，这种多园组合的布局体现了中国古代皇家园林的宏伟与精致，而且圆明园内的建筑风格多样，包括金碧辉煌的殿堂和玲珑剔透的亭台楼阁，这些建筑形式展现了中国传统建筑的特色和美学价值。同时，圆明园的毁灭也是一段屈辱的历史，可以激发学生的爱国情感和历史责任感。

六年级上册《故宫博物院》一文详细阐述了故宫的规模与结构，它不仅是明清两代的皇宫，更是中国古代文化的瑰宝，蕴含着丰富的历史信息和文化内涵，是中国古代文明的象征。六年级上册的《草原》一课中提及的蒙古包，便是中国北方游牧民族传统建筑的典型代表，其独特的造型与功能彰显了中华民族对自然环境的适应与创造。

中国古代出行方式多种多样，包括徒步、马车、船舶、轿子等。这些出行方式不仅反映了古代社会的交通发展水平，也展现了当时人们的生活习惯和文化特色。统编小学语文教科书中体现中国古代出行方式的选文共有 22 篇，占选文总数的 17%。

在一年级下册《池上》这首诗中，描述"小娃撑小艇"的场景，生动展现了儿童在池塘中采莲的画面。而在二年级上册《刻舟求剑》故事中，楚人在船上丢失了剑，试图通过在船上刻记号的方式找回剑，这一情节体现了古代人们使用船只进行水上交通的情况。在二年级下册《黄帝的传说》一文中，黄帝从滚动的草帽得到受到启发，发明了车；又在休息时，看到爬在河里树叶上的蚂蚁，受到启发，创造出船。正如文中所言，车和船的发明使水陆交通得到了发展，为人们的往来提供了便利，极大地改善了人们的生活。在古诗作品中，《绝句》《山行》《三衢道中》《山居秋暝》《枫桥夜泊》《宿建德江》《六月二十七日望湖楼醉书》等诗篇均有对船描述，体现了船舶是古代出行的主要交通方式。

我国疆域辽阔，气候多样，物产丰富，因此培育出独具一格的中国饮食文化，八大菜系即为典型代表。与此同时，中国饮食文化还包含丰富的饮食习俗和礼仪。统编小学语文教科书中涉及中国饮食文化的选文共有 19 篇，占选文总数的 15%。

一年级下册课文《端午粽》中描述了粽子的制作过程，展现了传统手艺的传承，同时家人在一起分享粽子，这体现了家庭团聚、亲情共享的饮食文化。二年级上册《葡萄沟》一文，重点介绍了新疆吐鲁番地区葡萄的种植、品种、用途以及与葡萄相关的美食，体现了该地区独特的饮食文化。通过对这些课文学习，学生可以了解不同地区的饮食文化特色，增强对多元文化的理解和尊重。

二年级下册《传统节日》一课，介绍不同节日的传统饮食，如端午节吃粽子，中秋吃月饼，这些饮食不仅具有独特的口味和制作工艺，还蕴含着丰富的文化内涵和寓意，它们代表着人们对团圆、幸福、丰收和纪念等美好愿望的追求和向往。《中国美食》一文，列举了多种中国美食，如凉拌菠菜、香煎豆腐、红烧茄子、烤鸭、水煮鱼等，还介绍了中国美食的多种烹饪方法，如煎、烧、烤、煮、爆、炖、蒸、炸、炒等。二年级下册课文《千人糕》描述了"千人糕"的制作过程，强调了制作这道美食需要多道工序和辛勤劳动，体现了劳动的价值和意义。

古诗《元日》《清明》《凉州词》《送元二使安西》等都提到了酒。酒在古代诗中的含义是复杂多样的，它既是欢乐和尊敬的象征，又是悲哀和忧愁的寄托；它既能展现豪迈和浪漫，又能体现隐逸和超脱。这些丰富的意象和情感，共同构成了古代诗歌中独特的酒文化。六年级下册《北京的春节》一文，通过描绘春节前准备、除夕夜以及特定食物的准备等场景，展现了北京地区春节期间的饮食文化。这种饮食文化体现了北京人民对节日的重视和热情。《腊八粥》一文则描写了腊八粥的制作和食用，学生可以更加深入地了解中国的传统节日和文化习俗，感受中国文化的博大精深和独特魅力。

中国传统科学技术成果丰富多样，其中四大发明更是对全球科学技术的发展产生了深远影响。这些科技成就不仅体现了古代中国人民的智慧和创造力，也为后来的科学事业提供了坚实的基础。统编小学语文教科书中涉及中国传统科学技术的选文共有19篇，占选文总数的15%。

二年级下册《要是你在野外迷了路》一文中提到利用太阳和北极星来辨别方向，体现了中国古代人民对天文现象的观察和应用。三年级下册课文《纸的发明》主要讲述了纸的发明历程。在纸被发明之前，人们使用各种材料来记录文字，如龟甲、兽骨。大约在一千九百年前的东汉时代，蔡伦总结前人的经验，改进了造纸术，制造出了既轻便又好用的纸，并逐渐普及开来。纸的出现体现了中国古代在造纸技术上的重要发明和创新，这是中国古代科技史上的重要里程碑。四年级上册《扁鹊治病》《纪昌学射》通过历史故事展示了古代中医的高超医术和射箭技艺的精湛。

四年级下册课文《千年梦圆在今朝》主要讲述了中华民族几千年来为实现飞离地球、遨游太空的千年梦想而进行的不断尝试和努力。从古代的"嫦娥奔月"神话，到"鲲鹏展翅"、"九天揽月"的奇妙想象，再到明代官员万户，他是世界历史上第一个尝试乘火箭上天的人。此后，中国于1970年成功发射了第一颗人造卫星，2003年10月15日，中国成功发射了"神舟五号"载人飞船，实现了中华民族的千年飞天梦。均体现了中华民族在太空探索领域所取得的辉煌成就。

中国服饰文化在选文中虽然占比相对较少，仅为11%，但其所蕴含的民族特色与传统文化内涵却不容忽视。它不仅展现了中国人的审美趣味和生活习俗，还反映了社会发展和文化变迁的历程。二年级上册课文《难忘的泼水节》中描述周总理"身穿对襟白褂，咖啡色长裤，头上包着一条水红色头巾"，这准确地概括了傣族男子服饰的特点，色彩鲜艳，样式独特。这种民族服饰的展示与交流，可以增进不同民族之间的友谊，促进民族团结和文化交流。三年级下册课文《大青树下的小学》中，描述了多个不同民族的小学生在一起上课的情景。这些小学生来自不同的民族，因此他们的服饰也各不相同，体现了丰富的民族服饰文化。六年级上册《草原》一文中对蒙古族人民形象的描绘也间接体现了他们的服饰文化。例如，"马上的男女老少穿着各色的衣裳，群马疾驰，襟飘带舞"、"鄂温克族姑娘们戴着尖尖的帽子，既大方又稍有点儿羞涩，来给客人们唱民歌"。这些都进一步展示了蒙古族服饰的精美和独特。除此之外，四年级下册《挑山工》一文通过描述挑山工的工作场景和形象，来体现了挑山工典型的服饰特征。如"他们肩上搭一根光溜溜的扁担，扁担两头的绳子挂着沉甸甸的货物"，"敞开的白土布褂子中间露出鲜红的背心"等，这有助于学生了解挑山工这一特殊职业的特点和艰辛，感受他们坚韧不拔的精神。六年级上册课文《京剧趣谈》通过介绍京剧中的道具使用和表演形式，间接展示了京剧演员所穿的华丽戏服，如"马鞭"、"鞋底"等道具与服饰的配合使用。这有助于学生了解京剧这一传统艺术形式，以及其中所蕴含的服饰文化，培养学生对传统文化的兴趣和热爱。

综上所述，统编小学语文教科书中的选文系统涵盖了多种物质文化类型，这些文化要素不仅丰富了教材内容，更有助于培养学生对中华优秀传统文化的认知与传承。

二、选文系统中的精神文化呈现

语文教科书选文作为传播精神文化的重要载体，承载着我国丰富的历史文化底蕴，展现了中华民族的优秀传统和精神风貌。教科书中的选文，既有古典的诗词歌赋，又有现代的优秀作品，它们以各自的方式，传递着精神文化内涵。关注语文教科书选文系统中精神文化各要素的分布情况，有助于我们更好地理解教材的编写意图，更好地运用教材进行教育教学。同时，这也对我们提出了更高的要求，即在教学过程中，要注重引导学生深入理解作品中的精神文化内涵，使他们在欣赏文学作品的同时，也能受到精神文化的熏陶，从而培养他们健全的人格和良好的品质。

（一）精神文化选文数量及年级分布情况

根据统计分析，统编小学语文教科书选文系统中精神文化分布情况如下表4-5。在12册教科书中，共有选文381篇，其中精神文化类选文155篇，占总篇数的41%。在各个年级中，一年级上册的精神文化类选文数量最多，所占比重均最高，达到63%。紧随其后的是六年级下册、二年级上册和五年级下册。按照所占比例从高到低排序，依次为：一年级上册、六年级下册、二年级上册（与五级下册并列）、一年级下册、五年级上册、四年级上册、二年级下册级上册、三年级上册、四年级下册、三年级下册。

表4-5　选文系统中精神文化篇数与占比

年级	选文总数（篇）	精神文化选文篇数	精神文化选文占比（%）
一年级上册	38	24	63%
一年级下册	30	14	47%
二年级上册	30	15	50%
二年级下册	32	10	32%
三年级上册	31	8	26%
三年级下册	32	7	22%
四年级上册	33	13	39%
四年级下册	32	8	25%
五年级上册	30	13	43%

年级	选文总数（篇）	精神文化选文篇数	精神文化选文占比（%）
五年级下册	27	15	56%
六年级上册	32	10	32%
六年级下册	34	18	53%
总数	381	155	41%

（二）精神文化各要素分布情况

根据前述分析框架中的精神文化分类，对选文系统中精神文化各个要素分布情况进行分析，详情见表4-6。选文中中国传统文学选文篇数最多，达到107篇，占选文总篇数的62%；语言文字选文篇数为38篇，占选文总篇数的22%；中国传统美德选文篇数为27篇，占选文总数的16%。教科书中并未涉及中国传统宗教的选文。此外，由于中国传统艺术选文仅为1篇，故将其纳入物质文化范畴进行分析。

表4-6 选文系统精神文化各要素分布情况

精神文化类型	选文篇数（篇）	所占比例（%）
中国传统文学（寓言、散文、诗词、小说、神话传说）	107	62
中国传统宗教（佛教、道教、原始宗教）	0	0
中国传统艺术（绘画、音乐、建筑、书法、戏曲）	1	0.5
中国传统哲学	0	0
中国传统美德	27	16
语言文字	38	22
总计	173	

1. 中国传统文学类选文呈现

中国传统文学作为中国传统文化的重要组成部分，在精神文化诸要素中占比高达62%，且该比例随着年级逐渐递增。中国传统文化涉及广泛，在统编小学语文教科书中，涵盖了寓言、散文、诗词、小说、神话故事和民间传说等文学题材。

（1）寓言故事

寓言是一种文学类型，通过创造一个小故事来解释一个发人深思、启迪人心的真理。二年级上册课文《坐井观天》，讲述青蛙在井底傲慢自大，竟认为天空只如井口一般大，反映了一种短视的自负。二年级下册课文《亡羊补牢》和《揠苗助长》则分别强调了"及时改正错误，为时不晚"和"遵循事物发展规律才能有所收获"的道理。在三年级下册第二单元的课文中，整个单元均为寓言故事，其中，《守株待兔》教育人们抱着只想坐享其成的幻想，终究一无所获，启迪学生做事应当脚踏实地；四年级上册课文《纪昌学射》告诉学生勤练基本功、打好基础十分重要，《扁鹊治病》则让人明白不能讳疾忌医，要学会倾听他人善意的劝告。六年级下册的文言文《学奕》和《两小儿辩日》揭示了"做事要专心致志、善于观察，讲话有理有据，实事求是"的道理。

（2）神话故事和民间传说

中华文化源远流长，其中创造了无数的神话传说和民间传说，展现了人类的智慧创造，精神力量的传承。在统编小学语文教科书中，神话故事和民间传说的主要内容如下：二年级下册《羿射九日》教导我们要胸怀天下，以天下为己任，坚韧不拔、锲而不舍；《黄帝的传说》揭示了人民力量的巨大，这种力量来自于团结、智慧和勇气，是一不能撼动的。四年级上册《盘古开天地》鼓励人们敢于打破腐朽的旧事物，用劳动创造美好的新事物，展现了一种不怕困难、长期奋斗、自我牺牲、为民造福的大无畏精神；《精卫填海》展现了古代神女精卫坚韧不拔、持之以恒的精神和坚定的信念；《女娲补天》形容改造天地的胸围气魄和大无畏的斗争精神。此外，四年级上册民间故事《西门豹治邺》告诉人们要有勇于斗争的精神，讲究斗争的策略，要敢于破除迷信，要有勇有谋、敢作敢为。五年级上册的民间故事《猎人海力布》体现了海力布身上善良、勇敢、舍己为人的高贵品质；《牛郎织女（一）》和《牛郎织女（二）》展现了古时人们为追求美好幸福生活的艰辛，告诫学生敢于同恶势力作斗争，勇于追求美好生活。

（3）古诗词

统编小学语文教科书中的古诗词包含了多种主题，即包括写景游记、咏物抒怀和羁旅乡愁的篇目，亦不乏阐述中国传统文化的篇目。例如，二年级上册的《登鹳雀楼》和《望庐山瀑布》倡导勇于探索、心存高远、乐观豁达的品质；《夜宿山寺》透过李白对古代庙宇建筑的惊叹，反映了其对神仙生活的向往和追求之前；《敕勒歌》描写了中华民族顽强抗战的精神，展现了中华民族的智慧结晶，表达了中华人民深厚的爱国情怀。二年级下册的《村居》和《咏柳》描绘诗人对春天的喜爱之情，传递乐观向上的精神。三年级下册的《元日》《清明》《九月九日忆山东兄弟》分别描绘了春节、清明和重阳节等中华传统节日的景象。而在六年级下册教材中，《寒食》《迢迢牵牛星》《十五夜望月》三篇诗文，则叙述了寒食节、七夕节和中秋节等传统节日的美好氛围，借助中国特色的文化符号，展现诗人独特的精神感受和深邃思想，给人以启迪。

2. 中国传统美德类选文呈现

统编小学语文教科书的选文具有"文质兼美"的特点，文章所承载的丰富的价值内涵能让学生在获得情感体验的同时逐渐形成自己的价值观念。教科书中能够体现中国传统美德的选文占选文总数的16%，主要包括人与自然的关系、人与社会的关系和人与自我的关系三个方面的内容。

（1）人与自然的关系

中国传统美德强调人与自然应当和谐共生，人类应当尊重自然、顺应自然、保护自然，人类只有对自然始终抱有敬畏之心，才能避免自然的惩罚。在古代，人们对自然的敬畏之心表现在艺术创作、哲学思想、实践行为等各方面，如彩陶艺术中的动植物图腾，儒家和道家思想中"道法自然"、"天人合一"的核心思想，轮耕休作、节气为历的农作习惯，以及都江堰、京杭大运河等水利工程的修建。在统编小学语文教科书中同样从儿童的视角展现了大自然的无穷奥秘。如一年级下册课文《树和喜鹊》让学生树立保护动物和大自然的意识；三年级上册课文《读不完的大书》激发学生对大自然的探索乐趣，使其认识到大自然所蕴藏的无穷的智慧，学会敬畏自然；六年级上册课文《只有一个地球》让学生明白人类赖以生存的地球家园所拥有的资源并不是取之不尽用之不竭的，保护好地球是每个人的责任。

（2）人与社会的关系

中国传统美德在人与社会关系方面强调精忠报国、团结友爱、邻里和睦、敬业乐业等价值观，在统编小学语文教科书中，"精忠报国"的主题尤为突出，主要体现在古诗词篇目中。这些古诗词让学生感受到，中国自古以来虽历经战乱和朝代更迭，但祖国统一的核心理念始终未变。

在四年级上册课文中，古诗三首《出塞》让学生体会到古时人们对和平生活的向往，从而更加珍惜现在来之不易的幸福生活；《凉州词》则让学生感受古时戍边战士忠勇爱国、视死如归的英雄气概；《夏日绝句》让学生体会到诗人的远大志向，即生为人杰，为国建功，死为鬼雄，为国捐躯。五年级上册课文古诗三首,《示儿》让学生感受诗人至死不忘为国效力,盼望祖国统一的情感;《题临安邸》让学生感受诗人对国家前途的担忧之情;《己亥杂诗》展示了诗人不甘沉沦,始终要为国效力的坚强性格和献身精神。五年级下册课文古诗三首,《从军行》让学生体会诗人身上和战士们一样不畏艰苦,誓死保卫祖国的情感;《秋叶将晓出篱门迎凉有感》让学生感受诗人渴望祖国统一的强烈情感;《闻官军收河南河北》描写了诗人听到祖国失地收复、重新统一的喜悦和急切还乡的心情,让学生身临其境、有感而发。此外,除在社会层面强调爱国之外,还突出了自由和公正。如在六年级上册课文《浪淘沙》一诗中"如今直上银河去,同到牵牛织女家"表达了作者追求自由的浪漫理想;课文《少年闰土》表现了少爷鲁迅和闰土之间的真挚情谊,体现了作者对理想社会中人和人之间平等相处的憧憬。

中国传统美德中关于人与家庭关系,强调孝敬父母、兄弟和睦、夫妻和谐等思想,考虑到小学生的年龄特点和实际生活,统编小学语文教科书以"相敬父母"作为人与家庭关系的突出主题。其中,二年级上册课文《妈妈睡了》描写了儿童视角中熟睡的母亲形象,旨在让学生体味母亲的辛勤付出,培养其孝敬父母的品质。而在五年级上册课文中,《慈母情深》和《父爱之舟》则让学生体会父母至亲无私的奉献精神和无微不至的关爱。

(3) 人与自我的关系

在中国传统文化中,关于人与自我关系的论述,强调慎独、勤奋、勇敢、诚实、守信等优秀品质。在统编小学语文教科书中,关于"人与自我"主题的选文占比较大,本文按照年级顺序梳理不同选文中所蕴含的优秀品质。一年级下册课文《树和喜鹊》旨在培养学生的群体意识,强调每个人都不是孤独的个体,都需要有伙伴,动物和植物也不例外;课文《文具的家》则培养学生的自我管理意识,认真细致,不丢三落四;此外,课文《小猴子下山》培养学生做事要脚踏实地,有始有终的品质。二年级上册课文《寒号鸟》告诉学生应当认真对待生活,不能因为一时懒惰反而酿成大祸。四年级下册课文《囊萤夜读》和《铁杵成针》旨在培养学生坚韧的品质,让学生明白只有克服困难才会有所收获。五年级下册课文《梅花魂》引导学生理解中国人如梅花一样顶天立地、不屈不挠的精神。六年级下册课文古诗三首,《石灰吟》教导学生要像石灰一样不怕艰难、不畏牺牲,堂堂正正做事,清清白白做人;《竹石》告诉学生面对生活应当不惧苦难,像竹石一样坚韧勇敢、坚持到底。

3. 语言文字类选文呈现情况

在小学阶段，培养学生多读、好写、正确使用汉字、词语的能力，是学生学好语文的关键，同时有助于学生在语言文字的学习运用中体会汉字的音、形、意之美，各地语言的特色，以及体味语言文字中所蕴含的蓬勃向上的生命力。统编小学语文教科书选文系统中体现精神文化的语言文字共 38 篇，占选文总数的 22%。此外，在统编语文教材中，语言文字专题教学集中体现在一年级到二年级，从三年级开始，语言文字在教科书选文系统中主要以课文的形式呈现，强调随文识字，不再单独识字，更注重学生对语言文字的整体把握和运用，更注重语言的表达。通过分析统编小学语文教科书选文系统中的语言文字的呈现特色，将语言文字细分为汉字、童谣、汉语拼音。

（1）汉字

汉字是世界上持续使用时间最长的文字，在统编小学语文教科书中的汉字包括象形文字、形声文字、表意文字和"六书"等内容，其中"六书"是指象形、指事、形声、会意、假借、转注的造字方法。一年级上册第一单元作为专门的识字单元，识字《天地人》展现了"人与自然""人与社会"的和谐关系；识字《口耳目》中展示了一幅"口耳目手足"的插图，插图充满童趣，图上的三个儿童身着中国传统服饰，展现了朴素自然、团结友爱的精神价值，此外，"站如松，坐如钟，行如风，卧如弓"配以中国传统的戏剧形象，帮助学生形象地记忆汉字的意思；识字《日月水火》中的"日、月、水、火、山、石、田、禾"8 个象形文字旁边配以 8 张图片，让学生感受汉字取自自然的特点，体味汉字中所蕴含的自然规律，达到以形会意的目的。一年级上册识字《日月明》包含会意识字，如"二人从，三人众。双木林，三木森。"在识字中也蕴含着"一人不成众，独木不成林。众人一条心，黄土变成金"的团结友爱、众志成城的思想精神。一年级下册识字《姓氏歌》选自传统蒙学读物《百家姓》，通过会意识字的方式让学生了解了自己的姓氏，体会了中国传统姓氏文化的由来；识字《动物儿歌》中，其识字部分为形声识字，这首儿歌中所提到的"蜻蜓""蝴蝶""蚯蚓""蚂蚁""蝌蚪""蜘蛛"这六个词语都是典型的形声字，在让学生识字的同时也了解不同动物的习性特点，从小培养学生爱护动物的宝贵品质；识字《操场上》的形声字，让学生理解"打、拔、拍"、"跳、跑、踢"分别和手、足的关系。二年级下册识字《"贝"的故事》通过讲述"贝"的样子，汉字的演变，让学生掌握形声文字，"贝"作偏旁的字大多与钱财有关。

（2）童谣

童谣是为儿童所作的短诗，强调格律和韵脚。童谣的内容取材于生活和自然，充满想象力和情趣，语言活泼、富于音韵。在统编小学语文教科书中的童谣可分为传统童谣和新童谣。新童谣，即新文化运动后所作的童谣。统编小学语文教科书中的童谣艺术形式丰富，包括摇篮曲、游戏歌、数数歌、问答歌、连锁调、绕口令、谜语歌等，对学生德智美的培育具有全方位的作用。例如，一年级上册识字《对韵歌》根据《声韵启蒙》编写，描绘了一幅山清水秀、柳绿桃红的美景，让学生体会大自然的美好，激发学生思考人和自然的关系，从小树立保护好大自然的志向。一年级上册课文《小小的船》通过一首朗朗上口的儿歌，让学生在充满想象力的画面中，认识"月、儿、头、里"等汉字。一年级上册识字《升国旗》让学生认识了中国的国旗，感受国旗所代表的庄严的中国形象，激发学生的爱国情感。一年级上册课文《青蛙写诗》让学生在有趣的童谣里识字的同时，展现了一幅助人为乐、团结协作的美好画面。一年级上册课文《比尾巴》通过描述不同动物尾巴的形状，培养学生善于观察的好习惯，让学生明白人和动物应该和谐相处，并通过一首问答歌，让学生掌握"长、比、巴、把"等汉字。

一年级下册识字《猜字谜》利用准确生动的语言和形象有趣的描述，让学生展开推理判断，让学生感受汉字游戏的奇妙，学会用汉字来讲故事，培养学生的想象力和创造力；《古对今》作为一首对仗工整的儿歌，让学生感受矛盾中所存在的统一；《人之初》选自传统蒙学教材《三字经》，让学生感受古代童谣的韵律，明白"人不学，不知义"的道理。二年级上册《树之歌》让学生感受不同树木的特点和生长习性，明白人各有志，让学生反思人与自我的关系。二年级下册《神州谣》让学生感受中华的山川秀丽、壮阔河山，感受中华民族自古以来的团结一家亲和奋勇拼搏的精神；识字《传统节日》让学生感受春节、元宵节、清明节、端午节、七夕节、中秋节、重阳节等中华传统节日的民风民俗，自觉传承中华传统优秀文化。

（3）汉语拼音

一年级上册《轻轻跳》通过"轻轻跳、慢慢跑"帮助学生从小树立不随意踩踏草坪的意识，学会处理人和自然的关系，即人类要保护好大自然，实现天人合一；《说话》让学生感受来自大自然和动物的声音，培养学生的形象思维；《在一起》描述了一幅动物和谐相处的画面；汉语拼音《过桥》能够培养学生的耐心细心和爱动脑的好习惯；《绕口令》通过经典的绕口令培养学生的语言表达，让学生掌握汉语拼音的奇妙，帮助学生树立正确讲好国家通用语言文字的意识。一年级下册《洗手歌》培养了学生排队的规则意识和讲卫生、懂礼貌的文明礼仪；汉语拼音《欢迎台湾小朋友》培养学生爱国意识，坚定祖国统一，努力实现中国各民族大团结；《月儿弯弯》培养学生感受自然的和谐美妙；《家》让学生意识到祖国就是"家"，培养学生对祖国的热爱；《过马路》培养学生的交通规则意识，让学生学会处理人和社会的关系。

三、选文系统中的制度文化呈现

教科书选文系统是语文教科书的主体，它承载着传播知识、启迪思想、塑造品格的重要任务。在这个系统中，制度文化内容的分布情况尤为重要，它直接影响着学生的价值观、道德观和行为准则的培养。

（一）制度文化选文篇数及年级分布情况

在一至九年级的选文系统中，共有634篇文章，其中54篇体现了制度文化内容。这些涉及制度文化的文章以诗歌为主要形式。在小学低年级，主要以仪式制度为主，旨在帮助小学生更好地培养良好的仪式感和礼仪观；而在小学高年级，主要以政治制度为主，帮助学生更深入地了解社会运行的基本规则和制度，提升他们对社会的认知能力。随着年级的递增，课文深度和难度逐渐增加。在选文的分布上，从最初的一册书仅选编一篇制度文化文章，到后来逐渐增加，尤其是在初中年级，制度文化相关选文所占比重更大，且多涉及政治制度方面的内容。关于教科书选文系统中制度文化篇数及年级占比的详细情况，参见表4-7。

表4-7 选文系统中制度文化篇数与占比

年级	选文总数（篇）	制度文化选文篇数	制度文化选文占比（％）
一、二年级	130	4	3
三、四年级	128	3	2
五、六年级	123	11	9
七、八、九年级	253	36	14

（二）制度文化各要素分布情况

制度文化在统编小学和初中语文教科书中共有 54 篇。本研究将制度文化细分为政治制度、教育制度、礼仪制度和经济制度。制度文化各要素在统编语文教科书中的分布并不均衡。政治制度所占比例最高，且多分布于高年级，旨在从小教导学生正确、全面认识祖国，培养学生正确的政治思想、政治意识，增强国家认同、政治认同，为培养社会主义事业建设者和接班人而努力。

政治制度的选文分为两大类目：官僚制度和行政制度。官僚制度的代表性选文为七年级上册选文《古诗二首》（闻王昌龄左迁龙标遥有此寄），李白为好友王昌龄贬官而作的诗，以抒发感愤，寄托慰藉，表达对王昌龄怀才不遇的惋惜与同情之意。王昌龄被贬为龙标尉，题目为"左迁"，体现古代封建官僚政治制度下作者对友人表达的哀愁、飘零之感，意在培养学生的文化常识和诗词涵养；行政制度的代表性选文为六年级上册第七课《开国大典》，通过描写开国大典几个不同的场面、庄严的气氛，意在让学生感同身受、产生深刻的民族自豪感。

礼仪制度的选文在统编本语文教科书中主要表现为仪式制度。仪式指遵循固定秩序的庆祝性活动或典礼，生活中不断重复的过程、话语、姿势和行为都属于仪式。[①] 如一年级上册课文《升国旗》、六年级上册课文《开国大典》，通过具有象征性、代表性的国家仪式，来帮助学生从情感、认知等方面对各种规范性仪式产生认同，进而规范学生行为，增强国家认同。除此之外，礼仪制度中有关节日仪式的选文占大多数，如一年级下册《端午粽》讲到端午节的一大习俗：吃粽子，并介绍端午节是为了纪念屈原；二年级上册《难忘的泼水节》通过介绍周总理参加傣族泼水节的事情，增加学生对少数民族节日的了解，增强学生的民族认同；二年级下册识字模块的《传统节日》通过一首民谣介绍中华民族节日来体现礼仪制度；诸如此类，三年级下册的《古诗三首》，分别介绍了春节、清明节和重阳节；六年级下册课文《北京的春节》《腊八粥》《古诗三首（寒食、十五夜望月）》都针对中华民族传统节日分别进行了介绍。礼仪制度在我国漫长的历史中占据重要地位，统编本语文教科书选文更注重让学生了解中华民族传统文化中的节日

---

① 洛雷利斯·辛格霍夫. 我们为什么需要仪式［M］. 刘永强（译）. 北京：中国人民大学出版社，2009：10 – 11.

仪式，通过打造中华民族专属文化符号来激发学生的家国情怀，增强学生身份认同和民族认同。此外，教育制度和经济制度所占比例较小，但选取的课文《从百草园到三味书屋》、《社戏》等，在一定程度上能够拓宽学生的知识面，规范个人行为。

有关教育制度的选文主要分为两大类：学术制度和书院制度。如七年级上册《论语十二章》和七年级下册《孙权劝学》，运用文言文形式，阐述学习方法和意义，旨在引导学生在学习课文的过程中，引发对知识学习的思考，并借鉴孔子和孙权的学习观念，规范自己的行为；七年级上册课文《从百草园到三味书屋》，描写了鲁迅先生儿时在家中百草园的欢乐时光，以及在三味书屋读书时的"乏味"生活，展现了当时时代背景下学子读书的情形，意在让学生在学习知识的同时，也要保持对事物的好奇和兴趣。制度文化在统编语文教科书中发挥着独特作用，它有助于学生了解和认识中华民族的悠久历史、社会结构和价值观念，通过学习语文教科书中涉及制度文化的选文，学生能够更深入地认识到中华文化的独特性和多样性，增强学生民族认同感，坚定文化自信。

四、选文系统中的行为文化呈现

行为文化是文化价值观念在日常生活中的具体体现，通过教科书的选文，学生能够了解和学习到传统文化中的价值观念和行为规范，从而传承和弘扬中华优秀传统文化。因此，在选文中的行为文化对于学生的全面发展至关重要。

（一）行为文化选文篇数及年级分布情况

在教科书编写中，行为文化内容的分布情况引起了广泛关注。选文系统中行为文化篇数及占比情况，见表4-8。

表4-8 选文系统中行为文化篇数与占比

年级	选文总数	行为文化选文数	行为文化选文占比（%）
一年级上册	38	1	3
一年级下册	30	2	7
二年级上册	30	2	7
二年级下册	32	1	3
三年级上册	31	0	0

年级	选文总数	行为文化选文数	行为文化选文占比（%）
三年级下册	32	3	9
四年级上册	33	2	6
四年级下册	32	0	0
五年级上册	30	1	3
五年级下册	27	0	0
六年级上册	32	2	6
六年级下册	34	5	15
总计	381	19	5

依据表4-8的数据，我们得知整套部编版小学语文教科书共有选文381篇，其中涉及行为文化元素的选文一共有19篇，占总篇目的5%。从总体上看，行为文化内容在教科中的比例偏低，在三上、四下和五下课本中，几乎没有涉及行为文化的选文，这反映出作为人文学科的语文科目对行为实践内容重视程度不足。在数量变化趋势方面，一至六年级行为文化选文的数量分布未呈现明显的规律，但是六年级下册选文数量较多，占总量的15%，这与该册第一单元民风民俗的单元主题有关，这也表明，随着学生年龄增长，更注重培养学生对现实社会和具体行为文化的认识。

对选文体裁进行分析能够帮助我们更好理解文章。文体分为文章体裁和文学体裁。文章体裁包括记叙文、说明文、议论文和应用文；文学体裁包括诗歌、小说、戏剧及散文。基于体裁分类标准，小学语文教科书中的行为文化分布情况详见表4-9。

表4-9　行为文化选文体裁数量与占比情况

体裁	数量	占比（%）
诗歌	8	42
小说	1	5
戏剧	0	0
散文	8	42
记叙文	1	5
说明文	0	0
议论文	0	0
应用文	0	0

据统计，行为文化选文共有 19 篇，其体裁主要涵盖诗歌、小说、散文和记叙文四种类型，其中诗歌与散文各有 8 篇，占比均为 42%，而小说和记叙文都只有一篇，各占 5%。究其原因，多与学生的心理发展水平和文体特点有关。议论文、应用文等过于抽象复杂，而戏剧太专业化，均不适合低年级学生。因此，用诗歌、童谣、儿歌等方式呈现课文，即能激发学生的兴趣，又因其朗朗上口、易于诵读，从而在潜移默化中将行为文化植根于学生认知。而散文体裁广泛多样、结构自由灵活，可记人叙事、状物写景，语言优美凝练，意境深邃且情感丰富，在叙事写景之中做到抒情，使学生在了解事件的同时提升审美素养实现情感道德的升华。

（二）行为文化各要素分布情况

经统计分析发现，统编语文教科书选文系统中行为文化各要素分布情况，详见表 4 – 10。

表 4 – 10　选文系统中行为文化各要素分布情况

年级	所在模块	选文篇目	主类目	次类目
一年级上册	汉语拼音	《绕口令》	民间文艺	说绕口令
一年级下册	识字	《猜字谜》	民间文艺	猜字谜游戏
	课文	《端午粽》	节日习俗	端午节包粽子、吃粽子
二年级上册	课文	《难忘的泼水节》	民族风情	傣族泼水节习俗
	课文	《葡萄沟》	民族风情	维吾尔族制作葡萄干的习俗
二年级下册	识字	《传统节日》	节日习俗	一年中主要节日和习俗
三年级下册	课文	《元日》	节日习俗	春节放爆竹、贴春联
	课文	《清明》	节日习俗	清明节扫墓、踏青
	课文	《九月九日忆山东兄弟》	节日习俗	重阳节登高、插茱萸
四年级上册	课文	《观潮》	礼仪民俗	农历八月十八观潮 日观钱塘江大潮
	课文	《陀螺》	民间文艺	打陀螺运动
五年级上册	课文	《桂花雨》	礼仪民俗	中秋节前后打落桂花做糕点
六年级上册	课文	《草原》	民族风情	蒙古族的衣食住行和歌舞、摔跤表演
	课文	《京剧趣谈》	民间文艺	京剧中马鞭、亮相等绝技
六年级下册	课文	《北京的春节》	节日习俗	老北京春节前后的各种 置办和热闹场景
	课文	《腊八粥》	节日习俗	腊八节吃腊八粥
	课文	《寒食》	节日习俗	寒食节禁烟火、插柳
	课文	《十五夜望月》	节日习俗	中秋节赏月、思乡
	课文	《藏戏》	民族风情	藏戏的服装、乐器和表演形式

在选文系统中，与行为文化相关的内容主要集中在课文板块。鉴于一、二年级学生正处于学习拼音和识字的基础阶段，因此部分选文被安排在了拼音识字板块，以便学生在学习拼音和汉字的过程中，能够同时领略到行为文化的魅力。根据一级分析框架，节日习俗类的文章数量为9篇，约占总数的一半。其余的包括民间文艺、民族风情和礼仪民俗，分别有4篇、4篇和2篇。不难发现教科书更侧重展现传统节日习俗，一年级下册的《端午粽》用了简短精练的散文叙事，介绍了人们在端午节包粽子、吃粽子的惯例。二年级《传统节日》将中国主要的传统节日和相应习俗编成童谣。三年级下册《古诗三首》中包含三篇关于传统节日的古诗，分别是春节、清明节、重阳节，这三个节日中都蕴含着中国人独特的行为文化和乡愁情感。六年级下册散文《北京的春节》详细介绍从腊月初到正月十五北京人民的春节活动，小说《腊八粥》对普通人家过腊八节的描写十分接地气，做腊八粥吃腊八粥的情景仿佛置身其中。《寒食》和《十五夜望月》也是两首古诗，展现寒食节和中秋节的习俗。节日文化作为极其重要的传统文化，节日习俗自然应当大篇幅呈现，且在体裁上很多以古诗的形式呈现，更加有利于培养学生的文化自信和民族认同感。

民间文艺的选文主要包括一上的汉语拼音类《绕口令》、一下的识字类《猜字谜》、四上课文《陀螺》及六上课文《京剧趣谈》，展现了民间广为流传的行为习俗说绕口令、猜字谜、打陀螺和唱京剧。民族风情体现在二上课文《难忘的泼水节》《葡萄沟》，六上《草原》和六下《藏戏》选文中。作为少数民族的风俗习惯，傣族的泼水节活动、维吾尔族的葡萄干制作、蒙古族的赛马摔跤、藏族的藏戏表演同汉族的传统风俗一样，都是中华民族行为文化的至宝，也和民间文艺一样都是优秀的非物质文化遗产。礼仪民俗在教科书中主要表现为"民俗"，是一定地域的人每年固定时节的习俗，如四上《观潮》，就是浙江一带每逢八月十八集体观钱塘江大潮的活动，除了钱塘江大潮，其他地方也有观潮的习俗。五上《桂花雨》说的是广西、湖南等地在中秋节前后摇落桂花树上的桂花来做糕饼的习俗。

第二节　习作系统中各类传统文化呈现情况

习作是学生运用和掌握语言文字的重要途径，能够帮助学生感悟语言文字的高雅美丽，深刻认识自我、他人和世界，更能引导学生热爱国家通用语言文字，自觉传承中华优秀传统文化。《义教新课标》在学段要求中明确规定了第一学段重在培养学生的写话兴趣，第二学段培养学生写清楚的能力，第三学段开始进行规范习作的练习，逐步递进地提高学生的写作水平。部编版小学语文教科书中对于习作系统的设置主要从三年级开始，包括"习作"和"习作例文"两大模块。

一、习作系统中的物质文化呈现

统计分析发现，习作系统中物质文化主题习作篇数及各年级（自三年级起）物质文化要素在统编小学语文教科书中的占比情况见表 4 - 11。

表 4 - 11　习作系统中物质文化篇数及占比

年级	习作总数（篇）	体现物质文化的篇数	体现物质文化的篇数占比（%）
三年级上册	10	1	10
三年级下册	10	1	10
四年级上册	10	3	30
四年级下册	9	1	11
五年级上册	10	2	20
五年级下册	9	2	22
六年级上册	8	3	38
六年级下册	7	2	29
总计	73	15	21

注：统计习作总篇数时计算"习作"模块总篇数和"习作例文"模块总篇数之和。

由上表可以看出，在统编小学语文教科书中各册书目都有体现物质文化的内容。三年级上下册和四年级下册教科书中，体现物质文化内容的习作篇目均为 1 篇，五年级上下册和六年级下册体现物质文化内容的习作篇目均为 2 篇，四年级上册和六年级上册体现物质文化内容的习作篇目最多，均为 3 篇。由此可见，物质文化在各册教科书习作系统中分布较为均衡。总体而言，自三年级开始，8 册统编小学语文教科书中习作总篇数共有 73 篇，其中体现物质文化的共有 15 篇，占比相对较小，为 21%。具体情况如下图 4 - 1 所示。

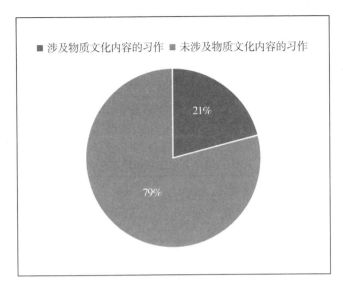

图4-1　习作系统中物质文化习作篇数占比

需要注意的是，习作单元较少是针对传统文化来设计的，习作主要是让学生养成积累素材的习惯，学习掌握书面表达的方法，注重培养学生联系生活谈感悟的能力。因此，习作单元中对传统文化的表现方式更多的是"用词表现"，并不是"主题表现"。

例如，"用词表现"体现在四年级上册习作例文"小木船"和六年级上册习作"我的拿手好戏"。"小木船"一文目的是让学生明白把一件事情写明白的方法，"小木船"所体现的中国传统手工艺，在这里充当线索。"我的拿手好戏"习作练习中给出的示例有"剪纸、捏糖人"都体现了传统的手工艺制作，但是更强调要求学生结合自身实际把自己的特长写清楚。

"主题表现"体现在五年级下册习作"中国的世界文化遗产"中，习作示例介绍了北京故宫、敦煌莫高窟等中国建筑文化，并让学生从中国的世界文化遗产中选择一处自己感兴趣的介绍给别人，要求介绍清楚。该习作练习围绕着中华优秀传统文化为主题展开，让学生在练习说明文写作方法同时，深刻感受中国文化的深厚魅力。

二、习作系统中的精神文化呈现

习作系统中含有许多与精神文化相关的内容，经统计分析发现，传统美德在习作系统中的呈现最为丰富,三年级上册的"续写故事"、四年级上册的"记一次游戏"与"我家的杏熟了"、四年级下册的"我学会了"、五年级上册的"我想对您说"、五年级下册的"漫画的启示"、六年级上册的"多彩的活动"与"学写倡议书"均体现了精神文化中的传统美德。而四年级上册的"我和____过一天"则体现的是精神文化中的传统文学。详情见表4-12。

表4-12 习作系统中习作主题与精神文化对应要素

年级	板块	习作主题	精神文化要素
三年级上册	习作	续写故事	传统美德
三年级下册	习作	无	无
	习作例文	无	无
四年级上册	习作	"我和_____过一天"	传统文学
		"记一次游戏"	传统美德
	习作例文	"我家的杏熟了"	传统美德
四年级下册	习作	"我学会了"	传统美德
	习作例文	无	无
五年级上册	习作	"我想对您说"	传统美德
	习作例文	无	无
五年级下册	习作	"漫画的启示"	传统美德
	习作例文	无	无
六年级上册	习作	"多彩的活动""学写倡议书"	传统美德
	习作例文	无	无
六年级下册	习作	无	无

通过进一步的统计可知,在四年级上册的习作中精神文化所占比重最大,为30%,其次为六年级上册,所占比重为25%。而在四年级下册、五年级下册的习作中精神文化所占比重均为11%,三年级上册、五年级上册的习作中精神文化占比都为10%。在六年级下册的习作中,没有涉及与精神文化相关的内容。详情见表4-13。

表4－13　习作系统中精神文化习作篇数及占比

年级	习作总数（篇）	精神文化习作篇数	精神文化习作所占比重（%）
三年级上册	10	1	10
三年级下册	10	0	0
四年级上册	10	3	30
四年级下册	9	1	11
五年级上册	10	1	10
五年级下册	9	1	11
六年级上册	8	2	25
六年级下册	7	0	0
总数	73	9	12

从总体上来看，自三年级开始的8册教科书中共有习作73篇，其中涉及精神文化的相关习作篇数为9篇，占8册部编版小学语文教科书习作总篇数的13%，所占比例较小，具体占比情况如图4－2所示。

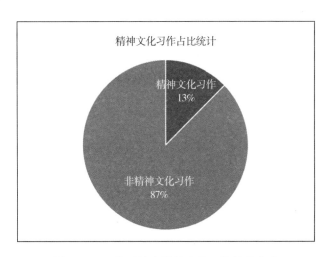

图4－2　习作系统中精神文化习作篇数占比

此处需要特别指出，上述与精神文化相关的习作篇目并不是完全围绕传统文化进行展开的，只是其中部分习作涉及传统文化内容，为了数据的全面性，将此统计在内。例如，三年级上册的"续写故事"、四年级上册的"记一次游戏""我家杏熟了"、四年级下册的"我学会了"、五年级上册"我想对您说"、六年级上册"多彩的活动"。写作内容所宣扬的是团结友爱的中华传统美德，故将其归为精神文化中的传统美德；"写作之前想一想"中提出要"遵守规则、伙伴之间团结友爱，遇事果断勇敢、坚持到底"这都属于传统美德范畴；除此之外，还包括"我学会了""多彩的活动""我家杏熟了""我想对您说"，表达了独立自主、朋友之间团结友爱、爱老敬老及孝敬父母的中华传统美德。在四年级上册习作栏目"我和____过一天"中，主题虽然与传统文化无关，但在叙述中提到"哪吒""葫芦娃""神笔马良"等神话人物，神话传说属于精神文化的传统文学领域，故将其归属至精神文化的传统文学范畴。

三、习作系统中的制度文化呈现

统编语文教科书的制度文化内容，有助于学生更全面地了解社会的运行机制和治理体系。制度文化包含了丰富的政治、经济、教育等方面的制度规范，这些制度在我们的社会生活中起着重要的指导作用。通过学习这些制度文化，学生可以更加深入地理解社会的结构、运作方式和价值观念。经统计分析，在习作系统中，仅在六年级下册中发现一篇与制度文化相关的习作，其主题为"家乡的风俗"，对应制度文化中的礼仪制度。"家乡的风俗"这一主题旨在引导学生们阐述自己所居住地域的相关风俗传统，从而有助于他们深入了解和传承我国制度文化。而统编初中语文教科书的习作系统中未涉及制度文化内容。

四、习作系统中的行为文化呈现

行为文化在统编语文教科书中发挥着至关重要的作用，它不仅是中华优秀传统文化的重要组成部分，也是实现立德树人根本任务的有效途径。经统计分析得出习作系统中有两篇与行为文化相关的习作，其对应要素分别为民间文艺与礼仪民俗，详见表4－14。

表4－14　习作系统中行为文化主题习作对应要素

年级	所在模块	主题	行为文化要素
六年级上册	习作	"我的拿手好戏"	民间文艺
六年级下册	习作	"家乡的风俗"	礼仪民俗

第三节　练习系统中各类传统文化呈现情况

练习系统是为了帮助学生通过听说读写等活动实现对所学知识的理解和运用，一般设置在每节课或每单元学习之后，练习的内容和选文或单元主题密切相关。统编小学语文教科书的练习分为课后练习和单元练习两部分。其中，课后练习即每节课后对应的练习，如生字词书写、课文背诵等，单元练习包括"口语交际""语文园地""综合性学习""快乐读书吧"等模块，单元练习在不同年级当中设置比例有所不同。

一、练习系统中的物质文化呈现

统编语文教科书练习系统中的物质文化内容，不仅能让学生在完成练习的同时深入了解和感受中华文化的博大精深，而且还有助于强化学生的历史意识和文化责任感。此外，练习系统通过多样化的题型和实践活动，激发了学生的学习兴趣，培养了他们的探究能力。

（一）课后练习中物质文化呈现

本研究所提到的课后练习是指每篇课文最后显示的练习题，按照篇目计数，一篇课文对应的所有练习计为一个，考虑到略读课后没有设置练习，因此不计入课后练习总数。基于此，统编小学语文教科书中体现物质文化的课后练习如表4-15所示。

表4-15　课后练习系统中物质文化篇数及占比

年级	课后练习总数（个）	体现物质文化的课后练习数（个）	所占比例（%）
一年级上册	14	1	7
一年级下册	20	3	15
二年级上册	28	6	21
二年级下册	29	5	17
三年级上册	20	3	15
三年级下册	21	4	19
四年级上册	20	2	10
四年级下册	21	1	5

续表

年级	课后练习总数（个）	体现物质文化的 课后练习数（个）	所占比例（%）
五年级上册	20	1	5
五年级下册	16	3	19
六年级上册	18	3	17
六年级下册	12	2	17

由上表可知，每册统编小学语文教科书的课后练习中均有出现物质文化要素，最小占比为5%，为四年级下册和五年级上册教科书。最多占比21%，为二年级上册教科书，最大值和最小值之间差距较大。此外，各册教科书课后练习中体现物质文化的课后练习占比变化较大，物质文化要素在统编小学语文教科书课后练习中的分布稍显不均衡。

（二）单元练习中物质文化呈现

根据统编小学语文教科书中单元练习呈现特点，单元练习包括"口语交际""快乐读书吧""综合性学习""语文园地"四个模块，每个模块独立计为一个单元练习。但由于"综合性学习"和"语文园地"两模块内部包含多个小模块，因此其统计规则如下："综合性学习"模块包括主题讨论和阅读材料两部分内容，作分别统计；"语文园地"模块是由交流平台、识字加油站、字词句运用（词句段运用）、日积月累、和大人一起读等模块组成，在统计物质文化内容时也采用分别统计的方式。

统计结果显示，涉及物质文化的单元练习范围很广，其中，四年级上册每个单元练习中均体现了物质文化内容。由于教科书的单元练习设置旨在从听、说、读、写各方面提升学生的语文综合素养，因此，下文将分别从口语交际、快乐读书吧、综合性学习和语文园地四个模块展开分析其中的物质文化要素。

"口语交际"模块的设置旨在让学生将所学知识技能运用到实际生活当中，重在培养学生的交流对话能力。从小培养学生的沟通能力，能帮助学生更好地应对未来复杂环境中的社会交往，通过语言表达提升学生的自信。因此，"口语交际"模块的设置重在帮助学生习得语言知识和沟通技能，其中物质文化内容体现较少，仅有四年级上册和六年级上册的"口语交际"模块涉及物质文化内容。如，四年级上册"讲讲历史人物故事"中提到的

"茅庐"和所配插图都体现了中国建筑文化,六年级上册"意见不同怎么办"中的"烟花、爆竹"都体现了中国传统科学技术当中的火药,此外,还延伸到了"天人合一"的物质文化内涵探讨。

统编小学语文教科书十分重视学生阅读兴趣和习惯的培养,强调由每篇课文的学习走向课外阅读的延伸,因此设置了专门的模块——"快乐读书吧",以推荐好的书目供学生参考,激发学生阅读的兴趣,教会学生阅读的方法,有效增加学生的阅读量,提高学生的阅读能力,并通过推荐阅读传统经典文学作品促进中华优秀传统文化的传承。其中,三年级下册《叶公好龙》中所描述的"叶公的衣服上绣着龙,戴的帽子上镶着龙"符合中国古代衣着服饰的花纹装饰,体现了中国服饰文化;四年级上册"你读过吗"描写了神农尝百草的故事体现了中国传统科学技术当中的医学技术;五年级上册"你读过吗"中提到的田螺体现了中国饮食文化,所讲述的《从前有座山》民间故事中提及的寺庙体现了中国建筑文化。

统编小学语文教科书在三年级下册、四年级下册、五年级下册和六年级下册都设置了综合性学习模块,除四年级下册教科书之外,其他几册教科书的综合性学习模块都涉及物质文化内容。例如,三年级下册综合性学习是以"中华传统节日"为主题展开的,要求学生选择一个传统节日,写一篇习作。其中示例所提到的"月饼、粽子"体现了中国饮食文化,"春联"体现了传统手工艺文化。通过该单元的学习,学生更深刻地认识传统节日,了解传统节日所包含的习俗,所蕴含的物质文化。五年级下册"汉字真有趣"中的阅读材料3和4中所提到的"咸菜烧豆腐""枇杷"体现了中国饮食文化,"灯笼、琵琶"体现了中国传统手工艺。在汉字的学习中,感受谐音的趣味,了解中国传统的物质文化内容。此外,"我爱你,汉字"中所展示的"寿"字的剪纸也体现了中国传统手工艺文化。六年级下册"奋斗的历程"中"制作小诗集"提到的"长城"体现了中华传统军事建筑的特点,蕴含着古代人民的智慧。此外,阅读材料1《毛主席在花山》中提到的"茶叶"体现了中国饮食文化中的茶文化,"粗瓷碗、扫帚、碾子"体现了中国传统手工艺文化中的陶瓷工艺、编织工艺和雕刻工艺。可见,中国传统手工艺在日常生活中的应用十分广泛。

语文园地模块设置于统编小学语文教科书每单元之后,由用拼音、和大人一起读、字词句运用(词句段运用)、日积月累、识字加油站、我爱阅读、交流平台、书写提示等多个栏目组成，练习的内容不仅包括和选文内容相关的回顾性练习，还注重拓展性练习，旨在让学生进行综合性的练习。通过前面对教科书单元练习中物质文化内容的分析可知，语文园地所包含的物质文化内容十分丰富，几乎每册、每单元教科书中都有所涉及。进一步分析发现，涉及物质文化要素的相关练习在全套统编小学语文教科书总练习个数的占比情况如表 4 - 16 所示。

表 4 - 16　语文园地中物质文化练习个数及占比

年级	单元练习总数（个）	涉及物质文化要素的练习个数	涉及物质文化要素的练习所占比重（％）
一年级上册	37	5	14
一年级下册	38	6	16
二年级上册	41	5	12
二年级下册	44	8	18
三年级上册	29	5	17
三年级下册	29	8	28
四年级上册	29	6	21
四年级下册	29	2	7
五年级上册	25	7	28
五年级下册	24	4	17
六年级上册	25	6	24
六年级下册	14	1	7
总计	364	63	17

上表显示，物质文化在统编小学语文教科书语文园地模块的练习占比还是比较高的，其中，五年级上册和三年级下册教科书的单元练习中涉及物质文化要素最多，均占全册教科书语文园地所包含练习总数的28%；其次为六年级上册和四年级上册教科书，这两册教科书中涉及物质文化要素的内容占全册教科书语文园地所包含练习总数的24%和21%；此外，其他几册教科书中涉及物质文化要素的内容占比低于20%。从总体上来看，整套统编小学语文教科书中语文园地所包含练习总数为364个，其中能够体现物质文化要素的练习个数为63个，占比为17%，相对来说占比较高。占比情况如图 4 - 3 所示。

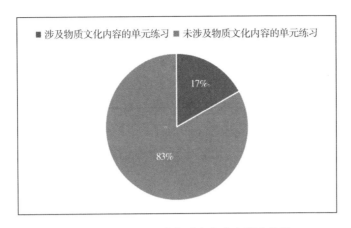

图 4 - 3　单元练习中物质文化内容所占比重

二、练习系统中的精神文化呈现

统编语文教科书练习系统中的精神文化内容，对学生的精神世界和道德情操的培养起到了非常重要的作用。它通过各类文本和练习题，传递了中华民族的传统美德、历史故事、文学作品等精神文化要素。同时，通过对练习题的思考，能够提升学生的思维品质，增强批判性与创造性思维品质。

（一）课后练习中精神文化呈现

课后练习中精神文化从分布情况来看，精神文化要素主要集中在传统美德、传统文学和语言文字这三个方面。其中，传统美德出现在一年级上册和二年级上册的课后练习中；传统文学出现在四年级上册和五年级下册的课后练习中；语言文字则只出现在二年级上册的课后练习中。详见表 4 - 17。

表 4 - 17　课后练习中精神文化篇目及精神文化要素分布情况

年级	所在模块	所在篇目	精神文化要素
一年级上册	课后练习	《小书包》	传统美德
一年级下册	课后练习	无	无
二年级上册	课后练习	《树之歌》《寒号鸟》	传统美德
		《树之歌》	语言文字
二年级下册	课后练习	无	无
三年级上册	课后练习	无	无
三年级下册	课后练习	无	无
四年级上册	课后练习	《观潮》《盘古开天地》	传统文学
四年级下册	课后练习	无	无
五年级上册	课后练习	无	无

续表

年级	所在模块	所在篇目	精神文化要素
五年级下册	课后练习	《田忌赛马》	传统文学
六年级上册	课后练习	无	无
六年级下册	课后练习	无	无

（二）单元练习中精神文化呈现

统计分析发现，单元练习中涉及精神文化的单元很广，其中一年级下册、二年级上册、二年级下册、六年级上册中均体现了对传统文化的融入，由于单元练习的各个系统所呈现传承文化的形式不同，因此从口语交际、快乐读书吧、综合性学习和语文园地四个模块展开分析。

"口语交际"模块的设计意图是希望学生将所学知识应用至日常生活交流中，使其表达能力及沟通能力得到提升。通过对教科书的梳理发现，以"口语交际"模块传承精神文化的方式主要为：一是通过口语交际主题内容来呈现相关精神文化内容，二是通过每个模块下的提示语内容借以呈现，提示语的内容是针对学生开展口语练习所出现问题的提醒，主要为某一主题的传统美德，例如：三年级上册口语交际"名字里的故事"在名片中，提醒到"听别人讲话的时候，要礼貌地回应"，一年级上册口语交际"我说你做"的提示语名片中"注意听别人说话"，这都体现了谦和好礼的个人传统美德。

统编版小学语文教科书不仅重视与生活相联系，还注重课外阅读的拓展。"快乐读书吧"的设置以增加学生的阅读量，扩展学生的阅读视野。同时，以传统文学为主要阅读内容，以此促进传统文化的传承。例如，在一年级下册的"快乐读书吧"中，以"读读童谣和儿歌"为主题，童谣及儿歌的设置有助于学生体会汉字的朗朗上口，以此增加阅读趣味；三年级下册的"叶公好龙"属于古代的民间故事，以此促进学生对传统文学的认知；四年级上册的"很久很久以前"引导学生阅读我国古代神话故事，感受神话故事的魅力；五年级上册的"从前有座山"中，通过列举"梁山伯与祝英台""八仙过海""田螺姑娘"等故事，引导学生增加对我国民间故事的阅读；五年级下册的"读古典名著，品百味人生"通过展示《西游记》片段并搭配四大名著的人物插图，以此引起学生的阅读兴趣，增强文化自信。总体而言，"快乐读书吧"的设置以阅读为载体，引导学生对传统文学的阅读，感悟其中传统美德，增强文化自信。

对教科书进行统计，可发现教科书中涉及"综合性学习"板块的仅有三年级下册、四年级下册、五年级下册、六年级下册四册，其中涉及精神文化的为五年级下册及六年级下册。

五年级下册的综合性学习以"遨游汉字王国"为主题，在阅读材料中引入"字谜""歇后语"及"古代故事"等内容，带学生了解汉字文化的博大精深，这类属于精神文化的语言文字范畴；六年级下册的综合性学习以"难忘小学生活"为题，包括了"回忆往事""依依惜别"两个活动，并提供了大量的阅读材料，带学生感受浓浓的师生情及生生情，以此培养学生感恩之心，传承中华传承美德。总而言之，综合性学习板块的设置将知识与各类活动、生活相结合，以多样的方式作为精神文化的载体，以此促进传统文化的传承。

"语文园地"位于每单元之后，由"识字加油站""用拼音""字词句运用""书写提示""日积月累""和大人一起读""展示台""我的发现""查字典""我爱阅读""写话""交流平台""书写提示"等多个栏目组成，涉及内容不仅包括每个单元内容的总结回顾，还有拓展性知识。通过对教科书内容的梳理发现，几乎每个语文园地都包含精神文化的内容，各年级数量与占比详见表4-18。

表4-18 练习系统中精神文化数量与占比

年级	练习总数	精神文化练习个数	占比（%）
一年级上册	37	13	35.1
一年级下册	38	21	55.3
二年级上册	41	19	46.3
二年级下册	44	17	38.6
三年级上册	29	10	34.5
三年级下册	29	12	41.4
四年级上册	29	13	44.8
四年级下册	29	11	37.9
五年级上册	25	8	32
五年级下册	24	7	29.2
六年级上册	25	6	24
六年级下册	14	5	35.7
总数	364	142	39.01%

由表4-18可以看出，精神文化在教科书单元练习模块中占比较高，尤其是一年级下册最为突出，其比例高达55.3%。其后依次为二年级上册、四年级上册、三年级下册、二年级下册、四年级下册、六年级下册、一年级上册、三年级上册、五年级上册、五年级下册、六年级上册。从总体来看，语文园地的练习总数为364个，涉及精神文化的练习数达到142个，所占比值为39.01%。

三、练习系统中的制度文化呈现

统编语文教科书练习系统中的制度文化内容，对学生而言是理解和认知国家治理、社会结构及其运作机制的重要途径。学生通过对练习中涉及治国理念、法律典籍、政治制度以及现代社会的宪法原则和公民权利等方面内容的学习，学生不仅能够学习到制度文化的基本知识，而且能够在思考和解决问题的过程中内化这些制度背后的价值理念。练习系统中制度文化的呈现情况，详见表4-19。

表4-19 练习系统中制度文化分布情况

年级	主类目	次类目	所在模块	主题
一年级上册	礼仪制度	生活礼仪	语文园地二	"和大人一起读"
五年级上册	教育制度	教育领域规章条例	口语交际	"制定班级公约"
八年级上册	政治制度	官僚制度	专题探究	《领袖人物和红军将领的革命之路》
八年级上册	政治制度	官僚制度	自主推荐阅读	王树增《长征》

练习系统中的制度文化体现的较少，其中语文园地设置多个栏目组合，不仅能够帮助学生巩固单元知识，还能拓宽视野。口语交际旨在让学生通过课本中学到的知识在现实生活中表达和交流，这一部分对制度文化的传承非常重要。八年级课本练习系统不仅仅是语文园地和口语交际，还增添了专题探究、自主阅读推荐等栏目，旨在促进学生在学习的基础上更好地掌握语文知识。在一年级上册的语文园地中，"和大人一起读"环节阐述了剪窗花的习俗礼仪文化内涵；五年级上册的口语交际部分教导我们如何制定生活中的规章制度，以班级公约为例要求学生讨论班级公约，形成班级制度，规范学生的个人行为。八年级上册的"专题探究"章节阐述了《领袖人物和红军将

领的革命之路》，并在自主推荐阅读部分介绍了《长征》。这些内容均涉及相关政治制度的解析，对于我们学习制度文化具有启发意义。

四、练习系统中的行为文化呈现

练习系统包括课后练习和单元练习两部分。课后练习中的行为文化分布情况，见表4-20。

表4-20　课后练习中行为文化分布情况

年级	课后练习总数	体现行为文化课后练习数
二年级上册	28	2
二年级下册	29	2
三年级下册	21	2
四年级上册	20	2
五年级上册	20	1
六年级上册	18	1
六年级下册	12	3

单元练习中的行为文化分布情况，见表4-21。

表4-21　单元练习中行为文化分布情况

年级	所在模块		主题
一年级上册	语文园地	（二）"和大人一起读"	《剪窗花》
		（八）"和大人一起读"	《春节童谣》
一年级下册	语文园地	（四）"和大人一起读"	《妞妞赶牛》
二年级上册	语文园地	（七）"日积月累"	《数九歌》
三年级下册	综合性学习	"中华传统节日"	传统节日的习作、展示有关活动成果
四年级上册	语文园地	（三）"日积月累"	节气习俗的谚语
五年级上册	语文园地	（三）"日积月累"	《乞巧》
六年级上册	口语交际	"聊书法"	书法文艺
六年级下册	语文园地	（一）"词句段运用"	节日习俗的寓意

行为文化相关内容在教科书课后练习和单元练习中均有呈现，但课后练习大都是一些与课文相关的问题，对课文起到一个拓展思考的作用。关于行为文化的练习主要靠单元练习，其中，口语交际、语文园地和综合性学习三

部分对行为文化有所体现。

"口语交际"板块重点锻炼的是学生对语文学科知识的运用，即在日常对话中将所学知识表达清楚，提升个人的交流能力。这一部分通常会给出一个"主题"，然后对该主题内容进行介绍，辅之以生动的插图，最后提出具体的、可供学生交流讨论的问题。除此之外，在右下角还会有一定的"提示语"，提出对学生在表达时的一些要求，如"声音的大小快慢""条理逻辑"等个人表达要求，以及"耐心聆听、不要轻易打断别人"等交往美德提示。

六年级上册的口语交际以"聊聊书法"为主题，介绍了书法文化的地位和魅力，通过四个问题的探讨交流，不仅加强了学生对著名书法作品、书法家的了解，也能使学生在分享书法练习的感受中，进一步增强对书法的兴趣和喜爱。书法作为中华优秀的行为文化，书法以其独特的魅力象征着中国文化的绚烂多姿，增强了学生的文化自信。

综合性学习具有很明显的综合性，它与其他板块相比较灵活，可以设置多种类型的任务。在三年级下册综合性学习"中华传统节日"中，设置了节日习作、朗诵、包粽子、写对联、尝月饼等活动。展示环节，要求进行小组互评。这就使得节日习俗活动更加贴近学生生活实际，更加符合行为文化的"行为"内涵。通过各种作品展示、习俗活动，不仅锻炼了学生的动手能力，也加深了对习俗文化的理解和热爱。

语文园地中的内容十分丰富，在一二年级中行为文化主要表现在"和大人一起读"板块，包括两首童谣《剪窗花画》《春节童谣》和一首绕口令《妞妞赶牛》。在这个环节中，大人带领小学生用充满童真的朗读，了解在春节期间剪窗花等习俗，也领略了绕口令的趣味。在高年级教科书的语文园地中，行为文化表现在"日积月累""词句段运用"中。《数九歌》表现的是春节习俗，《乞巧》描述的是七夕节相关民俗，有关节气习俗谚语的学习和节日主题词句段的练习拓展了学生的知识和文化素养。

第四节　助读系统中各类传统文化呈现情况

助读系统在学生学习语文时起到辅助作用，主要包括对相关知识的拓展或补充说明，对学习要求、重点和方法的提示等。本研究结合统编小学语文教科书的编排特点，将单元导语、资料袋、阅读链接归纳到助读系统当中。

一、助读系统中的物质文化呈现

每册书最后附录位置的识字表、写字表、词语表、常用笔画名称表和常用偏旁名称表等模块，考虑其无法直接体现物质文化，因此不计入助读系统中。

（一）单元导语中物质文化呈现

统编小学语文教科书的一大特点就是自三年级起，每册书单元起始页都设置了单元导语，单元导语具有方向性、指引性作用，明确了本单元的人文主题和语文要素，符合教科书双线组元的编排特点，有助于师生明确教学目标。其中，人文主题作为明线通常是用一两句名言或者古诗来指明；语文要素作为暗线紧扣本单元的学习要求。通过对单元导语页的梳理、分析，单元导语页中涉及物质文化内容的情况见表 4 - 22。

表 4 - 22　单元导语中物质文化分布情况

年级	单元	物质文化要素
三年级下册	第三单元	中国传统手工艺
四年级下册	第一单元	中国建筑文化
	第二单元	中国科技文化
五年级下册	第七单元	中国建筑文化
六年级上册	第七单元	中国传统手工艺

表 4 - 22 显示，在小学三至六年级共包含 62 个单元导语页中，涉及物质文化的单元导语分布在 4 册教材的 5 个单元中。整体来看，单元导语中涉及物质文化内容较少，除四年级下册两个单元的单元导语涉及物质文化要素外，其他各册教材中体现物质文化要素的单元导语页仅出现一次。其中，中国传统手工艺文化与中国建筑文化均出现 2 次。而中国科技文化仅在四年级下册第二单元出现。

三年级下册第三单元单元导语为"深厚的传统文化，中国人的根，"传达了对中国传统文化深厚内涵的赞美和认同，强调了传统文化在中国人心中不可动摇的根脉地位。同时，该单元导语页中配有"中国结"的插图，体现着物质文化要素中的中国传统手工艺文化。四年级下册第一单元单元导语为"纯朴的乡村，一道独特的风景，一幅和谐的画卷。"我们可以领略到乡村建筑与人文风情的独特魅力，感受其深厚的历史底蕴和文化内涵。四年级下册第二单元单元导语为"蓝天、森林、大海，蕴藏着自然的奥秘；过去、现在、未来，述说着科技的精彩……"从导语中明确了本单元以大自然与科学技术为主题，体现了物质文化要素中的科技文化。

五年级下册第七单元单元导语为"足下万里，移步换景，寰宇纷呈万花筒。"每一步行走，都仿佛跨越了时空的界限，展现在眼前的是无尽的美景与奇观，并配有长城、风车等插图，体现了物质文化要素中的建筑文化。六年级上册第七单元单元导语为"一首歌，一幅画，一件小工艺品……一段美好的艺术之旅。"通过该单元导语，明确了本单元以艺术为主题，让学生感受优美的音乐、生动的图画、精湛的手工艺品等的独特魅力，其中，小工艺品体现了物质文化要素中的手工艺文化。

三年级下册第二单元单元导语页中的渔夫衣着，五年级上册第八单元单元导语页中的书生穿戴如《送东阳马生序》中的描述"负箧曳屣"，五年级下册第二单元单元导语页中宝玉的穿戴如《红楼梦》中所言"头上戴着束发嵌宝紫金冠，齐眉勒着二龙抢珠金抹额，穿一件二色金百蝶穿花大红箭袖，束着五彩丝攒花结长穗宫绦，外罩石青起花八团倭锻排穗褂，蹬着青缎粉底小朝靴"，五年级下册第五单元单元导语页中羽扇纶巾的伟人之姿，五年级上册第三单元和五年级下册第一单元单元导语页中的人物分别穿着对襟白褂和红色夹袄等，都体现了古人的穿衣特点。衣物材质多为纤维，如丝绸、棉麻、舒适透气，彰显自然敬畏。色彩素雅，工艺独特，展现艺术魅力。款式注重剪裁和缝制，配饰和装饰讲究，彰显身份地位。这些特点体现了当时的文化背景和生活方式，具有历史价值，为今天提供了文化遗产和灵感来源。

四年级下册第一单元单元导语页的插图体现了传统南方民居的特点，五年级下册第七单元单元导语页的插图中出现的长城体现了古代军事防御建筑的特点。

（二）资料袋中物质文化呈现

统编语文教科书从三年级开始，有些课文后编写了"资料袋"或"阅读链接"，三至六年级共编写了12个"资料袋"，34个"阅读连接"，"资料袋"和"阅读链接"具有承接深化主题，扩大阅读积累、迁移阅读方法，推送相关知识等价值。例如，三年级上册第一单元《大青树下的小学》课后资料袋展示了傣族、景颇族、阿昌族和德昂族四个少数民族的衣冠服饰可以让学生形象直观地感受这些少数民族服饰的特征，也有助于学生理解课文第一自然段"鲜艳的服装"，同时，有助于培养学生多元文化素养。五年级下册第二单元《景阳冈》课后资料袋介绍了《水浒传》当中的武松、宋江等人物，其中人物的穿着体现了古代文人武将的服饰特点。

（三）阅读链接中物质文化呈现

统编小学语文三到六年级共编写了"阅读链接"34篇体现物质文化内容的有7篇。分别是：三年级上册第二单元《铺满金色巴掌的水泥道》阅读链接中汪曾祺先生回忆了幼时居住的环境，其中描述的"用竹竿做成箍草的箍子"体现了传统手工艺制作。

三年级下册第二单元《守株待兔》课后阅读链接《南辕北辙》故事展示马车作为古代远行的方式。

五年级下册第二单元《草船借箭》课后阅读链接描写了诸葛亮巧妙借箭的场景，其中提到的"船"体现了中国古代水路出行方式，木船，"弓弩"体现了古代传统手工艺的制作，"箭"体现了古代的冶金技术。

五年级下册第二单元《红楼春趣》课后阅读链接所写的作者对童年放风筝的回忆，体现了古代传统编织工艺。

六年级上册第六单元第21课《三黑和土地》课后阅读链接是陈晓光所作的诗歌《在希望的田野上》，其中提到的冬麦、高粱、禾苗、牛羊等原材料体现了中国传统饮食文化。六年级下册第一单元第1课《北京的春节》课后阅读链接《除夕》，描写了闽南的春节习俗，与北京春节习俗对比，领悟民俗文化的丰富内涵，感受中华传统习俗中蕴含的人情美。其中写到的白糖年糕、咸味年糕、"炸枣"和五香肠等体现了中国传统饮食文化。

二、助读系统中的精神文化呈现

每册教科书最后附录中均带有识字表、写字表、词语表、常用偏旁名称和常用笔画名称等板块，此部分的设置是为了让学生能够正确拼读及掌握汉字的笔画顺序，同时也进一步促进了学生对汉语言文字的理解，故本研究就不再对其进行逐个分析，仅从单元导语、资料袋和阅读链接三部分展开分析。

（一）单元导语中精神文化呈现

通过对教科书的梳理发现，不仅在练习、选文中带有精神文化的痕迹，在单元导语前也有体现，但是，单元导语只在三年级以后的教科书中得以设置。单元导语一般包括两部分，一是表明本单元的主题，二是言简意赅地指出学习本单元的要求。通过对教科书的梳理，单元导语中体现精神文化的分布情况如表4-23所示。

表4-23　单元导语中精神文化分布情况

年级	模块	所在部分	精神文化要素
三年级上册	单元导语	第二单元	文学
		第三单元	文学
		第四单元	文学
		第六单元	传统美德
		第七单元	传统美德
		第八单元	传统美德
三年级下册	单元导语	第一单元	传统美德
		第二单元	文学
		第三单元	哲学
		第四单元	文学
		第五单元	哲学
		第六单元	传统美德
		第八单元	传统美德
四年级上册	单元导语	第一单元	文学
		第二单元	哲学
		第三单元	哲学
		第四单元	文学
		第五单元	文学
		第六单元	文学
		第七单元	传统美德
		第八单元	传统美德
四年级下册	单元导语	第三单元	文学
		第四单元	传统美德
		第五单元	文学
		第七单元	传统美德
		第八单元	文学
五年级上册	单元导语	第一单元	传统美德
		第二单元	文学
		第三单元	文学
		第四单元	传统美德
		第五单元	传统美德
		第六单元	传统美德
		第七单元	传统美德
		第八单元	传统美德

续表

年级	模块	所在部分	精神文化要素
五年级下册	单元导语	第一单元 第二单元 第三单元 第四单元 第六单元 第八单元	文学 传统美德 语言文字 传统美德 哲学 哲学
六年级上册	单元导语	第一单元 第二单元 第三单元 第四单元 第五单元 第六单元 第八单元	文学 传统美德 传统美德 文学 文学 传统美德 传统美德
六年级下册	单元导语	第二单元 第三单元 第四单元 第五单元 第六单元	文学 文学 文学 传统美德 传统美德

小学三至六年级共设置了62个单元导语页，其中有50个单元的单元导语中涉及精神文化主题，整体来看，单元导语中精神文化内容较多，主要包括传统文学和传统美德两个方面，其次依次为哲学和语言文字。由此看出统编小学语文教材在单元导语页十分重视对学生文学素养以及传统美德的培养。

首先是传统美德，三年级上册第六单元的单元导语"祖国，我爱你。我爱你每一寸土地，我爱你壮美的山河。"抒发了浓浓的爱国情，体现着对祖国大好河山的热爱；三年级上册第七单元单元导语"大自然赐给我们许多珍贵的礼物，你发现了吗？"同样在引导我们要热爱自然、敬畏自然；三年级下册第一单元单元导语"飞鸟在空中翱翔，虫儿在花间嬉戏。大自然中，处处有可爱的生灵；"第四单元单元导语"看，花儿在悄悄绽放。听，蜜蜂在窃窃私语。"四年级下册第四单元单元导语"可爱的动物，我们的好朋友；"五年级上册第一单元导语"一花一鸟总关情"都在描写大自然中的飞鸟鱼虫、一草一木。还有五年级上册第四单元导语"为什么我的眼里常含泪水？因为我对这土地爱得深沉……"借用艾青的话诉说着对这片土地的爱；第七单元导语中指出，"四时景物皆成趣，"这都属于精神文化中热爱自然、尊重大自然的中华传统美德。此外六年级上册第一单元导语中的"去触摸山川湖海的心跳;"第六单元中"我们是大地的一部分,大地也是我们的一部分"以山川湖海、祖国大地为主题,引导我们热爱大自然、追逐大自然,同样归属于传统美德。四年级上册第七单元的"天下兴亡,匹夫有责;"五年级下册第四单元单元导语"苟利国家生死以,岂因祸福避趋之;"六年级上册第二单元"重温革命岁月,把历史的声音留在心里;"第八单元借用臧克家的"有的人活着,他已经死了;有的人死了他还活着;"六年级下册第四单元"人生自古谁无死,留取丹心照汗青"这些单元从个人与国家的角度出发谈爱国,属于精神文化中精忠报国的传统美德。

三年级上册第八单元单元导语"美好的品质,犹如温暖的阳光,带给我们我们希望和力量。"旨在说明美好品质的养成对于个人成长具有重要意义。三年级下册第六单元单元导语"在童年的百花园里,我们看到了真善美,"中的"真善美",这均属于传统美德中的个人美好品德。四年级上册第八单元引用一句古诗"时光如川浪淘沙,青史留名多俊杰,"也在说明个人的美好品德。四年级上册第七单元引用罗曼·罗兰的一句话,"没有伟大的品格,就没有伟大的人,甚至也没有伟大的艺术家,伟大的行动者,"说明一个伟大的品格是成为伟大的人、伟大的艺术家、伟大的行动者的重要前提,体现着个人美德。五年级上册第六单元导语中提到"舐犊之情,"则属于传统美德中的亲情。

其次是关于文学文化,三年级上册第二单元单元导语以短诗的形式描绘金秋的阳光,"金秋的阳光,洒在树叶上,洒在花瓣上,也洒在我们的心上。"体现着文学形式中的诗歌文化;第三单元单元导语"乘着想象的翅膀,游历奇妙的童话王国,看花儿跳舞,听星星歌唱;"第四单元单元导语"猜测与推想,使我们的阅读之旅充满了乐趣。"分别以童话故事和阅读为主题,体现着中国传统文化中的文学文化。三年级下册第二单元单元导语"寓言是生活的一面镜子;"第八单元单元导语"有趣的故事,留下的不仅是开心的笑声,还有许多的思考。"其中提到的寓言、故事均属于传统文化中的文学范畴。

四年级上册第一单元选用王维的"江流天地外,山色有无中"为本单元导语,古诗词属于精神文化中的传统文学;第四单元"神话,永久的魅力,人类童年时代飞腾的幻想。"中提到的"神话同样属于精神文化中的文学类目。"第五单元"我手写我心,彩笔绘生活"旨在引导学生用写作与绘画表达个人思想,其中写作归属于文学范畴。第六单元单元导语引用了冰心女士的一句话,"童年啊!是梦中的真,是真中的梦,是回忆时含泪的微笑。"这句话出自冰心的《繁星·春水》,属于文学文化。四年级下册第三单元"诗歌,让我们用美丽的眼睛看世界"中,诗歌属于文学文化;第五单元"妙手写美景,巧手著奇观,"体现着诗歌文化;第八单元"奇妙的童话,点燃缤纷的焰火,照亮我们五彩的梦"中提到的童话,属于传统文化中的文学文化。

五年级上册第二单元导语"阅读要有一定的速度;"第三单元"民间故事,口耳相传的经典,老百姓智慧的结晶;"第五单元"说明文以"说明白了"为成功;"第八单元导语中提到"旧书不厌百回读,"阅读、民间故事、说明文等均属于精神文化中的文学范畴。五年级下册第一单元单元导语选用冰心女士《海恋》中的一句话,"每一个人都有他自己的童年往事,快乐也好,辛酸也好,对于他都是心动神怡的最深刻的记忆;"第二单元单元导语"观三国烽烟,识梁山好汉叹取经艰难,惜红楼梦断,"提到了四大名著,同样属于精神文化中的文学范畴。

六年级上册第三单元导语引用杨绛女士的话"读书好比串门儿——隐身的串门儿;"第四单元导语部分提到的小说以及第五单元导语"以立意为宗,不以能文为本,"都属于精神文化的文学范畴。此外,六年级下册第二单元以外国文学为切入点;第三单元"让真情在笔尖流露,""真情"为内容主题。"笔尖"则体现了语言的载体和形式,也体现着文学文化。

再次是精神文化中的哲学思想,统编小学语文教材中共有六个单元导语页涉及哲学文化。三年级下册第三单元单元导语"深厚的传统文化,中国人的跟;"指明了传统文化在中国人心中的重要地位;第五单元导语"想象力比知识更主要",探讨想象力与知识二者的关系。四年级上册第二单元"为学患无疑,疑则有进"指明了在学习中时刻存疑于学习的重要性;第三单元"处处留心皆学问"则提醒我们做学问时要认真、仔细。此外,五年级下册第六单元"思维的火花跨越时空,照亮昨天、今天和明天,"分析了思维的碰撞贯穿古与今;第八单元"风趣和幽默是智慧的闪现,"点明了智慧的两个要素,均属于精神文化中的哲学范畴。

最后,五年级下册第三单元单元导语为"横竖撇捺有乾坤,一笔一画成文章，"则体现着精神文化中的语言文字文化，旨在引导我们认识到汉字文化的独特魅力。

（二）资料袋中精神文化的呈现

资料袋承担着补充和拓展课文内容，帮助学生深入理解课文的重要任务。通过对教科书的梳理，我们发现资料袋中蕴含着丰富的精神文化元素，详见表4-24。

表4-24　资料袋中精神文化分布情况

年级	模块	所在部分	精神文化要素
五年级上册	资料袋	《牛郎织女（二）》	传统文学
五年级下册	资料袋	《景阳冈》	传统文学
六年级上册	资料袋	文言文二则（《伯牙鼓琴》《书戴嵩画牛》）	传统文学

五年级上册《牛郎织女（二）》的资料袋以"牛郎织女"的故事为主线，将学生带入了一个充满浪漫色彩和奇幻想象的世界。资料袋中不仅介绍了牵牛星和织女星的传说，还列举了有关牛郎织女的诗歌，如宋代诗人秦观的《鹊桥仙》中的"金风玉露一相逢，便胜却人间无数"，以及唐代诗人杜牧的《秋夕》中的"天阶夜色凉如水，卧看牵牛织女星"。这些诗歌展现了牛郎织女忠贞不渝的爱情故事，蕴含着人们对美好生活的向往和对自然宇宙的敬畏之情。通过阅读这些诗歌，学生们可以提升自身的文学素养，深刻体会中华民族对美好爱情的歌颂和对自然界的热爱。

五年级下册《景阳冈》的资料袋则以经典故事"武松打虎"引入，详细介绍了《水浒传》的基本情况，包括作者、成书年代、故事梗概等，并提供了部分人物画像，如武松、宋江、林冲等。这些人物形象栩栩如生，性格鲜明。通过阅读资料袋，学生们可以更直观地了解《水浒传》的故事背景和人物形象，感受梁山好汉的英勇无畏。同时，资料袋中也简要介绍了《水浒传》中蕴含的忠义思想、反抗精神等，引导学生学习梁山好汉的优良品质，树立正确的人生观和价值观。

六年级上册《伯牙鼓琴》《书戴嵩画牛》的资料袋以伯牙和钟子期的故事为主线展开。资料袋中介绍了"高山流水遇知音"的故事，并列举了有关两人的诗词，如唐代诗人李白的《听蜀僧浚弹琴》中的"蜀僧抱绿绮，西下峨眉峰"，以及宋代诗人苏轼的《和子由渑池怀旧》中的"人生到处知何似，应似飞鸿踏雪泥"。这些诗词不仅展现了伯牙和钟子期之间深厚的友谊和互相尊重的品格，更体现了中国古代音乐艺术的深厚底蕴和独特魅力。通过阅读这些诗词，学生们可以了解中国古代音乐的发展历程和艺术特色，也能体会到中华民族对音乐艺术的热爱和追求。

资料袋中的精神文化内容对学生发展具有积极的促进作用。首先，通过阅读资料袋，学生们可以了解中国传统文化的精髓，提升文学素养，成为具有文化自信和民族自豪感的人。其次，资料袋中介绍的历史人物和故事，蕴含着丰富的道德教育元素，可以引导学生学习优秀人物的品格，培养良好的道德情操。再次，资料袋中的哲学思想和科学成就等内容，可以激发学生的求知欲和探索精神，培养思辨能力和科学思维。最后，通过了解中国传统文化的辉煌成就，可以增强学生的民族自豪感和爱国情怀，激发他们为中华民族的伟大复兴而奋斗的志向。

（三）阅读链接中精神文化的呈现

阅读链接是统编教科书的新栏目，是统编教科书阅读系统的一个组成部分，安排在部分课文后面。阅读链接的教学价值主要在于增加学生的阅读量、深化对课文的理解、落实语文要素以及凸显人文主题。而正是在阅读链接中，传承了许多的精神文化。通过对教科书梳理，将涉及精神文化的阅读链接总结如表 4－25 所示。

表 4－25　阅读链接中精神文化分布情况

年级	模块	所在部分	精神文化要素
三年级上册	阅读链接	《大自然的声音》	传统美德
三年级下册	阅读链接	《守株待兔》	传统文学
四年级上册	阅读链接	《普罗米修斯》	传统文学
四年级上册	阅读链接	《梅兰芳蓄须》	传统美德
五年级下册	阅读链接	《草船借箭》	传统文学
六年级上册	阅读链接	《丁香结》	传统文学
六年级上册	阅读链接	《七律长征》	传统文学
六年级上册	阅读链接	《好的故事》	传统美德
六年级下册	阅读链接	《真理诞生在一百个问号之后》	传统文学

三年级上册课文《大自然的声音》生动形象地描绘了大自然中各种声音的特点，展现了大自然的神奇与美妙。而其阅读链接部分通过对瀑布声音

的描绘展现了瀑布的魅力。因此，学生们不仅可以欣赏到大自然美丽的声音，还能够学习到如何运用拟人和对比等修辞手法进行生动描绘。这有助于培养学生的观察能力、想象力和语言表达能力，同时也加深了他们对大自然的热爱和敬畏之情。

三年级下册课文《守株待兔》以文言文的形式向我们呈现了我国的古代寓言故事，而在阅读链接部分，以白话文的形式向学生拓展了一篇出自《战国策·魏策四》的"南辕北辙"古代寓言故事。与《守株待兔》中寓意深刻的道理相似，"南辕北辙"同样讲述了一个因方向错误而导致失败的故事。通过阅读这两个寓言故事，学生们可以更深入地理解"付出才有回报"的道理，以及"目标明确，方向正确"的重要性。同时，这两个寓言故事也体现了中国古代人民对勤奋努力、目标明确的价值观的推崇，以及对"知错就改"态度的鼓励。

四年级上册课文《普罗米修斯》叙述了西方的神话故事，阅读链接展示了我国古代钻木取火的神话故事，与西方神话中普罗米修斯盗火的故事相比，中国神话中的钻木取火更加注重智慧和技巧的运用。这个故事不仅展现了中华民族的智慧和创造力，更体现了中国古代人民对自然的敬畏和对生活的热爱。通过阅读这个故事，学生们可以了解到中国古代人民对火的认识和利用，以及他们对自然界的探索精神。

四年级上册课文《梅兰芳蓄须》讲述了著名京剧表演艺术家梅兰芳在抗日战争期间的一些感人事迹。而阅读链接部分描述了作者在台湾高雄港附近一家乡村小学的教室里，亲历的一堂深刻而生动的爱国教育课。通过阅读这两个故事，学生们能够深刻理解爱国主义和民族气节所承载的深刻内涵与重要意义，从而认识到在国家和民族面临困境与挑战时，每一个个体都肩负着维护国家尊严和民族利益的神圣职责。

五年级下册《草船借箭》选自我国四大名著之一《三国演义》经典片段，在阅读链接部分呈现了《三国演义》的部分原文。通过阅读原文，学生们可以更深入地了解诸葛亮借箭的计谋以及草船借箭背后的智慧和勇气，同时也可以帮助学生更好地理解《草船借箭》的故事背景和人物形象。

六年级上册《丁香结》的阅读链接呈现了有关丁香花的古诗词。丁香花作为中国传统文学中常见的意象，象征着美丽、纯洁和芬芳。通过阅读这些诗词，学生们可以了解到古人对丁香花的喜爱和赞美，同时，这些诗词也展现了古人的审美情趣和文学才华，为学生提供了丰富的语言素材和创作灵感。

六年级上册《七律长征》的阅读链接部分描绘了一幅色彩斑斓、生动活泼的自然景象，并借此抒发了作者的革命情怀和对美好未来的憧憬。诗中表达了对革命事业的忠诚和对美好生活的向往，可以激发学生的爱国情感，培养他们的社会责任感和历史使命感。

六年级上册《好的故事》的阅读链接部分是冯雪峰和李何林两位文学评论家对鲁迅的散文诗集《野草》中的作品《好的故事》的解读。他们认为，鲁迅在这篇作品中表达了对美好生活的向往和憧憬，这种美好在生活中是难以找到的，而作者在梦中看到的"美的人和美的事"则代表了他对理想生活的追求。通过学习这些内容，学生们不仅能够获得文学知识和审美体验，还能够从中汲取坚持理想、勇于批判和积极向上的精神力量。

六年级下册《真理诞生于一百个问号之后》的阅读链接部分主要讲述了中国杰出的工程师詹天佑主持修筑京张铁路的故事。文章通过对詹天佑的描写，展现了他的爱国情怀、卓越才能和坚强意志。通过学习这篇文章，学生们可以学到爱国主义、敬业、创新等多方面的精神，同时也能了解到中国近代铁路建设的重要历史。

总而言之，阅读链接中传承了丰富的精神文化，以传统文学为主，同时涵盖了神话传说、历史故事、古典诗词等多个方面，对学生全面发展具有积极的促进作用。一方面，阅读链接中的内容丰富多样，形式生动有趣，可以激发学生的阅读兴趣，培养阅读习惯，为终生学习打下基础，并且阅读链接鼓励学生自主阅读和探索，可以培养学生的自主学习能力，提升学习效率。另一方面，阅读链接中的经典文学作品、寓言故事、历史人物故事等，蕴含着丰富的道德教育元素，例如勤奋努力、持之以恒、诚信友善等，可以引导学生树立正确的价值观，塑造健全人格。

三、助读系统中的制度文化呈现

制度文化是中华优秀传统文化的重要组成部分，对于传承传统文化发挥着重要作用。经统计发现，小学语文教科书的助读系统中未呈现制度文化内容，初中仅在八年级下册有所呈现。如表 4 - 26 所示。

表 4 - 26　助读系统中制度文化分布情况

年级	所在板块	名称	主类目	制度文化要素
八年级下册	单元导语	第一单元	礼仪制度	仪式制度

八年级下册第一单元的单元导语深入探讨了我国传统文化中各类习俗的内涵，以及在不同节日中应当遵循的礼仪规范。单元导语指出，民俗是民间流行的习俗、风尚，是由民众创造并世代传承的民间文化。本单元以探讨民俗文化中的仪式文化为主，本单元的课文，或表现各地风土人情，或展示传统文化习俗。由精读课文《社戏》《回延安》、略读课文《安塞腰鼓》《灯笼》和写作及口语交际构成。

单元导语概括出本单元的人文主题，为本单元学习奠定基调。通过单元导语，学生可以了解到民俗文化的丰富性和多样性，以及民俗文化在维系社会秩序、促进社会和谐、传承文化传统等方面的重要作用。单元导语中提到的"不同节日中应当遵循的礼仪规范"，例如春节拜年、清明节扫墓、端午节赛龙舟等，可以帮助学生了解和传承中华民族的传统节日文化以及与之相关的礼仪规范，培养学生的文明礼仪意识和行为习惯。

四、助读系统中的行为文化呈现

行为文化，作为中华优秀传统文化的重要组成部分，涵盖了人们在日常生活中形成的各种行为习惯和行为准则，对于中华优秀传统文化的传承起着至关重要的作用。本篇目从单元导语、资料袋和阅读链接三个维度分析助读系统中行为文化的呈现情况。

（一）单元导语中行为文化的呈现

单元导语集中体现了编者对一个教科书单元的整体设计意图，是教学的指南针和导航仪，也是学生阅读和理解该单元课文的"开门钥匙"。研读单元导语，对把握编者意图，夯实课堂教学，提高教学实效，具有举足轻重的作用。单元导语中的行为文化分布情况如表 4 - 27 所示。

表 4 - 27　单元导语中行为文化分布情况

年级	单元	单元主题
三年级下册	第三单元	深厚的传统文化，中国人的根。
六年级下册	第一单元	百里不同风，千里不同俗。

统编版小学语文教科书从三年级开始以单元为模块呈现课文，在三至六年级8册书中，以行为文化为主题的单元主要有三年级下册第三单元和六年级下册第一单元。在三年级下册第三单元"深厚的传统文化，中国人的根。"导语下方提到了"收集传统节日的资料，交流节日的风俗习惯，写一写过节的过程。"的单元要求。这一单元收录了很多有关传统节日及风俗的诗歌，学生能够根据单元导语和提示，联系自身对节日的了解和参与传统节日习俗的经验，为课文的学习做准备。通过学习这些诗歌，学生不仅能够了解和传承传统节日的文化内涵，还能够提升自己的文学素养和审美能力。六年级下册第一单元"百里不同风，千里不同俗。"指出这一单元呈现的是不同地区的节日习俗或传统风俗，使学生了解中华大地各民族习俗的多样性。通过学习这一单元的课文，学生能够了解到不同地区和民族的风俗习惯，增进对多元文化的理解和尊重，培养包容和开放的心态。

单元导语中的精神文化对学生发展具有重要影响，一方面，单元导语中提到的传统节日习俗，如春节、端午节、中秋节等，可以帮助学生了解和传承中华民族的传统节日文化，培养对传统文化的认同感和自豪感。且单元导语中展示的各地民俗风情，如服饰、歌舞、饮食习惯等，可以让学生了解不同地区的文化特色，增进对多元文化的认识和尊重。另一方面，单元导语中提到的实践要求，如收集资料、交流风俗习惯、写过节过程等，可以激发学生的实践兴趣，培养学生的实践能力和动手能力，促进学生全面发展。

（二）资料袋中行为文化的呈现

在三年级上册第一单元《大青树下的小学》课后的资料袋中，不仅呈现了四个少数民族的传统服饰，也展示出少数民族的一些歌舞习俗。这些资料可以帮助学生更直观地了解少数民族的文化特色，增强对多元文化的认识和尊重。通过学习这些资料，学生不仅能够了解到不同民族的文化差异，还能够培养自己的跨文化交流能力。

四年级上册课文《观潮》描写了钱塘江大潮的壮观场面，但单凭文字描述学生可能难以直观地想象出钱塘江的地形，因此资料袋中钱塘江的地图和具体描述能帮助学生更好的想象画面。通过学习这些资料，学生能够更加直观地理解课文内容，培养自己的观察能力和空间想象能力。

总之，资料袋中的行为文化对于学生发展具有重要作用。首先，通过对资料袋中有关于传统服饰和歌舞习俗相关内容的观察和理解，学生可以提升自己的文学素养和审美能力,学会欣赏和赞美不同文化的独特之处。其次,资料袋中的行为文化内容,如钱塘江的地图和具体描述,可以帮助学生更好地理解课文内容,培养自己的观察能力和空间想象能力。最后,资料袋中行为文化内容的呈现,可以帮助学生提升文化素养、实践能力、观察能力等多方面的素质,促进其全面发展,树立文化自信。

（三） 阅读链接中行为文化的呈现

六年级下册第一单元《北京的春节》后选取了文章《除夕》的片段作为阅读链接,描写的也是过春节的各种习俗,但与老舍的这篇课文相比,它不是以第三人称而是以第一人称描述自己的亲身经历,这种对比使学生在深入感悟春节习俗的过程中体会到不同文章风格的区别。通过学习这一阅读链接,学生不仅能够了解到过春节的各种习俗,还能够提升自己的文学素养。

因此,阅读链接中行为文化的内容对于学生发展具有重要作用。一方面有利于增进学生对于文化的理解;例如通过阅读链接中的行为文化内容,如节日习俗、传统礼仪等,学生能够更深入地理解课文中的文化元素。另一方面有利于培养学生的实践操作能力;例如阅读链接中的行为文化往往涉及实际操作或参与活动,如制作传统手工艺品、参与节日庆典等,可以培养学生的动手能力和实践技能。

第五章 统编初中语文教科书中的
中华优秀传统文化呈现情况

上一章对统编小学语文教科书中各类传统文化的呈现情况进行了深入的分析和探讨，其中对统编初中语文教科书的制度文化与小学语文教科书中的制度文化进行了统一分析，因此，在这一章不对制度文化相关内容进行分析。

第一节 选文系统中各类传统文化呈现情况

选文是统编教科书中的主体内容，是传承中华优秀传统文化的重要载体。本研究将"课文""课外古诗词阅读""名著导读"三部分归入统编初中语文教科书的选文系统，在统计过程中以"篇数"为计数单位，但若出现同一课文中包含多篇选文的情况，则按照实际出现的选文篇数进行统计。如七年级上册第一单元的古代诗歌四首包含了《观沧海》《闻王昌龄左迁龙标遥有此》《次北固山下》《天净沙·秋思》四首诗歌，此时记为四篇。

一、选文系统中的物质文化呈现

物质文化是中华优秀传统文化的重要载体，它承载着丰富的历史文化信息和民族精神内涵。在中国传统文化中，物质文化以其独特的形态和符号，成为传承历史记忆、展示文化特色、传递价值观念的重要媒介。无论是宏伟的古建筑、精美的工艺品，还是传统的服饰、饮食，都是中华优秀传统文化的重要组成部分。这些物质文化遗产不仅是我们了解历史、认识民族文化的窗口，更是我们连接过去与现在、传承与发展的桥梁。初中教科书选文系统中物质文化的引入可以让学生直观地感受到中华文化的博大精深和独特魅力、帮助学生理解历史和社会的发展变迁、培养学生的审美情趣和创造力，有助于实现中华优秀传统文化在当代社会的创造性转化和创新性发展。

（一）物质文化选文数量及年级分布情况

选文系统是初中语文教科书的核心组成部分。教科书的整体框架、教学目标和教学内容往往围绕选文系统展开。物质文化作为中华优秀传统文化的重要组成部分，其在选文系统中有着独特的教育价值。物质文化中包含的饮食、服饰、建筑、出行、科技、手工艺等各个方面，不仅体现了古人的智慧和创造力，更承载着深厚的历史和文化内涵。统编初中语文教科书中物质文化选文数量及年级占比情况见表5－1。

表5－1　选文系统中物质文化篇数及占比

年级	总篇数	物质文化选文数	物质文化选文占比（%）
七年级上册	43	8	19
七年级下册	40	13	32
八年级上册	47	12	26
八年级下册	40	6	15
九年级上册	37	9	24
九年级下册	46	7	15
总计	253	55	22

上表显示，在6册初中语文教科书中，体现传统文化中物质文化的相关选篇共有55篇，其中七年级下册的教科书所含的物质文化选文数量最多，为13篇，占总选文篇数的32%，其次是八年级上册，为12篇。九年级上册、七年级上册、八年级下册、九年级下册依次为9篇、8篇、6篇、7篇，相应占总篇数的比重分别为26%、24%、15%和19%。

（二）物质文化各要素分布情况

统编初中语文教科书选文系统中涉及物质文化各要素的具体分布情况见表5－2。数据显示，中国饮食文化与中国建筑文化占比最高，分别占总篇数的29%和24%；紧随其后的是中国古代出行方式和中国传统科学技术，两者均占比13%；而中国服饰文化与中国传统手工艺的占比相对较低，分别为11%和10%。

表5-2 选文系统中物质文化各要素分布情况

物质文化类型	选文篇数（篇）	所占比例（%）
中国饮食文化	19	29
中国服饰文化	7	11
中国建筑文化	16	24
中国古代出行方式	9	13
中国传统科学技术	9	13
中国传统手工艺	6	10
总计	66	

初中语文教科书中涉及中国饮食文化的选文，相比其在小学语文教科书选文中的占比有着明显的提升。其中，浓厚的酒文化在中国古代诗歌、诗词中独树一帜；如《行军九日思长安故园》中的"强欲登高去，无人送酒来"；《渔家傲·秋思》中的"浊酒一杯家万里"；《水调歌头》中的"明月几时有，把酒问青天"等。而饮食材料如米、肉、菜等食物食材，饮食器皿如杯、碗、筷等用具也渗透在各个选文中，如《孔乙己》中提到的"盐煮笋""茴香豆"；《刘姥姥进大观园》中提到的"乌木三镶银箸""四楞象牙镶金筷"；《回忆我的母亲》写到的贫苦百姓的日常饮食"豌豆饭、菜饭、红薯饭、杂粮饭""小菜叶、高粱"等。中国饮食文化在语文教科书中体现了多重精神内涵，展现了中华民族的勤劳朴实和自强不息、对美食的独特追求和审美趣味、中华民族的智慧和创造力等。中国饮食文化在初中语文教科书选文系统中发挥着情感表达与文学创作的媒介、文化传承与价值观培育、知识与技能拓展以及审美教育与情感体验等多重作用。相比于小学语文教科书一些直接以饮食文化为主题的选文，初中语文教科书涉及的饮食文化则以更加潜移默化的形式被纳入到课文中教授给学生，让学生在日积月累的学习中感受中国饮食文化的深厚底蕴。

中国服饰文化在初中语文教科书选文中的占比相对较少，选文通过对传统服饰的描绘，从多个方面展示了中国服饰文化的丰富内涵和独特魅力，不仅展示了中国人对服饰的审美追求、中国服饰文化的地域多样性，描写了中国服饰的特色、材质、制作工艺等外在层次，更凸显了中国服饰文化在中国古代承载的礼仪功能，及其在身份和地位象征方面的重要性，让学生能够感受到服饰背后的文化内涵和社会背景。例如，《范进中举》中对明朝举人的服饰描写为"头戴纱帽，身穿葵花色圆领，金带、皂靴"，这一描写，充分体现了明朝时期文人的社会地位，揭示了科举制度对个人命运的深远影响，同时也反映了当时社会的风气和人物的心理状态；《送东阳马生序》中记载"同舍生皆被绮绣，戴朱缨宝饰之帽，腰白玉之环，左佩刀，右备容臭，烨然若神人；余则缊袍敝衣处其间"，作者通过描写同舍生优越的学习条件与作者青年时代求学的艰难形成鲜明对比，突出自己的勤苦求学；而在《江城子·密州出猎》一文中，对将士的服饰描写为"锦帽貂裘"，抒发了作者为国家效力的壮志豪情。

在初中语文教科书选文中，中国建筑文化得到了丰富展现。这些选文包含了对古代宫殿、民居、桥梁、庙宇、园林等建筑风格的描述，以及建筑所承载的历史典故和文化内涵。例如，《从百草园到三味书屋》中，作者以细腻的笔触，由低到高，由整体到局部，由植物到动物，动静结合地描绘出一幅生动而充满童趣的"儿童乐园"画卷；《中国石拱桥》一文中，作者以赵州桥和卢沟桥为例，详细阐述了它们的独特构造和高度艺术水平；在《醉翁亭记》一文中，对楼宇建筑的描写，作者将记叙、写景、抒情、议论融为一体，动静相生，情景相融，展现出一幅风光绮丽的山水之景。初中语文课文教科书选文中不仅涉及中国建筑的实用价值、艺术价值等，更是以景融情，如《台阶》一文中，作者通过"台阶"这一线索来描写父亲，不仅表达了对父亲坚韧不拔精神的赞美和年老力衰的惋惜，还表达了对父亲复杂的同情心理和对父亲谦卑品质的尊重；又如《人民英雄永垂不朽——瞻仰首都人民英雄纪念碑》中，作者运用丰富的语言和形象的比喻来描写纪念碑，不仅传达了对革命先烈们的敬仰和缅怀之情，也启发学生铭记历史、奋发向前。中国建筑文化作为物质文化中的一种，承载着中国人的文化归属、自身身份的认同、审美与情感的共鸣、传统价值观的传递、社会凝聚力与民族团结等意义，是中国人审美、情感、道德等方面的重要源泉。

中国古代出行方式在初中语文教科书选文系统中的表现多为步行、车、马、舟船。例如，《木兰诗》中写道："东市买骏马，西市买鞍鞯，南市买辔头，北市买长鞭。"详细地描述出古代依靠马匹的出行方式；

《骆驼祥子》一文中，详细写出了"拉洋车"这种出行方式；《次北固山下》一文中的"客路青山外，行舟绿水前"也体现出了中国古代以船只为主的一种出行方式。中国古代出行方式在初中语文教科书中具有重要的教育价值，在涉及这一方面的课文中，往往会有一些生动的人物形象和场景描写。通过分析这些人物形象和场景，学生可以更加深入地理解作者的创作意图和文章主题，提高阅读理解能力。以《骆驼祥子》为例，该作品聚焦主人公祥子，一个原本忠厚坚毅的青年在严峻的现实压迫下，无奈放弃自己的理想，逐渐走向麻木与自暴自弃的人数道路。《骆驼祥子》作为一篇具有深刻教育价值的课文，不仅可以帮助学生认识人性的复杂性、培养学生的社会责任感、引导学生形成人生价值观，还可以提高学生的文学鉴赏能力。

中国传统科学技术尽管在初中语文教材选文中占比不高，但涉及方面十分广泛。《纪念白求恩》一文，涉及医学技术，文章详细叙述了白求恩参与国际共产主义事业和医学救援的经历，展现了其勇敢和无私奉献精神，凸显了他在医学领域的卓越贡献，同时也为学生塑造出一名伟大而崇高的国际共产主义战士形象；《邓稼先》一文涉及核理论技术，深入剖析了邓稼先先生的一生及其对中国核事业的巨大贡献。同时，文章还通过夹叙夹议的写作手法和情感抒发的表达方式，引导学生敬仰这位伟大科学家，进而升华到对爱国主义精神和高尚品质的肯定和弘扬上；而在《活板》一文中，详细记载了活板制作与印刷的过程，工艺程序，条理清晰，系统完整，使学生对四大发明中印刷术在中国传统科学技术的崇高地位有所了解，也能帮助学生了解活字印刷术的发明者毕昇的人物生平，引导学生尊重科学家的创新精神。中国传统科学技术涉猎广泛，代表着古代中国人民的智慧和创造力，是物质文化中非常重要的部分。语文教科书中包含中国传统科学技术的选文，不仅有助于学生了解中华民族的悠久历史和灿烂文化，增强学生对传统文化的认同感和自豪感，还能够培养学生的科学精神和探究兴趣，引导学生了解不同文明之间的科技交流，拓展国际视野。

中国传统手工艺在初中语文教科书中的占比相对于小学语文教科书中的占比有着明显的下降，主要涉及编织、雕刻、刺绣等方面。其中最能够凸显中国传统手工艺的选文包括《安塞腰鼓》《灯笼》《核舟记》等。《安塞腰鼓》是一篇充满激情与活力的课文，它通过描绘安塞腰鼓的独特魅力和文化内涵，展现了中华民族顽强拼搏、奋发向上的精神风貌。尽管安塞腰鼓本身不属于传统手工艺的分类，但其作为一种表演艺术，其表演形式、服饰、乐器等都与手工艺有着千丝万缕的联系。《灯笼》是一篇充满深意的散文，灯笼不仅是传统文化的载体，更是人们情感的寄托。文章通过对灯笼的描写和情感的表达，展现了乡村文化的丰富多彩和深厚底蕴，同时也传达了文化传承的重要性。《核舟记》以核舟为主题，通过描述其形态、构造、人物及物品等细节，展示了核舟的精巧和微雕艺术的魅力。不仅让学生对微雕艺术有了更深刻的认识，也让学生感受到了古代工匠的非凡技艺和深厚文化底蕴。中国传统手工艺，作为华夏文明的璀璨瑰宝，自古以来就承载着深厚的历史、文化和艺术底蕴。这些手艺不仅是中国古代劳动人民智慧的结晶，更是中华民族独特文化的生动体现。

综上所述，物质文化在选文系统中的充分展现，不仅有助于传承和弘扬中华优秀传统文化，还能够培养学生的文化素养、跨文化交流能力以及创新精神和创造力。因此，在选文系统中加强对物质文化的阐述和学习，对于中华优秀传统文化的传播、传承与创新发展具有深远影响。

二、选文系统中的精神文化呈现

精神文化，作为民族、社会、国家在长期历史演变中所积淀的宝贵财富，不仅构成了民族认同的基础，也是社会凝聚的纽带。它深深扎根于中华大地的沃土之中，历经岁月的洗礼，形成了独具特色、丰富多彩的精神风貌。在选文系统中，精神文化的呈现具有举足轻重的地位。它作为连接古代与现代、传统与创新的桥梁，通过精选的文献典籍、艺术作品和历史故事，传递着中华优秀传统文化的核心价值。故在编纂选文系统的过程中，必须确保文献的真实性和权威性，同时深入剖析其中蕴含的精神文化内涵，使学生能够领略到中华文化的博大精深和独特魅力，实现精神文化的传承，从而更有效地传承中华优秀传统文化。

（一）精神文化选文的篇数及年级分布情况

基于前文传统文化的分析框架，对七至九年级的统编版语文教科书中选文系统展开分析，精神文化在选文系统中篇数及所占比的统计情况见表5－3。

表 5-3　选文系统中精神文化篇数及占比

年级	总篇数	精神文化选文数	精神文化选文占比（%）
七年级上册	43	18	42
七年级下册	40	27	68
八年级上册	47	31	66
八年级下册	40	29	73
九年级上册	37	25	68
九年级下册	46	30	65
总计	253	160	63

上表显示，统编版初中语文教科书中涉及精神文化的选文共160篇，占选文总数的63%。不同年级教科书涉及精神文化的选文篇数不同，所占比例不同。七年级上册中有18篇涉及精神文化的选文，所占比例为42%；七年级下册涉及精神文化的选文有27篇，占选文总数的68%；八年级上册中精神文化选文数为31篇，占选文总数的66%；八年级下册涉及精神文化的选文有29篇，占选文总数的73%；九年级上册中有25篇涉及精神文化的选文，占选文总数的68%；九年级下册有30篇选文涉及精神文化内容，占选文总数的65%。

精神文化选文在选文总数中的比重体现了统编初中语文教科书编写对于精神文化的重视。旨在帮助学生更好地理解与传承优秀传统文化，培养学生的道德情操与人文素养，增强文化自信。同时，从年级分布和数量变化的角度来看，教科书的选文设计充分考虑了学生的年龄特点和认知发展规律。七年级上册作为学生刚从小学步入初中的过渡时期，从总体选文篇数来看，数量有所增长，但是有关精神文化选文的数量较少，与六年级下册的精神文化选文数量基本持平，这有助于学生逐渐适应初中生活与学习节奏。而随着年级递增，学生的认知发展水平和思维能力也逐渐提高，教科书中有关精神文化的选文数量也相应增加，其难度也逐渐提升，增加了需结合当时社会背景以及对人生价值观思考的选文，如八年级上册的《富贵不能淫》《生于忧患，死于安乐》，九年级下册的《鱼，我所欲也》《出师表》等选文。这些对社会问题及人生价值观的精神文化类选文，有助于促进学生独立思考能力的发展。

（二）精神文化各要素分布情况

对精神文化各要素占比的分析可以进一步揭示精神文化在选文系统中的具体内容和特点，帮助理解精神文化在选文系统中的内在联系和逻辑关系，以优化教科书选文系统结构。选文系统中精神文化各要素分布情况见表5-4。

表5-4　选文系统中精神文化各要素分布情况

精神文化类型	选文篇数（篇）	所占比例（%）
传统文学	133	83.13
传统美德	15	9.38
传统艺术	10	6.25
传统哲学	2	1.25
传统宗教	0	0
语言文字	0	0
总计	160	

由上表可知，涉及精神文化选文有160篇，其中传统文学有133篇，占选文总篇数的83.13%；有关传统美德的选文有15篇，占选文总篇数的9.38%；涉及传统艺术的选文有10篇，占选文总篇数的6.25%；涉及传统哲学的选文有2篇，占选文篇数的1.25%；在有关精神文化的选文中，并未出现传统宗教的文章。

1. 传统文学类选文呈现情况

传统文学在精神文化类选文中占比极高，主要以古诗词、古代散文（文言文）为主，以古代寓言、神话传说、故事小说为辅，以增加学生对于传统文学多样化认识，提升学习兴趣。在初中语文教科书中，分布在选文系统的古诗词共有83首，古代散文41篇。古诗词在各年级数量为：七年级上册12首、七年级下册13首、八年级上册18首、八年级下册11首、九年级上册12首、九年级下册17首。古代散文在各年级数量为：七年级上册6篇、七年级下册6篇、八年级上册9篇、八年级下册10篇、九年级上册3篇、九年级下册7篇。从数据上看，古诗词总量达到83首，而古代散文则为41篇，二者在数量上虽有所差异，但均在初中六个学期中得到了合理的分布。古诗词的数量从七年级至八年级上册呈现出逐渐递增的趋势。这种分布特点反映了对学生古诗词鉴赏能力由浅入深的培养过程，强调了在八年级这一关键阶段对古诗词的深入学习和理解。相比而言，古代散文的数量虽然相对较少，但也从七年级到八年级下册呈现递增趋势，随后在九年级有所减少，这既保证了学生对古代散文的基本了解和掌握，也反映了教学内容在年级间的平衡与调整。这种编排方式体现了教科书在文学鉴赏能力培养上的系统性和连贯性，有助于学生在初中阶段形成对古诗词和古代散文的全面认识和深入理解。

从选文内容的安排来看，古代散文的选文难度在初中阶段呈现出了阶梯式的上升趋势。这种上升趋势不仅体现在篇幅的逐步扩大上，还体现在文章内容的深化和复杂性的增加上。例如，七年级上册的古代散文选文，《穿井得一人》和《杞人忧天》，以寓言故事的形式引导学生初步接触文言文，其篇幅适中，内容简单易懂，旨在培养学生的文言文阅读兴趣和基本理解能力。同时，选用学生较为熟悉的《论语》作为选文内容，有助于培养学生对文言文的语言特点和文化内涵的初步认知。进入七年级下册，选文难度略有提升，如《孙权劝学》《木兰诗》《卖油翁》等，这些文章篇幅适中，且具有较强的故事性和趣味性，能够激发学生的学习兴趣。同时，通过《陋室铭》和《爱莲说》等文章，引导学生对文言文中的象征、隐喻等修辞手法进行初步的理解和欣赏。到了八年级上册，古代散文的选文难度进一步增加，不仅数量上升，而且篇幅扩大，内容也更为抽象和深刻。例如，《生于忧患死于安乐》和《富贵不能淫》等文章，探讨了人生哲理和价值观，需要学生具备更高的理解和分析能力。同时，《三峡》等文章则通过描绘自然景观，引导学生感受文言文中的美感和意境。八年级下册的文言文选文难度再次提升，篇幅明显增长，内容更为丰富和复杂。如《桃花源记》和《小石潭记》等文章，不仅篇幅较长，而且结构复杂，需要学生具备较高的阅读能力和分析能力。

此外，通过选取老庄的著作如《北冥有鱼》和《庄子与惠子游于濠梁之上》，引导学生对古代哲学思想进行初步的接触和理解。在九年级上册及下册的教科书中，文言文的难度达到了一个较高的水平。如《岳阳楼记》《醉翁亭记》等文章，对学生文言文阅读能力和理解分析能力的要求更上一个台阶。而《出师表》和《曹刿论战》等文章则涉及历史和政治等领域的知识，需要学生具备跨学科的知识储备和理解能力。总体来看，古代散文的选文难度在初中阶段呈现出阶梯式的上升趋势，这种趋势符合学生的认知发展规律和学科教学的要求。通过逐步增加选文的难度和复杂性，能够激发学生的学习兴趣和潜能，提高他们的文言文阅读能力和综合素质。同时，这种阶梯式的难度设计也有助于教师根据学生的实际情况进行针对性的教学，更好地实现教学目标。

在初中语文教科书的编排中，对于寓言故事和神话故事的选录体现了其独特的学术性和教育性考量。数据显示，教科书中共收录了 3 篇寓言故事，分别是七年级上册的《穿井得一人》和《杞人忧天》，以及八年级上册的《愚公移山》。这些寓言故事均源自古代经典文献《吕氏春秋》和《列子》，并采用文言文的文体，旨在让学生在学习文言文的同时，领略到古代寓言的深邃智慧和独特魅力。七年级上册的《穿井得一人》和《杞人忧天》作为学生接触文言文的早期篇章，通过寓言的形式，向学生传递了深刻的人生哲理和道德观念。这些寓言故事篇幅适中，情节生动，寓意明确，既能够激发学生的学习兴趣，又能够引导他们深入思考，提升思维能力和人文素养。八年级上册的《愚公移山》一文，则进一步提升了选文的难度和深度。这篇寓言故事不仅篇幅较长，而且寓意深刻，富有哲理性。通过讲述愚公坚持不懈地移山的故事，引导学生理解到坚持不懈、持之以恒的精神对于实现目标和梦想的重要性。同时，这篇寓言也展现了古代人民对于自然、社会和人生的深刻理解和思考。

与寓言故事相比，教科书中对于神话故事的选录相对较少，仅出现了《女娲造人》一篇文章，且为自读文章。这一选择体现了教科书在内容编排上的平衡性和针对性。神话故事虽然具有独特的文化价值和审美价值，但在初中阶段的教育中，其主要目标在于引导学生理解和学习古代文学的基本知识和文化内涵。因此，通过有限的篇幅选取具有代表性和典型性的神话故事进行介绍，既能够满足学生的好奇心和求知欲，又能够避免内容过于庞杂和分散。综上所述，初中语文教科书中对于寓言故事和神话故事的选录体现了其独特的学术性和教育性考量。通过精心选择和编排这些古代文学经典作品，旨在引导学生领略古代文学的魅力，理解古代文化的内涵，提升他们的人文素养和综合素质。

在初中语文教科书的选文系统中，对于古代小说的选录体现出了对文学经典的高度认可和对学生文学素养培养的重视。其中，四大名著的选文占据了显著位置，如《水浒传》中的《智取生辰纲》、《三国演义》中的《三顾茅庐》以及《红楼梦》中的《刘姥姥进大观园》等片段，均为学生提供了接触和了解古代文学瑰宝的机会。这些选文不仅展示了古代小说的艺术魅力，也为学生提供了深入探究古代社会、历史、文化等方面的窗口。在"名著导读"部分，教科书对《水浒传》进行了详尽的介绍，从历史背景、人物形象、文章结构及语言风格等方面进行了全面剖析，旨在引导学生深入理解这部文学巨著的深层内涵。这种深入的分析和解读，不仅有助于提升学生的文学鉴赏能力，也有助于培养他们的历史意识和文化自觉。

七年级上册的"名著导读"部分以"精读和跳读《西游记》"为主题，为学生提供了具体的读书指导意见。这一安排旨在引导学生掌握有效的阅读方法，培养他们的阅读兴趣和习惯。同时，也体现了教科书对学生自主阅读能力的重视和培养。值得注意的是，在选文系统中还出现了另一部重要的讽刺小说——《儒林外史》。这部小说的展示，不仅丰富了教科书的选文内容，也为学生提供了了解古代讽刺文学的机会。在读书指导部分，教科书提出了"体会批判精神"、"欣赏讽刺手法"和"联系实际理解"等要求，这些要求不仅有助于学生深入理解小说的内涵，也有助于培养他们的批判性思维和人文关怀。从纵向对比来看，从《西游记》到《水浒传》，再到《儒林外史》的选文与导读安排，可以明显感受到选取的传统文学难度在不断提升，对学生要求也越来越高。这种逐步加深、逐层提高的选文系统，不仅符合学生的认知发展规律，也有助于学生在文学鉴赏和人文素养方面得到全面提升。同时，也体现了教科书在传承和弘扬中华优秀传统文化方面的积极努力。

2. 传统美德类选文呈现情况

统编初中语文教科书中涉及传统美德的选文在各年级段均有所侧重，这些作品通过生动的情节和鲜明的人物形象，将传统美德具象化、生动化，使学生在学习的过程中能够深刻感受到这些美德的力量，从而在日常生活中自觉践行。

七年级上册的选文《秋天的怀念》和《荷叶·母亲》以细腻的笔触展现了亲情的温暖与伟大，引导学生体悟家庭美德的重要性。在七年级下册《邓稼先》和《说和做——记闻一多先生言行片段》等选文中，介绍了为国家作出杰出贡献的科学家和学者，弘扬了爱国主义精神和敬业精神。《黄河颂》和《老山界》等作品则通过描绘祖国的大好河山，以此激发学生的爱国情感。《谁是最可爱的人》则通过讲述英雄人物的事迹，传递了无私奉献和舍己为人的美德。

八年级上册《背影》一文，通过描写父亲的形象，让学生体会到亲情的深沉与伟大，进一步强调家庭美德的重要性。而《大自然的语言》和《时间的脚印》等选文则引导学生关注自然、珍惜时间，培养尊重自然、敬畏时间的道德观念。

九年级语文教科书在传统美德的选文上更加深化和拓宽。如《乡愁》一文，通过抒发对故乡的思念之情，引导学生体会家国情怀和乡土情结。《敬业与乐业》和《论教养》等选文，则从职业精神和个人修养的角度，引导学生树立正确的职业观和人生观。《精神的三间小屋》则通过寓言的形式，让学生明白精神世界的丰富性和重要性，进而追求内心的宁静与和谐。九年级下册的《祖国啊，我亲爱的祖国》则通过表达对祖国的热爱和赞美，激发学生的爱国热情和民族自豪感。

总体而言，传统美德教育在初中语文教科书中的层级深化呈现出逐步深化、拓宽的趋势。从家庭美德、职业道德，到国家情怀、民族精神，教科书通过不同年级段的选文安排，引导学生逐步理解和传承中华民族的传统美德，为他们的成长奠定了坚实的道德基础。

3. 传统艺术类选文呈现情况

在初中语文教科书选文中，传统艺术得到充分的展现。这些选文不仅呈现了传统艺术形式，而且探讨了其背后深层文化内涵。

八年级上册的《苏州园林》一文，通过细致入微的描绘，展示了中国传统园林艺术的精巧布局和深远意境，不仅体现了古人对自然美的独特追求，同时提供了研究中国传统园林艺术的珍贵资料。同样，在《人民英雄永垂不朽》一文中，纪念碑的雄伟壮丽不仅是对建筑艺术的赞美，更是对英雄精神的传承和弘扬，反映了教科书在弘扬民族精神方面的积极作用。

八年级下册的《梦回繁华》一文，则通过细腻的笔触，再现了古代城市的繁华景象，为学生提供了一个直观感受绘画艺术魅力的窗口。同时，《社戏》和《安塞腰鼓》等传统戏曲和民间音乐的选文，也为学生提供了了解传统文化、感受民间艺术的机会，有助于培养学生的文化自觉和文化自信。

九年级下册《山水画的意境》一文中，通过阐述山水画的特点和创作技巧，引导学生理解中国画的独特美学追求。而《屈原（节选）》一文，则以屈原为例，探讨了文学艺术与人格魅力的关系，体现了中国传统文化中的人文精神。此外，《天下第一楼》和《枣儿》等选文，则从建筑和民间故事的角度，展示了传统艺术的丰富多彩和深刻内涵，为跨学科研究提供了丰富的学术资源。

综上所述，初中语文教科书中关于传统艺术的选文，通过多元学术解读的方式，为学生提供了深入了解传统文化的机会，有助于培养学生的审美情趣和文化素养。

4. 哲学思想类选文呈现情况

在统编初中语文教科书选文中，哲学思想的展现即彰显了中华优秀传统文化中独特的哲学内涵，也让学生在品味文学之美的过程中，领悟到哲学思想的深邃与博大。这些哲学思想为学生提供了看待世界、理解人生的新视角，有助于培养他们的思辨能力和批判精神。

八年级下册的《应有格物致知精神》一文，深入探讨了格物致知这一传统哲学思想。文章通过阐述格物致知的意义、方法和重要性，引导学生理解知识来源于实践，并需要通过实践来检验和深化这一真理。这一思想不仅是对学生学习方法的指导，更是对其人生哲学观的塑造，强调了实践在认识世界和改造世界中的基础性作用。

九年级上册的《怀疑与学问》一文，则从怀疑的角度出发，探讨了学问的本质和求知的态度。文章指出，怀疑是学问的起点，是推动人们不断追求真理的动力。同时，文章也强调了学问的严谨性和科学性，要求学生在求知过程中保持审慎和理性的态度。这一思想不仅是对学生学术态度的要求，更是对他们人生价值观的引导，鼓励他们勇于质疑、敢于创新。

此外，八年级上册的《北冥有鱼》《庄子与惠子游于濠梁之上》等文章，则通过寓言故事的形式，展现了庄子的哲学思想。这些文章以生动的情节和深刻的寓意，引导学生理解世界的多样性和复杂性，以及理解人与自然、人与社会之间的和谐关系。庄子的哲学思想强调了"道"的无限性和"无为而治"的治理理念，为学生提供了思考人生和世界的新视角。

统编语文教材中精神文化各个要素之间的相互关联，学生在传统文学作品的学习过程中，领略文学之美，同时也能够感受到中华文化的博大精深和民族精神的力量。例如，在《怀疑与学问》一文中，传统哲学思想与传统美德渗透，作者强调对于任何知识和观点都应当保持怀疑的态度，这种怀疑并非盲目的否定，而是基于理性思考和实证探索的审慎态度。在面对学问时，既要有开放的心态去接纳新知，又要有批判性思维去检验其真伪。这种对学问的严谨态度，正是传统美德中"求实"精神的体现。同时，这种怀疑精神也体现了传统美德中的"谦逊"品质。在求知的道路上，需要承认自身的无知和局限，只有保持谦逊的态度，才能不断吸收他人的智慧和经验，从而不断提升自己。这种谦逊的品质，不仅有助于在学术上取得进步，更有助于在人际交往中建立和谐的关系。这种联系使语文学科在传承和弘扬中华文化的同时，也为学生提供了宝贵的道德教育和品格塑造的机会。通过学习和理解传统文学作品及哲学思想，学生不仅能够提升自己的文化素养和思维能力，更能够培养出健康人格和正确价值观。

三、选文系统中的行为文化呈现

行为文化包括人们在日常生活中所形成的行为习惯、行为方式以及行为准则。它与中华优秀传统文化紧密相连，对于传承和弘扬中华优秀传统文化起着至关重要的作用。对选文系统中涉及行为文化的选文进行统计，具体见表5-5。

表5-5　选文系统中行为文化各要素分布情况

年级	所在模块	选文篇目	行为文化要素
七年级上册	名著导读	《朝花夕拾》消除与经典的隔膜	礼仪民俗
七年级下册	课文	《驿路梨花》	民族风情
		《游山西村》	节日习俗
八年级下册	课文	《社戏》《灯笼》	礼仪民俗
		《回延安》《安塞腰鼓》《核舟记》	民间文艺

这里的选文系统同样包括"课文""名著导读""课外古诗词诵读"三大部分，经整理发现，六册教科书的课外古诗词诵读部分未体现行为文化。七年级上册第三单元名著导读"《朝花夕拾》消除与经典的隔膜"中为我们介绍了"五猖会。""五猖会""浙东风俗，每年农历四月十五为五猖会期，"属于行为文化中的礼仪民俗。七年级下册课文《驿路梨花》中讲述了瑶族老猎人、哈尼族小姑娘的故事，反映了少数民族人民的淳朴与真诚，体

现了行为文化中的民族风情。《游山西村》中"箫鼓追随春社近"一句旨在描述临近社日，一路上箫鼓声不断的场景，属于节日习俗文化。八年级下册课文《社戏》与《灯笼》分别介绍了民俗活动"社戏"以及灯笼所承载的浓厚的文化内涵，体现了礼仪民俗。课文《回延安》以陕北民歌的形式写成，属于民间文艺。《安塞腰鼓》介绍了腰鼓表演前、中、后的生动画面；《核舟记》展现了古代工艺美术的卓越成就，体现雕刻者的高超技艺，同属于民间工艺。

第二节　导学系统中各类传统文化呈现情况

导学系统的根本目的在于为学生提供学习支架，帮助学生完成语文学习，本节将初中语文教科书中设置的单元导语、课文预习、注释和旁批归入导学系统，对其中传统文化的呈现情况予以分析。

一、导学系统中的物质文化呈现

对单元导语、课文预习、注释和旁批中涉及物质文化内容的统计发现，在导学系统中，注释包含的物质文化要素最为丰富，其次为旁批、单元导语和课文预习。具体而言，在七年级下册中，有8篇文章的注释部分包含了物质文化要素，同时，第二单元导语和《太空一日》《活板》的课文预习中也涉及物质文化中的科技相关元素。在八年级上册中，有6篇文章的注释部分含有物质文化相关要素，同时第五单元导语和《中国石拱桥》《苏州园林》的课文预习中包含了物质文化中的建筑相关元素；此外，《人民英雄永垂不朽——瞻仰首都人民英雄纪念碑》的旁批部分也涉及了建筑元素。而在七年级上册中，仅有4篇文章的注释和旁批部分包含了物质文化要素。八年级下册中包含物质文化要素的文章最少，仅在《回延安》的注释和第二单元导语中有所体现。在九年级上、下册中，物质文化相关要素仅在课文的注释部分中得以体现，分别为3篇和4篇。

二、导学系统中的精神文化呈现

精神文化为中华优秀传统文化提供了丰富的思想资源和精神支撑，对于中华优秀传统文化的传承和发展具有关键作用，本节从单元导语、课文预习和注释与旁批三个维度，深入探讨统编初中语文教科书中精神文化的呈现情况。

（一）单元导语

单元导语主要分成两部分，第一部分介绍单元主题，第二部分主要阐释我们应该怎样学、达到怎样的目标，现将单元导语中所体现的精神文化进行统计，统计结果见表 5-6。

表 5-6　单元导语中精神文化各要素分布情况

年级	单元	单元主题	精神文化要素
七年级上册	第二单元	亲情	传统美德
	第四单元	人生之舟	传统美德
	第五单元	人与自然	传统美德
	第六单元	想象之翼	传统文学
七年级下册	第二单元	家国情怀	传统美德
	第三单元	平凡人物	传统美德
	第四单元	中华美德	传统美德
八年级上册	第三单元	山川之美	文学
	第五单元	文明的印记	艺术 传统美德
	第六单元	圣贤智慧	文学
八年级下册	第三单元	圣贤智慧	文学
	第六单元	古人哲思	文学
九年级上册	第一单元	诗歌之美	文学
	第三单元	寄情山水	文学
	第六单元	古典名著	文学
九年级下册	第一单元	诗歌之美	文学
	第二单元	人物形象	文学
	第三单元	经典作品	文学
	第四单元	艺术之美	艺术
	第五单元	传统戏剧	艺术
	第六单元	圣贤智慧	文学

单元导语规定了本单元的学习主题与学习任务，在语文学习中发挥引领性作用。七年级上册第二单元单元导语："亲情，是人世间最普遍、最美好的情感之一。"体现着孝老爱亲的中华传统美德。第四单元单元导语中提

到，"本单元课文，从不同方面诠释了人生的意义和价值，有对人物美好品行的礼赞……还有关于修身养德的谆谆教诲。"这些表达清晰地传达了本单元对个人品行与美好品德的关注与重视。

第五单元单元导语："可以增进对人与大自然关系的理解，加强对人类自我的理解和反思。"从人与自然的视角出发，体现了敬畏自然、尊重自然的传统美德。从第六单元单元导语："本单元课文有童话、诗歌、神话和语言等，"可以发现本单元体现了精神文化中的传统文学，借助不同文学体裁，引导学生展开想象，用另一种眼光看待世界。

七年级下册第二单元单元导语："家国情怀，是人类共有的一种朴素情感。"本单元选取了现代诗、记叙文、文言文等不同体裁的文章，从不同角度抒发对大好河山、对家乡土地、对国家的热爱与情怀，体现了爱家爱国的传统美德。第三单元单元导语："这些人物虽然平凡，且有弱点，但在他们身上又常常闪现优秀品格的光辉。"从导语中我们可以看到本单元主要讲述"小人物"的"大品质"，歌颂传统美德。第四单元单元导语："从不同角度展现了中华美德以及时代对这些美德的呼唤，"同样体现着中华传统美德。

八年级上册第三单元单元导语："古代诗文中有很多歌咏山水的优美文章。"可见本单元导语体现了对中国传统文学的传承，围绕自然风光，选取了五篇文言文、五篇诗歌，借助传统文学体裁歌咏自然。第五单元单元导语："阅读介绍中国建筑、园林、绘画艺术的文章，可以了解我国人民在这些方面的卓越成就，感受前人的非凡智慧与杰出创造力。"中国建筑、园林、绘画艺术中体现着中国人民的艺术思想，属于中国传统艺术文化。此外，该单元导语中还提道，"有关动物的文章则可以引导我们去发现大自然的奥秘。"此处则体现着人与自然的关系，尊重自然界中的生物，属于中国传统美德。第六单元导语："人应该有怎样的品格与志趣？本单元的几篇古代诗文从不同角度回答了这一问题。"

八年级下册第三单元单元导语："这个单元所选古诗文，有的记事，有的游记，有的状物，有的抒情，"属于精神文化中的传统文学文化，本单元共安排了三篇文言文，两篇诗歌，带领我们感受古人的思想与智慧。第六单元单元导语："这些诗文有情趣，有理趣，表现了古人的哲思和情怀，"同样属于中国传统文学。

　　九年级上册第一单元为"活动·探究"单元，该单元的活动任务单中提到，"我们前边已经学过不少诗歌，有过对'天上的街市'的遐想……还可能有写诗的冲动。"本单元旨在让学生们继续学习诗歌，并激发学生写诗的兴趣，在鉴赏诗歌、品格诗歌、学写诗歌中感受文学的魅力。第三单元单元导语："本单元所选的诗文在描写景物、抒发感情的同时，也表达了作者的政治理想、志趣抱负。""要在理解课文内容的基础上，熟读成诵，积累、掌握课文中的文言实词和名言警句。"体现了精神文化中的传统文学。第六单元单元导语："阅读这些作品，可以让我们领略传统白话小说的魅力，了解古代生活，丰富人生体验。"本单元选取了《水浒传》《儒林外史》《三国演义》《红楼梦》四篇古代经典小说中的片段，带领学生了解古代小说的艺术手法，是中国传统文学中的重要内容。

　　九年级下册第一单元单元导语："诗歌，语言凝练，形式精致，讲究韵律和节奏。"由此可见，本单元主要是诗歌体裁，属于中国传统文学。第二单元单元导语："小说往往通过塑造人物形象来表现社会生活。"小说也是中国传统文学中的重要体裁之一，反射出时代的风貌与世态人情。第三单元单元导语："要注意把握古诗文的意蕴，领悟作者的思想感情，并能够用历史眼光审视作品的当代意义。"本单元包含三篇文言选文，四首词，通过经典文学作品，在字里行间流露出中国传统文学的魅力。第四单元单元导语："或谈论读书求知，或探讨欣赏艺术作品的方法，或阐释美学观念，既富有思想性，又蕴含艺术美。"可见，本单元将带领我们欣赏美、表达美，体现中国传统艺术文化内容。第五单元为活动·探究单元，活动任务单中指出，"本单元将阅读优秀剧本选段。"戏剧文化是艺术文化中的重要分支，蕴含着深刻的文化底蕴与艺术思想。第六单元单元导语："阅读这类诗文，可以感受古人的智慧，体会他们的责任感和担当精神。"可见本单元主要以古诗文的形式反映古人的智慧哲思，体现中国传统文学文化。

　　综上我们可以发现，统编初中语文教科书的单元导语中体现着丰富的精神文化内容，从纵向来看，体现精神文化的单元数量与年级之间没有直接关联，但九年级下册中含精神文化的单元导语数量最多；从横向来看，文学文化在单元导语中占比最大，其次是中国传统美德，最后是艺术文化，对于精神文化中的其他分支则没有涉及。

（二）课文预习

统编初中语文教科书的课文预习板块安排在选文之前，对本课内容进行简单阐释并提出学习要求，课文预习板块中精神文化的呈现情况详见表5-7。

表5-7　课文预习中精神文化各要素分布情况

年级	选文篇目	精神文化要素
七年级上册	《春》《古代诗歌四首》《世说新语》二则《猫》《皇帝的新装》《天上的街市》《寓言四则》	文学
	《秋天的怀念》《散步》《植树的牧羊人》《诫子书》《狼》	传统美德
	《论语》十二章	哲学
七年级下册	《邓稼先》《说和做——记闻一多先生言行片段》《老山界》《谁是最可爱的人》	传统美德
	《邓稼先》《孙权劝学》	语言文字
	《黄河颂》	艺术
	《卖油翁》《驿路梨花》《短文两篇》《古代诗歌五首》	文学
八年级上册	《藤野先生》《唐诗五首》《愚公移山》《周亚夫军细柳》《诗词五首》	文学
	《回忆我的母亲》《背影》	传统美德
	《孟子》三章	哲学
	《中国石拱桥》《苏州园林》	艺术
八年级下册	《回延安》	艺术
	《大自然的语言》《桃花源记》	语言文字
	《小石潭记》《诗经》二首《庄子》二则《礼记》二则《唐诗三首》	文学
九年级上册	《敬业与乐业》	传统美德
	《醉翁亭记》	语言文字
	《诗词三首》《智取生辰纲》	文学
九年级下册	《祖国啊，我亲爱的祖国》《送东阳马生序》《出师表》《诗词曲五首》	文学
	《唐雎不辱使命》	传统美德
	《山水画的意境》	艺术

由上表可知，不同年级的课文预习中均涉及了多种精神文化要素，但各个年级在传承精神文化要素方面存在差异。例如，七年级主要侧重于传统文

学、传统美德和传统哲学的介绍。七年级上册中，选文《春》就展现了传统文学的魅力；而《秋天的怀念》体现了传统美德的内涵；七年级下册则继续深化传统美德的学习，并通过《邓稼先》等选文让学生感受语言文字的力量。八年级的课文预习在传统文学、传统美德、传统哲学和传统艺术方面都有所涉及。八年级上册中，《藤野先生》丰富了学生的传统文学知识；《回忆我的母亲》则体现了传统美德；八年级下册的《回延安》则让学生感受到传统艺术的魅力。九年级更注重对多种精神文化要素的综合学习。九年级上册中，《敬业与乐业》体现了传统美德；《醉翁亭记》则让学生领略到语言文字的韵味。九年级下册的《祖国啊，我亲爱的祖国》等选文则进一步丰富了学生的传统文学知识。

进一步统计分析发现，涉及精神文化的课文预习在整套统编版初中语文教科书总预习数量中所占比重情况见表5-8。

表5-8　课文预习中精神文化篇数及占比

年级	传统文学	传统美德	传统哲学	传统艺术	语言文字	课文总数	精神文化总数	占比（%）
七年级上册	7	5	1	0	0	25	13	52
七年级下册	4	4	0	1	2	24	11	46
八年级上册	5	2	1	2	0	26	10	38
八年级下册	5	0	0	1	2	24	8	33
九年级上册	2	1	0	0	1	25	4	16
九年级下册	4	1	0	1	0	24	6	25
总数	27	13	2	5	5	148	52	35

相较于单元导语，课文预习板块则具体到了单篇选文，统编初中语文教科书中的课文选文篇数量148篇，其中，课文预习并不是均匀分布在各选文之中，部分选文没有展示课文预习内容，这里不单独进行统计，整体统计含有课文预习板块且体现精神文化内容的数量占全部课文的比重，由上表可知，精神文化在课文预习板块中占比最高的为七年级上册，达到52%，七年级下册次之，九年级上册占比最小，占比为16%。其中，传统文学相关内容最多，其次是中华传统美德。

（三）注释与旁批

注释与旁批往往交代写作背景、解释重点字词、补充文学知识、分析关键片段，辅助学生理解选文，其中，课后注释中关于语言字词的解释占较大比重，体现汉字文化，这里不计入统计范围。具体统计情况见表5-9。

表5-9　注释与旁批中精神文化各要素分布情况

年级	所在篇目	精神文化要素
七年级上册	《春》《古代诗歌四首》《世说新语》二则《从百草园到三味书屋》《论语》十二章《狼》《寓言四则》	文学
	《济南的冬天》《雨的四季》	艺术
	名著导读《西游记》	宗教
七年级下册	《邓稼先》《说和做——记闻一多先生言行片段》《回忆鲁迅先生》《孙权劝学》《土地的誓言》《阿长与〈山海经〉》《老王》《叶圣陶先生二三事》《最苦与最乐》《短文两篇》《古代诗歌五首》《一棵小桃树》	文学
	《短文两篇》	宗教
	《阿长与〈山海经〉》《短文两篇》	艺术
八年级上册	《三峡》《短文两篇》《唐诗五首》《中国石拱桥》《苏州园林》《孟子》三章《周亚夫军细柳》《诗词五首》	文学
	《苏州园林》《人民英雄永垂不朽》《蝉》《梦回繁华》	艺术
八年级下册	《社戏》《安塞腰鼓》《核舟记》《庄子》二则《礼记》二则《唐诗三首》	文学
	《灯笼》	艺术
	《核舟记》	宗教
	《一滴水经过丽江》	语言文字
九年级上册	《敬业与乐业》	宗教
	《敬业与乐业》《精神的三间小屋》《湖心亭看雪》《诗词三首》《中国人失掉自信力了吗》《怀疑与学问》《智取生辰纲》《范进中举》《三顾茅庐》《刘姥姥进大观园》	文学
九年级下册	《孔乙己》《唐雎不辱使命》《送东阳马生序》《词四首》《山水画的意境》《无言之美》《曹刿论战》《出师表》《诗词曲五首》	文学
	《山水画的意境》《天下第一楼》	艺术

由上表可知，不同年级的课文在注释与旁批中均涉及了多种精神文化要素，而各个年级都十分注重文学艺术的传播。例如，七年级上册的课文在注释与旁批中主要展现了传统文学的魅力，其中《春》《古代诗歌四首》通过注释和旁批深入解读了文学作品的文化内涵。此外，《济南的冬天》《雨的四季》则展示了传统艺术的特点，如风景描绘中融入的传统文化元素。七

年级下册同样以传统文学为主，通过注释和旁批对《邓稼先》《说和做—记闻一多先生言行片段》进行了深入的文化解读。八年级的课文在注释与旁批中继续强调传统文学的重要性，八年级上册中《三峡》《短文两篇》深入解读了文学作品中的文化元素。八年级下册中《社戏》《安塞腰鼓》对文学作品进行了深入的解读。九年级上册《湖心亭看雪》《诗词三首》介绍了传统宗教的思想内涵。

进一步统计发现，涉及精神文化的注释与旁批在整套统编版初中语文教科书总数中所占比重情况见表 5 - 10。

表 5 - 10　注释与旁批中精神文化篇数及占比

年级	传统文学（处）	传统宗教（处）	语言文字（处）	传统艺术（处）	总数（处）
七年级上册	7	1	0	2	10
七年级下册	12	1	1	2	16
八年级上册	8	0	0	4	12
八年级下册	6	1	1	1	9
九年级上册	10	1	0	0	11
九年级下册	9	0	0	2	11
总数	52	4	2	11	69

在 6 册统编语文教科书中，体现精神文化的注释与旁批共 69 处，其中，七年级下册数量最多，为 16 处，其次依次为八年级上册、九年级上册和九年级下册、七年级上册、八年级下册。从横向来看，中华传统文学知识涉及的次数最多，达到 52 处，中华传统艺术文化共出现 11 次，仅次于文学。宗教在语文教科书中主要体现为对佛教、道教等内容的解释，在注释与旁批中共出现 4 次，七年级上册第六单元名著导读部分的注释中对"正果"进行解释，佛教认为，经历重重考验和磨难，最终领悟佛法深奥内涵，面对威胁、诱惑，心不改变，就是修成"正果"。七年级下册《陋室铭》一文注释中，提到"金经"，即佛经。八年级下册《核舟记》注释中提到"念珠"，"念珠又叫佛珠，是佛教徒念佛号或经咒时用以计数的工具。"九年级上册《敬业与乐业》中出现"百丈禅师"。除去对汉语言文字的解释，在八年级下册《一滴水经过丽江》一文的注释中，出现了东巴象形文字，即纳西族旧时使用的一种图画文字。

三、导学系统中的行为文化呈现

行为文化传递了中华优秀传统文化的核心价值观,无论是日常生活中的礼仪、习俗,还是特定场合下的行为规范,都蕴含着深厚的文化内涵。本节从单元导语与课文预习和注释与旁批两个维度,深入探讨统编初中语文教科书精神文化的展现情况。

(一)单元导语与课文预习

单元导语的设置有助于解决教师面对教科书到底要教什么和学生具体应该学什么的难题,同样,课文预习也能帮助学生提前了解所学知识,单元导语和课文预习中行为文化部分进行统计,具体呈现内容见表 5-11。

表 5-11　单元导语与课文预习中行为文化各要素分布情况

年级	所在模块	行为文化要素
八年级下册	第一单元单元导语	礼仪民俗 节日习俗
	《社戏》课文预习	礼仪民俗
	《回延安》课文预习	民间文艺

通过整理分析发现,行为文化在统编初中语文教科书中出现较少,单元导语与课文预习板块中体现行为文化的仅在八年级下册,其他几册均未涉及。八年级下册第一单元单元导语提到:"民俗是民间流行的习俗、风尚,是由民众创造并世代传承的民间文化。"由此可知,该单元聚焦于民俗文化。其中,第一课《社戏》的课文预习对社戏进行介绍,"社戏是中国农村举行迎神赛会或岁时节庆时所演的戏,在江南尤为盛行,"由此可知,社戏既体现了部分地区人民的礼仪文化,同时也是他们在节庆时的重要习俗之一,体现着行为文化中的节日习俗。第二课《回延安》在课文预习中提到,"这首诗采用了陕北民歌中独特的'信天游'形式,运用了充满地方特色的词汇,生动地展现了浓郁的陕北风情。这种民歌是民间艺术文化中的瑰宝之一。"陕北民歌属于民间艺术文化中的一种。

(二)注释与旁批

语文教科书中的注释和旁批是课文的有机组成部分,有助于学生扫清阅读障碍,理解语言文字所表达的思想感情导向。针对注释和旁批中的行为文化进行统计，具体呈现情况见表 5 - 12。

表 5 - 12　注释与旁批中行为文化各要素分布情况

年级	所在篇目	行为文化要素
七年级上册	名著导读：《朝花夕拾》 消除与经典的隔膜	礼仪民俗 民间文艺
七年级下册	《阿长与〈山海经〉》《游山西村》	节日习俗
八年级下册	《灯笼》	节日习俗
	《式微》	民间文艺
九年级上册	《醉翁亭记》	民间文艺
九年级下册	《蒲柳人家》《屈原（节选）》	礼仪民俗
	《天下第一楼（节选）》	民间文艺

　　上表显示，六册统编初中语文教科书中共有 9 篇选文的注释与旁批部分体现了行为文化，其中，礼仪民俗出现 2 次，节日习俗出现 2 次，民间文艺出现 4 次，民族风情在注释与旁批部分未体现。七年级上册第三单元名著导读部分的注释中出现的"五猖会""迎神赛会，"属于行为文化中的礼仪民俗。此外，该部分还介绍了"高跷""抬阁""马头，"均属于民间行为文化中的民间文艺。七年级下册选文《阿长与〈山海经〉》的课文注释中提到，"旧时江浙民间有在正月初一早晨吃福橘的习俗，"体现着节日习俗。《游山西村》中，"箫鼓追随春社近"体现了古代的社日习俗，注释中解释到，"古代立春后第五个戊日为春社日，祭社神，祈求丰收。"同样属于节日习俗。八年级下册《灯笼》一文中："金吾不禁指元宵节开放夜禁，允许人们终夜观灯。"属于节日习俗。《式微》的注释中提到了"邶风，"即邶地（今河南淇县北部一带）的民歌，体现民间文艺。九年级上册《醉翁亭记》在注释中介绍了"投壶，"即宴饮时的一种游戏，属于民间文艺。九年级下册《蒲柳人家》："洗三，即旧俗在婴儿出生后的第三天要举行沐浴仪式，会集亲朋好友为婴儿祝福。"体现了礼仪民俗中的诞生礼。《屈原（节选）》的注释中则提到了"跪拜礼，"同样属于礼仪民俗。整体来看，注释与旁批中行为文化内容涉及较少，数量最多的九年级下册也仅出现三篇。

第三节　练习系统中各类传统文化呈现情况

练习系统旨在帮助学生巩固所学知识，提升学生的听说读写等能力，包括课后练习与单元练习两大部分。初中语文教科书的课后练习包括思考探究、积累拓展、读读写写，单元练习包括了综合性学习与口语交际练习两部分，其中同一篇课文的多个课后练习记为一篇。

一、练习系统中的物质文化呈现

物质文化是精神文化的载体，在练习系统中也稍有涉及，但因涉及物质文化的练习数量较少，故不再详细划分单元练习和课后练习两部分，练习系统中物质文化各要素分布情况详见表5-13。

表5-13　练习系统中物质文化各要素分布情况

年级	选文篇目	物质文化要素
七年级下册	《活板》	科技
八年级上册	《中国石拱桥》	建筑
	《苏州园林》	建筑
	综合性学习"身边的文化遗产"	建筑

在练习系统中并没有发现太多关于物质文化的相关内容。只在七年级下册《活板》、八年级上册《中国石拱桥》《苏州园林》以及综合性学习中涉及物质文化相关的内容。

二、练习系统中的精神文化呈现

由于"读读写写"板块均匀分布在初中语文教科书的课后练习部分，体现了中国的汉语言文字文化，因此这里不作统计。

（一）课后练习

课后练习是语文要素之一，其设置的目的为帮助学生巩固所学知识，其中也涉及精神文化内容，精神文化在课后练习中分布情况，详见表5-14。

表 5－14　课后练习系统中精神文化篇数及占比

年级	传统文学	传统美德	语言文字	传统艺术	传统哲学	总数
七年级上册	6	1	4	0	0	11
七年级下册	6	4	15	2	0	27
八年级上册	8	2	7	4	0	21
八年级下册	6	0	4	1	1	12
九年级上册	4	0	4	0	0	8
九年级下册	2	1	7	0	0	10
总数	32	8	41	7	1	89

　　精神文化的二级类目在课后练习中均有所体现但分布不均匀，其中，涉及语言文字类的课后练习数量最多，为41篇，传统文学次之，为32篇，其他依次为传统美德、艺术以及哲学，可见课后练习十分重视学生的语言文字素养。纵向分析来看，六册教科书中共有89篇选文中的课后练习体现了精神文化，七年级下册选文中体现精神文化的课后练习篇目数量最多，为27篇，九年级上册数量最少，为8篇，其他依次为八年级上册、八年级下册、七年级上册与九年级下册，整体来看，课后练习中精神文化的呈现情况良好。

　　（二）单元练习

　　统编初中语文教科书的单元练习部分包含"综合性学习"与"口语交际"两个模块。综合性学习旨在将学生的"听说读写"能力结合起来，在特定主题下设计不同的活动与任务，在循序渐进中全面提升学生的语文素养。其中精神文化要素分布情况见表5－15。

表 5－15　单元练习系统中精神文化各要素分布情况

年级	所在模块	主题	精神文化要素
七年级上册	综合性学习	"有朋自远方来"	传统美德
			文学
七年级下册	综合性学习	"天下国家"	传统美德 文学
		"孝老敬亲，从我做起"	传统美德 文学
		"我的语文生活"	语言文字
八年级上册	综合性学习	"人无信不立"	传统美德

续表

年级	所在模块	主题	精神文化要素
八年级下册	综合性学习	"故事苑漫步"	文学
		"以和为贵"	文学 传统美德
九年级上册	综合性学习	"君子自强不息"	传统美德

通过梳理发现，从八年级上册开始，教科书中加入了"口语交际"模块，将"口语交际"练习分为讲述、复述与转述、应对、即席讲话、讨论、辩论六大部分，依次穿插在教科书当中，但通过整理发现，教科书的口语交际部分对精神文化并没有提及，因此表格中仅呈现了综合性学习中的精神文化内容。六册教科书中除九年级上下册教科书含有两个综合性学习外，其他几册教科书均包含三个综合性学习，由上表可知，七年级下册的综合性学习模块体现的精神文化内容最多，三个综合性学习均涉及精神文化，包括传统美德、中华传统文学以及语言文字，除九年级下册外，其他几册教科书的综合性学习中都或多或少体现着精神文化内容。

三、练习系统中的行为文化呈现

统编初中语文教科书的练习系统分为课后练习与单元练习，单元练习又包括综合性学习与口语交际练习，针对其中蕴含行为文化的部分进行统计分析，行为文化要素分布情况见表5-16。

表5-16 练习系统中行为文化各要素分布情况

年级	所在模块	行为文化要素
八年级上册	综合性学习：身边的文化遗产	礼仪民俗
		民间文艺
八年级下册	《回延安》课后练习	礼仪民俗
		民间文艺

通过梳理发现，六册教科书中仅有一处综合性学习与一篇选文的课后练习中体现了行为文化。八年级上册"综合性学习：身边的文化遗产"的资料夹部分提到，"文化遗产包括物质文化遗产与非物质文化遗产。"其中，非物质文化遗产中的传统表演艺术、民俗活动和礼仪节庆、传统手工艺等体

现着行为文化。八年级下册《回延安》的课后练习指出，"全诗采用陕北民歌'信天游'的形式，两行一节，节内押韵，形式活泼，节奏自由，"请同学们作简要分析并尝试找出体现陕北地域风俗的地方，这里属于行为文化中的民间文艺与礼仪民俗。

第四节　习作系统中各类传统文化呈现情况

写作，是运用语言文字进行表达和交流的重要方式，也是学生认识自我、认识世界和创造性表述的过程。在一篇优秀作文的评判标准，不仅要达到最基本的字迹工整、美观，更重要的是语言优美、内容富有思想性。如何使作品的内容丰富多彩，关键在于学生在日常学习中广泛涉猎经典文化，阅读优秀书籍，积累作文素材，并注重优美词汇与句式的储备。这一过程看似都是为习作做准备，但实则也在无形之中潜移默化地传承了中华优秀传统文化。

一、习作系统中的物质文化呈现

（一）写作系统中体现物质文化的篇数及年级分布情况

语文习作作为学生语文素养的综合体现，有助于学生人文素养的提升和表达能力的提升，物质文化在初中语文教科书写作系统中的呈现情况详见表 5 - 17。

表 5 - 17　写作系统中物质文化篇数及占比

年级	习作总数（篇）	所含物质文化的篇数	物质文化习作所占比重（％）
七年级上册	6	0	0
七年级下册	6	1	17
八年级上册	5	1	20
八年级下册	5	1	20
九年级上册	5	1	20
九年级下册	5	0	0
总计	32	4	12.5

上表显示，在整套初中语文教科书中，共有 32 篇习作篇目，但涉及物质文化的篇目较少，共有 4 篇，占总篇目的 12.5％。其中七年级上册和九

年级下册没有涉及物质文化相关的习作篇目，七年级下册、八年级上册、八年级下册和九年级上册均有 1 篇。由此可见，物质文化在教科书的编纂体系中得到了相对均衡的展现，但其篇幅占比比较小。

（二）写作系统中物质文化各要素分布情况

初中的写作模块都有对应的习作主题，如"学会记事""写人要抓住特点""思路要清晰""如何突出中心""写出人物精神""学习抒情""抓住细节""怎样选材""文从字顺""语言要简明""表达要得体""学习仿写""说明的顺序""学写读后感""学习游记""学写故事""学习缩写""学习扩写""论证要合理""发挥想象""语言要连贯""学写传记""描写景物""观点明确""布局谋篇""修改润色""议论要有据"等具体的写作目标，对语文写作素养的考察更加的细致深入。每个写作主题下都给出了三个不同的写作实践练习，学生可以有更多的选择性。根据前文物质文化要素的分类框架，习作系统中物质文化各要素具体呈现情况如表 5-18 所示：

表 5-18　习作系统中物质文化各要素分布情况

年级	模块	写作实践	物质文化要素
七年级上册	无	无	无
七年级下册	语言简明	写作实践三	科技
八年级上册	说明事物要抓住特征	写作实践二	建筑
八年级下册	说明的顺序	写作实践二	科技
	学写游记	写作实践三	建筑
九年级上册	无	无	无
九年级下册	布局谋篇	写作实践一	建筑

根据上表可知，六册教科书的写作系统中有关物质文化的要素主要涉及科技和建筑两方面，与其他物质文化要素如饮食文化、服饰文化、出行、传统手工艺相比，与学生的生活经验联系更紧密，能够为学生提供丰富的写作素材和灵感。写作系统中物质文化要素主要作为学生撰写说明文和记叙文的素材。

八年级上册"说明事物要抓住特征"中的写作实践二，要求学生抓住身边建筑的特征，介绍单体建筑，如一栋楼、一座桥或群体建筑，如一条街巷、一座塔林的位置、外观、用途等。八年级下册"说明的顺序"中写作实践二，要求观察生活中科技产品给我们带来的影响，介绍智能手机、平板电脑、机顶盒、路由器等电子产品的功能和使用方法。九年级下册"布局谋篇"中写作实践一,提到对家乡古建筑的、古物产的介绍。这三篇习作都是让学生撰写事物介绍的说明文,对象包括中国古代传统建筑和现代发展下的中国建筑、科学技术成就。七年级下册"语言简明"中写作实践三,要求展开想象,描绘未来航天、生物、计算机、新能源的发展面貌。八年级下册"学写游记"中写作实践三,要求学生写一篇纪念馆、博物馆或展览馆的游记。这两篇属于记叙文,记录的内容是有关古代文化典藏和未来科技发展图景的描绘。学生在写作的过程中不仅锻炼了语言的逻辑性,学会了按顺序、找特征、抓重点,通过学习和了解物质文化,学生可以更加深入地了解古代社会的生活方式和文化内涵,理解和欣赏现代社会的物质文明和精神文明,在写作中更加准确地表达自己的思想和情感,同时增强文化自信和民族自豪感。

二、写作系统中的精神文化呈现

精神文化是人类在长期实践活动和思想活动中孕育的成果,其中包括价值观念、思维方式等,构成了学生道德、情感和认知成长的重要基石。在写作系统中融入精神文化,不仅能有效提升他们的文化素养和写作能力,还能使他们在字里行间中传承和弘扬中华优秀传统文化。经统计,习作系统中涉及精神文化的习作篇目在总篇目中的占比情况如表 5 - 19 所示:

表 5 - 19 写作系统中精神文化篇数及占比

年级	习作模块总数	精神文化习作篇数	精神文化习作所占比重(%)
七年级上册	6	2	33
七年级下册	6	4	67
八年级上册	5	1	20
八年级下册	5	2	40
九年级上册	5	2	40
九年级下册	5	1	20
总数	32	12	38

上表显示,六册统编初中语文教科书的习作部分均涉及精神文化有关内容但分布不均匀。其中,七年级下册涉及精神文化的习作篇数最多,为4篇,占比67%,七年级上册、八年级下册、九年级上册均有2篇,分别占

习作总篇数的 33%、40%、40%。八年级上册与九年级下册各有 1 篇,均占习作总篇数的 20%。从整体来看,六册语文教科书中共含有习作 32 篇,涉及精神文化的相关习作篇数为 12 篇,占习作总篇数的 38%,符合语文学科"以文化人"的文化特质。

(二) 写作系统中精神文化各要素分布情况

根据上文对精神文化要素的分类框架,对统编初中语文教科书写作系统中有关精神文化写作主题及要素进行统计,详情如表 5-20 所示。

表 5-20   写作系统中精神文化各要素分布情况

年级	所在单元	写作主题	精神文化要素
七年级上册	第二单元	学会记事	传统美德
	第六单元	发挥联想和想象	文学
七年级下册	第一单元	写出人物的精神	传统美德
	第二单元	学习抒情	文学
	第五单元	文从字顺	语言文字
	第六单元	语言简明	语言文字
八年级上册	第五单元	说明事物要抓住主要特征	艺术
八年级下册	第三单元	学写读后感	文学
	第六单元	学写故事	文学
九年级上册	第三单元	议论要言之有据	文学
	第六单元	学习改写	文学
九年级下册	第一单元	学习扩写	文学

上表显示,相比于传统美德的培养熏陶,初中语文教科书习作系统更加关注学生文学素养的提升。例如,在七年级上册第六单元"发挥联想和想象"习作主题中,《天上的街市》、《秋江的晚上》、《荷叶·母亲》及《西游记》等篇目作为优秀范例,七年级下册第二单元"学习抒情"主题下,引用了《猫》、《黄河颂》、《邓稼先》等篇目,展示了直接抒情和间接抒情的多样化表达方式,此外,八年级下册第三单元"学写读后感"、第六单元"学写故事",九年级上册第三单元"议论要言之有据"、第六单元"学习改写",九年级下册第一单元"学习扩写",都是以中华传统优秀传统文学作品中的经典文献、神话传说、诗词散文为例或者作为立论依据,在锻炼学生写作过程中充分实现传统文学的融入和内化。

传统美德在七年级上册第二单元"学会记事"主题中体现了孝顺长辈的美德元素，书中没有明确说出要学会孝顺，但学生在记录家人的呵护和关爱、抒发情感的过程中会体会到相关道德情感。七年级下册第一单元"写出人物的精神"以闻一多先生的大无畏精神和邓稼先先生的无私奉献精神为例，让学生在运用外貌、语言、动作描写和对比、衬托等写作手法进行描写人物的写作时，脑海中浮现大量中华优秀传统美德精神，并实现美德品质的认同和内化。

除此之外，对于精神文化要素的体现，在习作系统中还包括语言文字和艺术要素。七年级下册第五单元"文从字顺"习作主题要求习作语言的条理、文字的通顺，第六单元"语言简明"要求语言的概括性、文字的凝练，八年级上册第五单元"说明事物要抓住主要特征"中引用了《中国石拱桥》、《清明上河图》中的中华优秀传统建筑、绘画艺术，这些艺术作品不仅是物质实体，更是中华文化价值观念、思想情感的表达，他们记录了历史、传统和习俗，反映了社会的精神面貌和审美观念，是文化传承的重要载体。

统编初中语文教科书习作系统中的精神文化体现在人文关怀、道德和人格成长的关注。写作系统中精神文化要素的渗透不仅有利于学生树立正确的价值观、形成健全的人格和良好的道德品质，也能提高学生的审美能力和思维能力，使学生在了解中华优秀传统文化的过程中，增强文化自信。

三、习作系统中的行为文化呈现

行为文化是在长期的历史演变与不断发展中形成并得以传承的，它对人们的行为起到指导和规范作用。习作可以将学生在日常生活中所感受的行为文化转化为文字借以记录，以增强表达能力及文化感受力。统编初中语文教科书写作系统中的行为文化具体分布情况如表 5 - 21 所示。

表 5 - 21 写作系统中行为文化各要素分布情况

年级	所在单元	写作主题	行为文化要素
八年级上册	第四单元	语言要连贯	节日习俗
九年级下册	第三单元	布局谋篇	礼仪民俗

表 5 - 21 显示，初中语文教科书习作系统中涉及行为文化要素相对较少。六册统编语文教科书的写作板块中，有两个单元对行为文化有所体现。

八年级上册第四单元的写作板块，该单元写作主题为"语言要连贯，"第二个写作实践的要求为"每逢节日来临，人们欢声笑语，处处都洋溢着浓厚的节日气氛，你也一定沉浸在欢乐之中吧。以《节日》为题，写一篇散文。不少于500字。请同学们选择一个具体的节日，如春节、端午节、劳动节、国庆节。"这一要求不仅锻炼了学生的写作能力，通过节日主题的设定，让学生深入了解和体验了节日习俗文化，使学生在感受传统节日魅力的同时将节日习俗行为内化到头脑中，对学生的个体行为发展起到社会性规范。

九年级下册第三单元的写作板块，其主题为"布局谋篇"，在案例讲解中提到，对于题目《家乡的名片》，我们可以围绕家乡的某建筑、某名人、某街区、某段历史、某风俗来介绍家乡，然后书中以建筑为例，布局谋划了建筑的外形、内涵、历史和引发的联想，那么关于风俗学生也可以从该风俗的历史、内涵、行为、代表性物品、时间、影响几方面展开介绍，这种介绍方式不仅丰富了文本内容，充分展现了礼仪民俗的魅力，也能让学生在实际生活中关注家乡的习俗，通过写作练习，引导学生形成良好的行为习惯和价值观念，包括安全、学习、生活、文明礼仪、环保与公益等方面的行为规范和价值追求。这些行为文化不仅有助于学生的个人成长和发展，也有助于他们成为有责任感、有担当的公民。

统编初中语文教科书中的习作系统涉及大量中华优秀传统文化要素，包括物质、精神和行为文化，各个文化要素分布不均衡，制度文化在习作系统中的体现不足。在初中作文中巧妙地引用并深入解读传统文化元素，不仅能极大地丰富文章的内涵，拓宽其表达边界，还能显著提升作文的文化底蕴和艺术价值。这样的写作实践不仅使学生能够深入领略中华优秀传统文化的独特魅力，更能激发他们的中华文化认同感和自豪感，进而增强文化自信。

第六章 统编语文教科书里中华优秀
传统文化的分析结论

义务阶段语文教科书的中华优秀传统文化谱系分析，是基于物质文化、精神文化、制度文化、行为文化"四位一体"的文化内涵而构建的分析框架下的分析，该分析框架由4个一级指标、20个二级指标和81条类目描述构成。其中，物质文化维度着重对饮食、服饰、建筑、出行、科技以及传统手工艺等方面内容的分析，旨在揭示这些方面所蕴含的中华优秀传统文化元素；精神文化维度强调围绕宗教、艺术、传统美德、哲学以及语言文字等方面进行分析，以展现中华优秀传统文化在精神层面的丰富内涵；制度文化维度着重关注政治制度、经济制度、教育制度以及礼仪制度等方面的内容，以揭示中华优秀传统文化在制度层面的特点和价值；行为文化维度关注节日习俗、礼仪民俗、民族风情以及民间文艺等方面内容，以展现中华优秀传统文化在行为层面的多样性和独特性。四个维度的文化组成一个有机整体，全方位、多角度地展示了中华优秀传统文化的丰富内涵。通过对这些文化内容的深入分析，帮助学生更好地理解和传承中华优秀传统文化，增强文化自信。

第一节 统编语文教科书里中华优秀
传统文化要素数量分布特点

本研究从选文系统、写作系统、练习系统和助读系统分析了统编版语文教科书中各传统文化要素呈现的特点，全面展现了统编版语文教科书中物质文化、精神文化、制度文化和行为文化"四位一体"的文化内涵。18册统编版语文教科书各系统中中华优秀传统文化要素的呈现特点如下：

一、选文系统中各传统文化要素数量分布特点

在义务教育阶段的统编语文教科书中，选文系统具有举足轻重的地位。在选文系统中，小学阶段共包含381篇选文、初中阶段共包含253篇选文，共计634篇选文。各类型文化在教科书选文中占比情况由高到低依次呈现为：精神文化（45%）、物质文化（26%）、制度文化（5%）、行为文化（4%）。可见，统编版语文教科书选文系统中中华优秀传统文化内容体现的形式丰富。

其中，精神文化占比最大，这和语文学科所具有的人文属性密不可分，体现了教科书选文承载着"文以载道、以文化人"的重要价值。物质文化仅次之，精神文化的彰显需要借助物质文化的"外衣"，且物质文化在小学阶段选文中占比为28%，初中阶段占比为22%，这表明随着学生思维方式逐渐由具体形象阶段转向抽象逻辑阶段，其对文化内涵的理解逐渐摆脱了对物质的依赖，转而向精神内涵的深层体悟。

制度文化在小学和初中阶段占比分别为5%和6%，这说明选文在制度文化的渗透上呈现一以贯之的特点。行为文化占比为4%，相对来说较少，这表明统编版语文教科书在增强实践性方面仍需重视，但行为文化随着年级的升高在选文中的占比逐渐增加符合了学生的身心发展特征。

二、习作系统中各传统文化要素数量分布特点

习作是学生表达内心精神世界的重要窗口，反映学生的世界观、人生观和价值观，因而精神文化占据习作系统中的首位。在写作系统中，本套教科书共包含105篇习作，包括习作例文和习作练习，其中小学阶段习作共73篇，初中阶段习作共32篇。在所有习作中，各类文化要素在写作系统中的呈现情况与选文系统一致，由高到低分别为：精神文化（20%）、物质文化（18%）、行为文化（4%）、制度文化（1%）。

精神文化在小学阶段共包含9篇习作，初中阶段共包含12篇习作。由此可知，随着学生年龄增长和思维水平的发展，更加注重对学生精神文化的培育，习作难度也随之增大。例如，小学四年级下册第六单元习作《我学会了》让学生从生活中做过的具体小事来感悟勤劳勇敢、团结友爱等传统美德，而同样是传统美德，七年级下册第一单元的《写出人物的精神》则

提示学生进一步通过列举榜样事例、运用写作手法的方式来体现美德精神。除了精神文化，物质文化在习作中的比重也较高。但不同于精神文化，物质文化在小学阶段共包含 15 篇习作，而在初中阶段仅包含 4 篇习作，这也再次验证了学生思维由具体形象向抽象精神过渡的趋势。

制度文化和行为文化与学生的经验关联较小，因此体现制度文化和行为文化的习作篇数较少，主要表现为节日风俗礼仪。在小学语文教科书中制度文化和行为文化分别为 1 篇和 2 篇，所体现的制度文化包括礼仪制度，所体现的行为文化包括礼仪民俗和民间文艺，初中语文教科书中行为文化为 2 篇，所体现的行为文化包括节日习俗和礼仪民俗。

三、练习系统中各传统文化要素数量分布特点

练习是巩固和发展学生已有知识水平的有力抓手，在义务教育阶段教科书中呈现出丰富性、灵活性和操作性。在练习系统中，各类文化要素出现次数情况，精神文化共计 278 次，物质文化共计 112 次，行为文化共计 24 次，制度文化共计 2 次。

小学阶段的练习系统划分为课后练习和单元练习，其中单元练习包括"口语交际""快乐读书吧""综合性学习""语文园地"四个模块，各类型文化出现次数由高到低依次为：精神文化共计 181 次，物质文化共计 108 次，行为文化共计 22 次，制度文化共计 3 次。由此可见，涉及传统文化内容的练习所占比重较大，尤其是体现在单元练习的"快乐读书吧"和"语文园地"栏目，"快乐读书吧"设置了寓言故事、民间故事、神话传说等传统文学形式，"语文园地"设置了日积月累、字词句运用、词句段运用以及和大人一起读等模块，值得注意的是，小学低年级学段的日积月累多次呈现古诗文内容，说明这一板块着重强调学生的语感和传统文化素养的培育。

统编语文教科书在初中阶段的练习系统同样划分为课后练习和单元学习，单元练习中仅在综合性学习部分体现了中华优秀传统文化，口语交际并未体现。各类型文化出现次数统计情况如下：精神文化共计 97 次，物质文化共计 4 次，行为文化共计 2 次，制度文化共计 2 次。与小学阶段练习系统相比，初中教科书中涉及物质文化的练习，精神和行为文化练习也明显减少。

四、助读系统中各传统文化要素数量分布特点

助读系统有助于教师和学生更好的理解文本信息，使学生愉悦、高效地接受知识。由于学生在小学和初中阶段的思维类型有所差异，所以助读系统的具体表现不同。

小学生的语文学习以读为基础，因此相关板块主要起到助读作用。统编版小学语文教科书的助读系统包括单元导语、资料袋和阅读链接，单元导语先于单元内容呈现，旨在介绍单元主题，以便读者能更快掌握该单元的核心要点和学习方向。资料袋是为了便于学生对课文的理解或知识的拓展，在课后设计的图片和文字。阅读链接是在课后呈现的与课文内容相关的短故事或短句，旨在启发学生进一步的思考。在助读系统中，各类文化要素出现情况由高到低依次是：物质文化共计 24 次，精神文化共计 46 次，行为文化共计 5 次，制度文化 0 次。

初中语文教科书中文言文的占比有大幅度提高，选文的深度也渐趋加大，此外初中生已经具备一定的生活经验和学习能力，所以教科书中相关板块主要起到导学作用。初中阶段的导学系统包括单元导语、课文预习、注释和旁批，课文预习、注释和旁批都是为了适应初中生自主学习的需要，起到辅助作用。不同于小学阶段，初中阶段精神文化（142 次）占比最重，其次是物质文化（36 次）、行为文化（12 次）和制度文化（1 次）。

不同模块传承中华优秀传统文化的形式各异，无论是小学还是初中阶段，单元导语中的精神文化占比最高，它常常是引用与本单元主题相契合的古诗词或名言来引出单元选文，且配有与文字相呼应的插图，物质文化主要从插图中挖掘，其他传统文化从文字的解读阐释中得以呈现。

综上所述，18 册统编版语文教科书中传统文化呈现的内容和形式各有特点，不仅体现在篇幅占比最重的选文系统中，还落实于写作系统、练习系统、助读系统（导学系统）中。

首先，在纵向年级顺序中，四种文化要素的选择关照了中小学生的身心发展规律。例如，考虑到一、二年级的学生刚进入小学，生活经验少，但是知识储备较少，因此注重生活体验。例如，二年级下册《传统节日》、一年级上册《小小的船》等课文，贴近学生日常生活学生容易理解其中所蕴含的文化内涵。三、四年级学生拥有了一定的知识储备，但是仍处于具体运算

阶段，因此还需要借助服饰、饮食、建筑等内容获得物质文化的具体表征。从五年级开始学生的抽象逻辑思维发展逐渐成熟，能更好地理解制度文化的内涵，制度文化内容占比重随年级递增。

其次，在横向多元编排中，注重四种文化的整合。四种类型文化的占比由高到低，绝大部分按照精神文化、物质文化、行为文化和制度文化进行排序。这说明教科书编写不仅重视中华优秀传统文化内容的全面性和多样性，也能抓住语文教育的重点，做到科学性。

总体而言，统编版语文教科书选文内容丰富，具有多样性，能够满足学生学习的需要；选文能够根据学生的发展由浅入深、由表及里的呈现。

第二节　统编语文教科书里中华优秀传统文化内容特征

一、文化自信为纲，强调价值引导

语文课程是一门学习国家通用语言文字运用的综合性、实践性课程，而语言文字既是文化的载体，又是文化的重要组成部分，学习语言文字的过程也是学生文化积淀与发展的过程，是学生价值观形成的过程。孔子的教育思想强调"文、行、忠、信"并重，结合语文教科书的特点，可将语文教科书传统文化内容归纳为"文、行、信"三位一体的内在结构。其中，"文"指传统文化知识与内容节选，是传统文化教育的立足点。"文"主要包括语言知识、文学知识和历史知识，而语言知识尤为重要，其承载着开启传统文化教育之门的重要作用。[①] 习近平总书记曾说道："精神的力量是无穷的，道德的力量也是无穷的。中华文明源远流长，蕴育了中华民族的宝贵精神品格，培育了中国人民的崇高价值追求"。[②] 在《完善中华优秀传统文化教育指导纲要》文件中也提到"要加强对青少年学生的中华优秀传统文化教育，要以弘扬爱国主义精神为核心，以家国情怀教育、社会关爱教育和人格修养教育为重点，着力完善青少年学生的道德品质，培育理想人格，提升

① 任翔. 语文教材传统文化教育内容体系刍论 [J]. 中国教育学刊. 2020 (06)：26 - 27.
② 习近平在会见第四届全国道德模范及提名奖获得者时强调：深入开展学习宣传道德模范活动为实现中国梦凝聚有力道德支撑 [N]. 人民日报，2013 - 09 - 27.

政治素养"。① 因此，统编语文教科书应以语言文字作为载体，开展中华传统文化教育，以此培育学生树立坚定的文化自信，引领学生形成正确的价值观。

价值泛指客体对主体表现出来的积极性和有用性。② 人们追求精神生活的主要目的在于价值建设，所谓价值建设就是通过建设信念、信仰和理想，使人们有方向的确立生活目的，让个体通过最大努力去实现其存在的使命。而中华传统文化突出强调指导个人修养的提升，其中包括讲仁爱、重民本、守诚信、崇正义、尚和合、求大同等核心思想理念，自强不息、敬业乐群、扶危济困、见义勇为、孝老爱亲等中华传统美德，还包括促进社会和谐、鼓励人们向上向善的中华人文精神的思想文化内容。中华传统文化以语文课程中的语言文字等作为载体，以文载道，强化育人导向，实现对学生的价值引领。

在本研究中，将文化划分为物质文化、精神文化、制度文化、行为文化四大领域，物质文化有助于学生形成文化认知的基础，行为文化有助于加深学生对传统文化的理解，制度文化有助于深化学生的文化认同，精神文化有助于增强学生的文化自信。在语文教科书编排中，精神文化在选文系统、练习系统、助读系统及写作系统均占比最高，以此表明，语文教科书十分注重加强学生的文化自信。在有关精神文化的选文中，《囊萤夜读》的勤奋苦读、《铁杵成针》《精卫填海》的坚持不懈、《慈母情深》《父爱之舟》《背影》的尊亲爱亲、《只有一个地球》中的取之有道以及《过零丁洋》的"人生自古谁无死，留取丹心照汗青"的爱国情怀等内容，都在潜移默化的引导学生形成正确的评判是非曲直的价值标准，形成正确的价值观念。精神文化又是以物质文化、制度文化和行为文化作为基础，在选文系统中，《送东阳马生序》中"余立侍左右，援疑质理，俯身倾耳以请"的尊师之礼、《核舟记》所展现的古代工艺美术之秀、《邹忌讽齐王纳谏》的官僚制度、《腊八粥》《寒食》中的节日习俗及《安塞腰鼓》所展现的热烈豪放的民间习俗等，学生在感知传统文化的美好过程中，形成文化认同，进而增强学生

---

① 教育部关于印发《完善中华优秀传统文化教育指导纲要》的通知（教科社［2014］3号）［EB/OL］.（2014－03－28）［2021－06－01］.

② 王治国. 唤起道德生命的觉醒"适性·动能"德育校本实践体系［M］. 成都：四川教育出版社，2021.04.

爱我中华、振兴中华的爱国情怀，天下兴亡、匹夫有责的担当意识以及尊师重道的思想观念。

中国传统文化中积累了多样且宝贵的精神财富，如丰富的道德理念、道德规范，指导人们去认知世界和改造世界。但值得注意的是，这些精神财富在发挥价值的同时都要以教科书的语言文字作为载体，以遵循教育教学规律的方式深入阐释文化精髓，实现中华优秀传统文化的铸魂育人功能，以此培养青少年自觉成为新时代文化的传播者和建设者，坚定文化自信，讲好中国故事，传播好中国声音。

二、传统文化内容丰富，具有典范性

中华民族五千年来孕育了大量的优秀传统文化，这些文化不仅历史悠久、蕴藏丰富，而且种类繁多、形式多样。作为最具有人文性的学科，语文学科与其他学科最大的区别就在于它具有浓厚的民族性，在传承中华民族传统文化上占据不可动摇的地位。纵观全套义务教育统编语文教科书，无论是在类型还是结构上，都体现了丰富的传统文化内容。

就统编语文教科书所涵盖的传统文化类型来说，统编版语文教科书中关于传统文化的内容涵盖了汉字、诗词、曲赋、字画、戏剧、武术、棋类等诸多方面，全方位体现了传统文化中的物质文化、精神文化和行为文化，极具经典性和代表性。在物质文化方面，教科书选取了涉及传统科学技术要素的选文，例如，二年级下册第十七课《要是你在野外迷了路》、三年级下册第三单元第十课《纸的发明》和四年级上册第八单元第二十七课《扁鹊治病》。这三篇选文分别展示了中国古代指南针、造纸术和中医的卓越成就，体现了物质文化的典型特征。在精神文化方面，教科书选取了经典神话故事选文，例如，四年级上册第四单元中的《盘古开天地》《精卫填海》《女娲补天》，这三篇选文分别展现了精神文化中无私奉献、锲而不舍、舍己为人等价值内涵，体现了精神文化的典型特征。（选取了盘古开天辟地、女娲补天、精卫填海等经典故事）。在行为文化方面，教科书选取了关于传统节日习俗的选文，例如，六年级下册第一单元中的《北京的春节》《腊八粥》《古诗三首》，这三篇选文分别展现了春节、腊八节、寒食节、七夕节、中秋节（春节、清明节、重阳节、中秋节）等具有代表性的节日习俗。

就传统文化在统编语文教科书中的结构分布来说，小学阶段有关传统文化的选文就高达 300 篇。此外，在习作系统、助读系统、练习系统三大系统中也都十分重视传统文化要素的融入，从听说读写等各领域对学生进行文化熏陶。首先，在教科书选文系统方面，一年级下册第八课《人之初》作为一篇识字类课文，选取自传统启蒙教科书《三字经》，在删减了一些三纲五常、阶级尊卑等不符合时代发展的内容之后，选取了关于善良、学习、磨炼品格的内容，符合时代要求和学生的身心发展特点。四年级上册第四单元《盘古开天地》这一课属于中国传统神话，全文语言优美凝练、生动形象，故事结构层层递进，表达了中国古代人民无私奉献、甘愿牺牲的伟大民族精神。五年级下册第二单元关于四大名著内容的节选，全文语言兼备"文言"和"白话"，有利于学生体味不同时代的语言特点，感悟机智聪慧、英勇果敢的英雄形象。其次，从教科书写作和练习系统来看，四年级上册习作"我和____过一天"让学生与神话传说或者童话里的人物相遇，使历史人物和现实世界擦出不一样的火花。五年级下册习作"漫画的启示"将传统尊师重道的精神文化与现代社会学生们感兴趣的漫画联系起来，极具时代特征。四年级下册第三单元的综合性学习"轻叩诗歌大门"要求学生根据学过的诗歌编写新的诗歌，学生可根据自己的经验和感悟创新诗歌内容。

统编语文教科书中的中华优秀传统文化极为丰富，且具有经典性和时代性，能够让学生最大限度地认识和了解中华传统文化，更好地发挥出教科书传递优秀传统文化的作用，能让学生们更加体会到中华优秀传统文化的博大精深，为学生打开了一扇通往传统文化之门。语文教科书需要通过发挥经典文本的教育价值和文化价值促进学生形成文化记忆，增进文化认同，坚定文化自信。[①]

文化的生命在于创新，随着时代的发展和学生身心发展变化，需要将传统文化内容以新的形式加以创新，使之散发出新的活力，因此教科书在编写时既考虑到传统文化要素，也考虑到时代特点。传统文化只有在时代背景下经过再次创新才能发挥其最大的价值。教科书对传统文化的创新利用不仅给传统文化注入了新鲜的血液，使传统文化之树不断生长出新的枝叶，还让传统文化真正走进了学生的生活。

---

① 翟志峰，董蓓菲. 文化记忆视角下语文教科书融入中华优秀传统文化的路径 [J]. 中国教育学刊，2021（04）：80-84.

第三节　统编语文教科书里中华优秀传统文化编排特征

一、传统文化编排凸显主题，具有统整性

统编版语文教科书采用的是单元主题编排方式，这种编排方式以单元导语为指向标，将同一种类型的知识放在一个独立的单元，使得纷繁杂乱的知识得以统整归类，教科书内容主题更鲜明，逻辑更清晰。统编语文教科书中关于传统文化教育的主题涵括人格修养、社会关爱和家国情怀等方面。统编版语文教科书共编排了 130 个单元，其中有 22 个单元的主题集中体现了传统文化，包括"传统文化""神话故事""民间故事""家国情怀""民风民俗"等。教科书以明确的单元主题统整各系统。例如，三年级下册第三单元以"传统文化"为主题要素进行编排，在助读系统方面，以"深厚的传统文化，中国人的根"作为单元导语。在选文系统方面，编排了包括《古诗三首》《纸的发明》《赵州桥》《一幅名扬中外的画》四篇选文，分别展现了传统节日、科技、建筑、绘画艺术文化。在练习系统方面，设置了"综合性学习"和"语文园地"，"综合性学习"以"中国传统节日"为主题要求学生写一篇关于过节的习作，并采用多种方式展示过节的过程。"语文园地"中的"交流平台""词句段运用"培养学生对节日文化的深入感知和交流运用，"日积月累"则拓展学生的文化积累。通过以"传统文化"为主题的助读系统、选文系统、练习系统之间的相互配合、融会贯通，帮助学生完成从认知到实践的转化，契合传统文化学习强调的"文""行"合一，激发学生对传统文化的学习兴趣，培养学生热爱家乡、热爱祖国的情感。

四年级上册第四单元以"神话故事"为主题要素进行编排，在助读系统方面，以"神话，永久的魅力，人类童年时代飞腾的幻想"作为单元导语。在选文系统方面，编排了包括《盘古开天地》《精卫填海》《女娲补天》三篇选文，让学生感受神话故事的瑰丽想象，体味故事中所蕴含的人道主义精神。在写作系统方面，以"我和＿＿＿过一天"为主题，让学生展开丰富的想象创编故事。在练习系统方面，"语文园地"中的"日积月累"通过补充古诗《嫦娥》，让学生理解文化载体的多样性，"快乐读书吧"拓展了学生的思维，让学生自由选择神话故事阅读，感悟以神话故事为载体形

式的中华文化的魅力。通过以"神话故事"为主题的助读系统、选文系统、写作系统、练习系统之间的相互衔接、层层递进，有助于培养学生"天人合一"的人本观念、"自强不息"的进取精神和"爱国主义"的民族情怀，从根本上帮助学生树立中华民族自信的底气。

总之，单元整体的教科书编排方式有助于实现传统文化内容既自成序列又相互融合，实现各系统之间的统整协调。通过展现不同主题的传统文化单元，帮助学生获得完整的文化体验，通过单元专题形式集中展现传统文化内容，加强了教科书的逻辑性和典型性，更有利于拓宽学生对传统文化认知的广度和深度。此外，中华传统文化在各系统中的巧妙融合使教科书的功能从对传统文化文章的理解扩展到对传统文化的读、写、做、练多方面，这些活动培养了学生的语言运用、思维能力、审美创造和文化自信等素养。

二、传统文化编写遵循认知规律，具有科学性

《中华优秀传统文化进中小学课程教材指南》指出要"遵循学生认知规律，贴近学生实际。"此外，《义务教育课程方案（2022 版）》中也提到"要关注学生认知发展特点，强化教材学段衔接"。义务教育阶段贯穿小学至初中长达九年时间，在该阶段学生的认知发展从具体走向抽象，学生的思维发展由低级步入高级。语文教科书中的传统文化教育内容体系化需要依据学生的认知规律和认知特点，整体设计各学段语文教科书传统文化内容，深化学生对传统文化的实践体认，增强学生的民族自豪感和认同感，使其成为中华文化的自觉传承人，推动语文教科书传统文化内容的创造性转化和创新性发展。统编语文教科书对传统文化的系统安排具体体现在文化目标、文化内容和文化的载体形式三方面。

首先，就文化目标而言，语文教科书中的传统文化教育目标具有衔接性和递进性。语文教科书的编写参照《义务教育语文课程标准（2022 版）》的具体目标，该文件明确指出"在第一学段要引导学生关注中华优秀传统文化在日常生活的表现，初步感受中华优秀传统文化的重要价值；在第二学段要注重引导学生感悟国家通用语言文字，初步认识中华优秀传统文化蕴含的思想和智慧；在第三学段要求学生注重了解中华优秀传统文化的源远流长、丰富多彩，提升自身中华优秀传统文化修养；在第四学段要求学生注重理解中华优秀传统文化蕴含的核心理念、中华人文精神和传统美德，表达自

己作为中华民族一员的归属感和自豪感"① 由上述四个学段所要求达到的目标可看出，目标的制定结合了学生不同年龄发展特点。语文教科书一条重要原则就是文道统一原则。此原则在小学语文教科书选文中的具体运用，主要体现在所选文章语言形式和思想内容的关系问题上。② 在实际语文教科书关于传统文化内容的编排中，亦是体现了该特点。

其次，就文化内容而言。在小学阶段，重视培养学生对于传统文化的感受力和亲切力，以精神文化中的语言文字及行为文化的节日习俗为主题。在有关语言文字的教科书编排上，统编语文教科书改变过去从学习汉语拼音和最简单的字入手学习语文的思维方式，而是在一年级上册起始编排了"天地人 你我他"的学习内容，"天地人"作为学生较为熟悉的知识，极具经典性，可以有效引导学生感悟文字背后所蕴含的天人合一的文化精神，培育学生的自我意识。在一年级下册选取《三字经——人之初》和《姓氏歌》，二年级上册选取《拍手歌》等脍炙人口的歌谣，让学生认识常识文字，感受汉字韵律与魅力。在五年级下册布置综合学习板块，采用字谜、歇后语等形式增加了解汉字的趣味性，以图片形式向学生展示汉字字体的演变以及楷体、草书等书法，让学生感受汉字历史的源远流长，增进对汉字的美感体验。此外，统编语文教科书还向学生普及了国家通用语言文字的必要性，使学生认识到汉字是中华优秀传统文化的重要载体，有助于铸牢中华民族共同体意识。在传统节日习俗的学习中，教科书的编写亦是由易至难循序推进的，例如，在二年级下册识字单元的第二课《传统节日》，以歌谣的形式让学生了解春节、元宵节、端午节等中华传统节日习俗，符合低年级学生活泼好动的心理特点。而在六年级下册第一单元第一课选编老舍的《北京的春节》，以详略得当的写作方法介绍了北京的春节特点，帮助高年级学生体会不同地域文化的差异性和独特性，培养学生对祖先的追思之情。

最后，就文化的载体形式而言。在小学低年级，主要以歌谣、童话故事为主要载体，随着年级增加，神话故事、寓言故事、古诗词、古代散文成为主流。在一年级两册教科书中，古诗词仅有 3 首，分别为《静夜思》《池

---

① 中华人民共和国教育部. 义务教育语文课程标准 2022 年版［M］. 北京：北京师范大学出版社，2022.04.

② 陈先云. 文道统一原则在小学语文教科书选文中的具体运用［J］. 课程. 教材. 教法，2021，41（4）：73－80.

上》《小池》；在二年级两册教科书中，古诗词数量增至 4 首；三年级两册教科书中古诗词增至 6 首；四年级仍为 6 首，但增加了 2 篇文言文；五年级古诗词 6 首，文言文 1 篇；六年级的语文教科书中古诗词数量增至 22 首，文言文 4 篇；七年级古诗词数量增至 26 首，文言文 11 篇；八年级古诗词数量增至 29 首，文言文 19 篇；九年级古诗词为 26 首，文言文 11 篇。古诗词、古代散文的形式，因所处时代及所使用话语表达存在差异，致使学生理解存在困难，但随着年级提高，学生认知水平也随之发展，接受能力不断提升，故在教科书编排中古诗词、古代散文数量整体呈上升趋势。综上所述，语文教科书内容编排的难易程度及载体形式复杂程度皆符合学生的认知发展水平，以学生认知发展的顺序性、阶段性和针对性为依循，通过渐进化、层次化的内容设计，构建了内容衔接、体系完整、结构合理的教科书体系。[1]

第四节　统编语文教科书里中华优秀传统文化呈现的不足之处

一、中华优秀传统文化各要素数量分布不均衡

中华优秀传统文化在义务教育阶段统编版语文教科书中所体现的四种文化在分布数量上存在差异。例如，在选文系统中，精神文化（45%）和物质文化（26%）远远高于制度文化（5%）和行为文化（4%），存在分布不均衡的情况。就物质文化内部来说，更多地体现在中国传统手工艺（22%）、中国建筑文化（20%）和中国古代出行方式（17%）方面，而中国传统科学技术（15%）、饮食文化（15%）和服饰文化（11%）关注较少；此外，就各个系统来说也存在各类型文化分布不均的情况，如精神文化分别在选文系统、写作系统、练习系统和助读（导学）系统中的占比分别为：45%、20%、67%、67%。可见，助读（导学）系统和练习系统由于所涵盖的模块多样，其中富含更多的精神文化，而写作系统占比最小，它更

① 任增元，宋文龙，谭太虎. 新时代教材意识形态安全的时代境遇与优化路径 [J]. 课程. 教材. 教法，2023，43（6）：31－37.

关注学生创造力和表达能力的培养。因此除了个别单元以"传统文化"为主题设置之外，并没有将单元写作主题全部设置为中华优秀传统文化的相关内容。选文系统中精神文化的出现比重较为合理；最后，就年级来说各类型文化分布比例有待调整。在初中阶段练习系统中精神文化出现 97 次，物质文化出现 4 次，行为文化出现 2 次，制度文化出现 2 次；在小学阶段练习系统中精神文化出现 181 次，物质文化出现 108 次，行为文化出现 22 次，制度文化出现 3 次。通过对比可以发现初中阶段练习系统中的精神文化、物质文化、行为文化与小学阶段相比都有大幅度的提升，但是制度文化并没有增加。反观选文系统中制度文化占比情况更为合理，一二年级（4%）、三四年级（3%）、五六年级（7%）、七八九年级（6%），一至三年级涉及更多的礼仪制度，五年级开始更多地关注经济制度、政治制度和教育制度，各类型制度文化的分布考虑了学生的身心发展水平和接受能力。

总体来说，统编语文教科书中四种文化类型以及各文化类型的具体表现形式分布是否合理仍需斟酌。目前来看，精神文化和物质文化占绝大比重。此外，在各系统中，练习系统和助读（导学）系统起到了传承文化的主要作用。此外，制度文化作为社会生活中各种规范的总和，起着维持社会和平稳定的重要作用，四种类型文化中的制度文化在小学和初中阶段占比情况大致相同。因此，有必要将政治、经济、教育制度文化随年级升高合理地分配到各学段当中，以培养建设稳定的社会秩序所要求的社会主义事业建设者和接班人。

二、中华优秀传统文化内容时代性有待提高

温儒敏先生曾提到，统编语文教材在选择文章时要把握好四项准则，即经典性、时代性、文质兼美和适宜教学。[①] 时代性主要是由特定时期的有关社会政治、经济以及文化等多种因素所集中决定的，并且事物在其发展过程中所需要遵守的，根据事物在其发展转化过程中所显露出来的某种相对稳定的客观趋势。[②] 时代的发展促进现代化社会的建设，而现代化社会需要的是

---

① 温儒敏. "部编本"语文教材的编写理念、特色与使用建议 [J]. 课程·教材·教法，2016, 36（11）：3-11.

② 闫艺嘉. 社会主义核心价值观的时代性研究 [D]. 江西农业大学，2021.

全面发展的人，教育是促进人全面发展的根本途径。在统编语文教科书中，传统文化要素的选择要注重时代性和典型性。只有经典的作品才能跨越时空让学生获得身临其境的体验并在心灵深处和作者之间产生共鸣，也只有具有时代性的作品才能贴合学生的生活实际，做到课本与现实生活相联系，做到"以生为本"。

中华优秀传统文化在世代相传中保留着核心思想理念，但它的具体内涵又因时而变，既体现出时代性，又体现出继承性。① 中国传统文化具有五千多年的历史底蕴，大部分传统文化要素时代久远，在传承的过程中缺乏当代社会实际内容。因此，并不能直接将所有的传统文化要素直接编入教科书，而应选择具有经典代表性的传统文化内容或者通过适当改编突出传统文化内容的时代性，使其适合中小学生的心理发展和现实需要，对学生进行系统的教育，从而凸显时代特色。通过对统编语文教科书的梳理可以发现其中既有符合时代特点的内容，也有部分内容有待进一步创新。

传统文化的呈现形式应有新时代特点。例如在对中国古代出行方式进行阐释时多强调"车马、舟船"，但是缺少对现代交通方式的对比，无法引导学生深入领悟中国交通所产生的巨大变化。此外，九年级上册第六单元第二十五课《刘姥姥进大观园》一课通过介绍刘姥姥来到京城贵族之家所闹出的笑话，让学生把握人物情态的描写方法和场景刻画手段，进一步体会到当时社会的阶级划分严重。但是文章缺少对"刘姥姥"这一人物形象的补充介绍，没有挖掘"刘姥姥"身上所代表的社会底层人民最朴实、善良的情感，使学生无法全面理解本篇目所要表达的真正意涵。九年级下册第三单元第十一课《送东阳马生序》一课旨在让学生体会尊师重道、勤奋好学的中华传统美德，但是文中作者对自己求学经历的艰苦描述，如"手指不可屈伸""足肤皲裂而不知"，这些都和学生现实生活经历有一定的距离，学生可能较难理解作者所要表达艰苦求学过程中磨练和强大的意志力。此外，在农民形象方面，均是勤劳、淳朴、善良的，但勇于创新的新时代农民形象缺乏，这与时代发展要求的必备素养存在偏差，文中的农民形象也离不开扁担、头巾、汗衫、草帽、布鞋，离不开"面朝黄土背朝天"的弯腰劳动方

---

① 林青，陈慧颖. 百年中学生物学教科书里中华优秀传统文化的时代性与继承性［J］. 课程. 教材. 教法，2021，41（11）：137－143.

式，易引导学生产生刻板印象。

总体来说，统编语文教科书编排了许多体现时代价值的选文，如七年级下册第六单元第二十三课《太空一日》、第二十四课《带上她的眼睛》等。但是也有些选文时代性不足，和学生现实经验和知识储备相差甚远，故而在编排时应该更注意选文意涵是否表达完整，可以通过补充注释的方式让学生更好地理解其所蕴含的文化内涵。

三、中华优秀传统文化各系统关联性不足

张国华指出：要加强大中小学不同学段、学科课程教科书系统性研究，增强课程教科书的一体化设计。① 义务教育阶段语文课程改革强调以学习任务群的方式整体规划教学设计，满足各学段学生核心素养发展需求，帮助学生建立文化自信，提升学生对中华优秀传统文化的认同感。学习任务群的设计往往以单元主题为中心，以统编小学语文教科书六年级上册第一单元为例，该单元以"百里不同风，千里不同俗"作为单元导语，旨在让学生通过传统节日和民间习俗理解文化的多元性。选文选取了《北京的春节》《腊八粥》《古诗三首》《藏戏》四篇文章，体现了丰富的精神、物质、行为和制度文化；习作系统以"家乡的风俗"为主题，紧扣单元主题；语文园地中的"交流平台""词句段运用"围绕着选文展开，但是"书写提示"和"日积月累"却未能紧密围绕"民风民俗"的单元主旨导致整体性和关联性不足；此外，口语交际以"即兴发言"作为讨论话题，但是给出的情景也并没有呼应单元主题。存在学段内容脱节的问题；并且呈现的内容大多采用单一的文本呈现方式，缺乏课内外的衔接性。小学阶段的语文教学重在培养学生的语言基础能力，而初中阶段则需要培养学生的综合语文素养，但是统编语文教科书在这两个阶段的衔接上尚存不足，有待进一步优化。例如，在品味古诗方面，第三学段要求学生通过语调、韵律等体会作品的情感；第四学段要求学生要借助注释理解基本内容，提高欣赏品味。在选文编排上，第四学段第一首古诗是七年级上册第一单元第四课《观沧海》，是一首乐府四言诗，但是在之前的学习中学生没有接触过此题材的诗集，学生在理解作者情感、表达意蕴方面存在困难。在统编初中语文教科书内部编排存在统整性

---

① 靳晓燕. 建设中国特色高质量教材体系［N］. 光明日报，2024－03－26（013）.

不足的问题，七年级上册第二单元的人文主题为"亲情之爱"，在选文系统中，前三篇现代文体现了母子情、祖孙情和母女情，但是第四篇选文《〈世说新语〉二则》——《咏雪》和《陈太丘与友期行》体现的却是家庭教养，与本单元人文主题不甚相符。此外，综合性学习的主题为"有朋自远方来"，主要体现了传统文化中的交友之道，与"亲情之爱"的单元主题存在偏差，单元各模块编排的系统性有待提高。

除了教科书各系统中的中华优秀传统文化的系统性略显不足之外，选文和现实生活的联系也较少，主要表现在行为文化占比较少，其在各系统中的占比均小于10%。统编语文教科书中蕴含的基本礼仪和道德规范需要落实到具体的行为当中，例如七年级下册《爱莲说》中"莲花"的高洁不屈精神，九年级下册《送东阳马生序》中的勤奋求学的品质，九年级下册《出师表》中的忠君爱国观念等传统伦理教育需要落实到日常生活中，转变为学生实实在在的行动。因此，统编语文教科书应当多设计一些文化体验活动，除了现有的传统节日庆典活动、经典吟诵活动之外，还可以加入成人礼、拜师礼等仪式文化内容，让学生在文化体验中实现中华优秀传统文化的知行合一，增强中华优秀传统文化和生活实践的联系。

中华优秀传统文化的内容要确保给学生提供系统、连贯、完整的线索，这样学生对于中华优秀传统文化的认识和理解才会更加系统化。统编语文教科书中的中华优秀传统文化要素不仅要渗透在选文系统、写作系统、练习系统和助读（导学）系统中，还要重视各系统间的配合连贯以及向生活实践方面的拓展，只有这样才能更好地发挥语文教科书传承发扬中华优秀传统文化的功能，增强学生对传统文化的认同和对祖国的热爱。

第七章　统编语文教科书融入中华优秀传统文化的思考

第一节　平衡比例结构，合理呈现传统文化要素

语文教科书具有工具性和人文性统一特点，担负起传承中华优秀传统文化的重要使命。教科书中传统文化的选择和编排需均衡、协调、多样化。

一、合理编排教科书中四种文化所占比例

现行部编版义务教育阶段语文教科书包含有许多类目的中华优秀传统文化内容，但占大比重的仍是精神文化和物质文化。教科书中传统文化内容安排不均衡会导致学生对中华优秀传统文化内容的了解不够全面，也会影响其价值观、历史观、国家观和民族观的构建。教科书承担着教书育人的使命，教科书中的传统文化内容应当蕴含着丰富的题材来培养学生人格修养及社会、国家层面元素来达成育人为本、德育为先的任务。但是在如今多元文化的冲击下，仅仅以某方面的内容不利于学生了解本民族的文化、热爱本民族的文化，最终形成对本民族的文化的认同，坚定文化自信，达成语文课程以文化人、文以载道的课程育人的目标。教科书中的优秀传统文化内容不能侧重某一类别的传统文化内容，而应全面均衡配置各类目中华优秀传统文化内容比重。诚然，精神文化和物质文化的内容能对学生认识中华优秀文化起到重要作用，而制度文化晦涩难懂，行为文化并不普遍适用，但是教科书不应以此为标准进行选文的编排和呈现。因此，教科书中传统文化内容的呈现不应过多关注于熏陶学生、感化人心的某个层面类目，应当合理选择传统文化的内容，使教科书建立起更加合理全面的传统文化内容教育机制，使学生全面认识不同层面传统文化，理解传统文化内容的完整"脉络"，促进其个人

全面发展。

二、合理分布教科书中各系统的传统文化比例

上述分析显示，助读系统和练习系统由于涵盖面多所以传统文化所占比例大，而写作系统所占比重最小，教引书中的习作系统一般直接对规定习作的要求，如体裁和题材，有时会间接引导学生进行写作练习，如提供相关链接，来锻炼学生的写作能力。面对各系统所分布的传统文化比例失衡问题，可以将部分传统文化内容编排到练习系统中的日积月累栏目和综合性学习中以及助读系统中资料袋的阅读链接中，作为拓展知识帮助学生更好理解单元中体现的文化知识。

三、合理分布各学段教科书中传统文化所占比例

维果茨基在 20 世纪 30 年代提出了社会文化理论，其中包含了最近发展区理论（Zone of Proximal Development，简称 ZPD），在"最近发展区"的理论中，存在着两个重要的概念，即学生的现有发展水平和潜在发展水平。这启示我们在教育学生过程中，要合理设置教科书内容，合理匹配教科书难度。教科书所呈现的内容是有限的，因此若教科书中选编的传统文化内容不符合学生的发展，这将会影响到传统文化内容教育的实施，也无法助力传统文化内容的传承。因此，教科书里中华优秀传统文化内容的编排，应立足于学生的发展和变化，选文应与学生现有发展水平相适应，同时也要设置部分具有挑战性的传统文化内容，形成教科书中各学段中华优秀传统文化内容的合理编排，使学生能够通过教科书中的内容获得更好的发展。

第二节　数字化赋能，突出传统文化时代特色

习近平总书记指出："中华文明是世界上唯一绵延不断且以国家形态发展至今的伟大文明""连续不是停滞、更不是僵化，而是以创新为支撑的历史进步过程"① 新时代中华优秀传统文化以"人民至上"为价值支撑，"守

---

① 习近平在文化传承发展座谈会上强调《担负起新的文化使命 努力建设中华民族现代文明》[N]. 人民日报，2023－06－03（1）.

正创新"为基本方式。中华优秀传统文化，在历史发展中形成了丰富多彩的文化形式，如书法、绘画、音乐、戏曲等等。这些形式是传统文化的重要载体，传承了中华民族几千年的文化底蕴，然而，传统文化形式的局限性也是不可忽视的，如何创造性地转化传统文化的形式，通过语文教科书这一制度性文本的叙事更有效的传承给学生，需要贴近学生的现实生活，体现当下的时代特色，是中小学优秀传统文化教育的重要任务。随着信息技术的不断发展和普及，数字化已经成为人们获取信息和文化知识的重要标识，统编语文教科书作为学校开展中华优秀传统文化教育的重要媒介，也应该回应时代数字化学习方式的要求，这就要做到两个层面的转化。

一、传统文化内容要有新时代特色的价值引领

教科书里中华优秀传统文化内容要有新时代特色的价值引领。如教科书里的中国共产党人深厚的人民情怀既源自百年奋斗历程中与人民建立起的血肉联系，又与中华优秀传统文化"群体本位"的价值导向以及由此派生出来的仁爱精神、德治追求和民本理想一脉相承。[1] 如在制度文化中的行政制度，中国共产党将其蕴含的理想转变为现实。如八年级上册选文《国家公祭，为佑世界和平》，将重大历史事件设置为国家公祭日，缅怀死难者，警示当世人。在四年级上册第四单元"神话故事"中，学生在学习四篇神话古诗后，不能仅仅使学生停留在神话故事的想象中，将教科书中体现的神话精神转化为更具时代特色的精神才是教科书的重大任务。这就需要在语文园地中补充当今的时代精神，如改革创新，勇于进取等，引导学生根据神话体现的精神进行分类对比，更好地掌握当今的时代精神。九年级上册第六单元《刘姥姥进大观园》这一课，虽是学习名著，但是未能阐述封建社会底层人民的苦难，使得学生片面的认识人物形象，这并不符合教育的初心。而在阅读提示中，应再挖掘刘姥姥这一人物中所蕴含的时代要素和人物特点。守正创新，守正才能坚定方向，创新才能把握时代。中华优秀传统文一直在守正创新的路上，如儒家崇尚"孝道"认为子女应敬重、爱护父母，但荀子提出了"从义不从父"（《荀子·子道》）的看法，认为如果父

---

① 唐明燕. 论习近平新时代中国特色社会主义思想的中华优秀传统文化基因 [J]. 理论探讨，2024（1）：88－95.

毋违背道义，那么就要遵从大道。因此，教科书的编排不能盲目地将传统文化内容编排进去，应批判地继承和弘扬传统文化内容，以现实生活为脚本，体现"取其精华，去其糟粕"的道理，并融入新时代特色社会主义的相关内容。

二、中华优秀传统文化呈现的形式应回应数字化学习要求

汉代学者刘向说："书犹药也，善读之可以医愚"。教科书是学生的必读书，"善读"至关重要。"善读"意味着要品味教科书包藏的文化底蕴，领悟教科书的潜隐价值，关注现实生活，认知社会规律。教科书如何助力学生"善读"，是教科书功能实现的关键，义务教育阶段的儿童是网络原住民一代，数字化技术赋能语文教科书的编撰，让语文教科书里的传统文化创造性转化可以与现代文化进行有机结合，呈现出符合现代审美和文化的新作品。如在教科书的导读系统中设置某个主题的文化体验中心、创意工坊等版块，将经典文化与博物馆结合，提供给学生更多的便利和多样化的交流方式。此外，优秀的传统书法艺术可以通过数字技术，转化为动态展示的作品。数字技术赋予静态的书法艺术作品新的生命力，在屏幕上，笔锋的起伏、墨色的浓淡、布局的巧妙，都得以生动展现，仿佛书法家挥毫泼墨的场景就在眼前。这种动态展示的方式，不仅使传统书法艺术的美学价值得以延续，更能够与学生群体产生更深入的互动。学生们可以通过观察、体验、甚至参与创作过程，更加直观地感受到中华优秀传统文化的魅力。这种沉浸式的学习体验，无疑将极大地激发学生对传统文化的兴趣和热爱。在互动的过程中，学生们也能够更深入地理解和传承中华优秀传统文化。他们会在欣赏书法艺术之美的同时，体会到其中蕴含的深厚文化内涵和民族精神，建立文化自信。

第三节 大概念统整传统文化，提升内容的系统性

语文课程目标和传统文化教育目标要求按照一体化、分学段、有序推进的原则，整体设计语文教材传统文化教育内容。语文课程负有独特的使命——引导学生阅读经典，从中感知语言、品味语言和运用语言，培养入耳能撮意、出口能达辞、提笔能成文的语用能力，不断提升其文化传承能力

和审美鉴赏能力。另外，学生的学习是一个系统性的过程，他们从基本的学科知识开始，逐渐建立起完整的知识体系。在学习的过程中，他们会不断地将新知识与原有的知识进行整合，形成自己的知识体系。同时，学生的认知发展也是一个系统性的过程。随着年龄的增长和知识的积累，他们的思维方式逐渐从具象思维向抽象思维过渡，能够更好地理解和处理复杂的概念和问题。因此突出中华优秀传统文化选文系统性，有利于帮助学生传承和弘扬民族精神，培育社会主义核心价值观，使学生们更好地了解和热爱祖国的文化底蕴。

义务教育课程方案（2022 版）中提到语文课程内容要"以学习任务群组织与呈现，围绕学习主题，设置基础型、发展型和拓展型多层学习任务群，共同指向学生的素养发展"。[①] 设计中华优秀传统文化学习任务，要围绕特定中华优秀传统文化学习主题，确定具有内在逻辑关联的语文实践活动。语文学习任务群由相互关联的系列学习任务组成，共同指向学生的核心素养发展，具有情境性、实践性、综合性。[②] 学习任务群是主题任务单元教学，以大概念为统整，旨在培养学生核心素养，通过选择学习主题，拟炼大概念设置学习单元，形成一张结构化的任务清单。设计主题任务要围绕大概念开展，大概念是学习任务设计的"神"；开展主题的学习，要设计若干具有逻辑关联的学习任务，结构化的任务清单具有实践性的价值，它是主题任务设计的"形"。主题任务的设计要形神兼备、形神结合。学习主题是以促进学生的语文学习为旨归，并且能体现大概念的立体主题。[③] 以学习任务群组织与呈现中华优秀传统文化内容，教科书要在两个方面进行调整。

一、整合优秀传统文化内容，确保各文化之间关系清晰

教科书是传授知识、培养技能的重要工具。为了提高教学质量，我们需

---

① 中华人民共和国教育部. 义务教育语文课程标准 2022 年版［M］. 北京：北京师范大学出版社，2022.

② 中华人民共和国教育部. 义务教育语文课程标准 2022 年版［M］. 北京：北京师范大学出版社，2022：19.

③ 管贤强，吴欣歆. 主题任务单元教学：核心素养导向的小学语文课程改革新探索［J］. 语文建设，2023（2）：5-9.

要对教科书的内容进行全面梳理，找出各个知识点之间的联系。在这个过程中，要注重提炼大概念以把握传统文化知识体系的完整性、连续性和层次性。完整性是指教科书应涵盖所有必要的关于中华优秀传统文化的知识点，确保学生能够全面了解中华优秀传统文化的有关知识。连续性是指知识点应按照一定的顺序排列，便于学生逐步构建知识体系，例如在教科书的某一单元内，为各个系统设定相同主题，帮助学生全面理解和掌握相关知识。层次性是指知识点应分为基础知识和拓展知识，以满足不同层次学生的需求。例如，在教科书中，可以对选文系统与其他系统进行区分，以便于提供不同程度的难度内容。在选文系统中，纳入基础内容，而在其他系统板块中，融入略有挑战性的内容。同时，为各部分内容标注难度等级，以满足不同学生的学习需求。

二、重视传统文化内容与生活的联系，建立文化自信

大概念的获得需要学习者经历一个完整的学习过程，它是概念或图式的表征变化，也是建构主义对于概念学习过程的基本理解。因而，大概念教学倡导学习方式的实践转向，在教育教学情景中，学习者习得的素养（文化）转化为解决真实世界的复杂问题的能力。这种能力的培养，有助于学生更好地适应社会需求，建立文化自信。因此，在教科书中应该多增加一些行为文化的比例。首先，行为文化教育有助于培养学生的社会适应能力。在日常生活中，一个人的行为举止、待人接物等方面都体现了其个人素养。具备良好行为文化的人，更容易与他人建立和谐人际关系，融入社会。通过教科书中增加行为文化的比例，可以使学生在潜移默化中养成良好的行为习惯，为今后的人生道路奠定坚实基础。其次，行为文化教育有助于提升学生的道德品质。中华优秀传统文化作为流传至今的文化结晶，凝聚了人们思想的智慧，饱含着丰富的以德育人内容[1]。通过教科书中丰富的行为文化内容，学生可以学习到尊敬师长、关爱同伴、勤奋好学等优秀品质，从而塑造健全的人格。再次，行为文化教育有助于营造良好的校园氛围。教科书中增加行为文化的比例，有助于培养学生文明礼貌、诚实守信、团结互助的校园风尚。最

---

[1] 王明娣，翟倩. 中华优秀传统文化融入教学的价值、困境及路径 [J]. 民族教育研究，2020，31（6）：24 - 30.

后，行为文化教育有助于传承和弘扬中华优秀传统文化。通过教科书的传播，可以让学生了解并传承这些优秀文化，使之内化为自身的行为准则，从而增强民族凝聚力和自豪感。通过这些策略的实施，我们可以有效地提升教科书编排的系统性，优化语文教科书里优秀传统文化的结构。

结　语

中华优秀传统文化是中华民族的根和魂，语文教科书是中华优秀传统文化教育的重要媒介，也是重要载体。统编义务教育阶段语文教材围绕创造性转化与创新性发展的要求，确定中华优秀传统文化内容主题，注重弘扬讲仁爱、重民本、守诚信、崇正义、尚和合、求大同等核心思想理念；弘扬有利于促进社会和谐、鼓励人们向上向善的中华人文精神；弘扬自强不息、敬业乐群、扶危济困、见义勇为、孝老爱亲等中华传统美德。

在统编版语文教材中，中华优秀传统文化的学习内容丰富多样，涵盖了汉字文化、古代蒙学读物、文学作品、历史名人故事、文化艺术、文化常识以及民风民俗等多个方面。

这些内容的主要载体形式包括汉字、书法、成语、格言警句、神话传说、寓言故事、历史故事、民间故事、古代诗词、散文、小说以及传统节日、风俗习惯等。根据内容的性质和特点，我们将其划分为四大类：言语材料类，如汉字、书法、成语、格言警句等；故事类，包括神话传说、寓言故事、历史故事、民间故事以及中华民族团结一家亲的故事；古典文学类，以古代诗词、散文、小说为代表；文化习俗类，涉及古代文化常识、传统节日和风俗习惯等。

在教材的编排上，统编语文教材对中华优秀传统文化内容进行了结构化编排。教材采用了文本形式和文化艺术形式相结合的方式进行编排。文本形式主要通过集中和分散的方式呈现。集中的方式体现在教科书中的故事单元和综合性学习单元，如三年级下册的寓言故事单元、四年级上册的神话故事单元四年级上册第八单元的历史人物故事单元，以及五年级上册第三单元的民间故事单元、五年级下册第二单元的古典小说单元等。同时，在课文中、识字课以及语文园地的日积月累等部分，也以分散的方式穿插了中华优秀传统文化的内容。古诗文通过多渠道呈现，识字、课文、课后题、语文园地中的"日积月累"栏目中都有所涉及。

文化艺术形式则通过教材封面设计、课本插图、书写提示等多种方式展现。每册教材的封面设计都融入了中华文化的元素，色彩鲜明、图案精美；课本插图则生动地展现了古代生活的场景和人物形象；书写提示则引导学生们规范书写汉字，传承书法艺术的精髓。这些文化艺术形式不仅丰富了教材内容，也让学生们在学习中感受到了中华文化的魅力。此外，单元导语、课后的思考练习、阅读链接以及"快乐读书吧"等栏目也充分利用了文化艺术形式，为学生提供了丰富的学习资源和情境。

总的来说，统编版语文教材在传承和弘扬中华优秀传统文化方面做出了积极的探索和尝试。统编语文教科书在选文、写作、练习和助读系统中，对物质文化、精神文化、制度文化和行为文化等传统文化要素的数量比例进行了精心的安排。这些安排体现了对传统文化教育的重视，并坚持培育学生的文化自信，强调价值引导。教科书中的传统文化内容丰富，具有典范性，编排凸显主题，具有统整性，并遵循认知规律，具有科学性。通过丰富的学习内容和多样的呈现形式，教材为学生打开了一扇了解和学习中华优秀传统文化的窗口，力求让学生在学习过程中能够深入理解和感受中华优秀传统文化的魅力与价值，从而激发他们对中华优秀传统文化的热爱与传承意识。

然而，统编版义务教育阶段语文教科书在中华优秀传统文化内容的选择和呈现形式方面也存在一些不足。首先，中华优秀传统文化各要素在教科书中的数量分布并不均衡，这可能会影响到学生对传统文化的全面理解。其次，传统文化内容的时代性有待提高，以更好地适应现代社会的需求。此外，各系统间的关联性不足，以及选文内容的深度有待深化，也是当前教科书融入传统文化存在的不足之处和面临的挑战。

针对以上问题，我们提出以下建议。首先，均衡比例结构，合理呈现传统文化要素，确保学生在使用语文教科书学习过程中能够接触到多样化的传统文化内容。同时，应合理编排教科书中四种文化的所占比例，以及各系统和各学段中传统文化的比例，以保证教育的连贯性和系统性。其次，我们还应利用数字化技术，提升传统文化的时代特色，使其更符合现代学生的学习需求。最后，以大概念统整传统文化结构，提升内容的系统性，大概念的提出有助于梳理传统文化的脉络，使得教师和学术在使用教科书时有重点、有针对性。大概念将传统文化中的各个要素有机地联系起来，形成一个整体，确保各文化之间关系清晰。这种整体性有助于教育者更好地把握中华优秀传统文化内容，此外，重视传统文化与生活的联系，将有助于学生在实际生活中更好地理解和应用传统文化，这样既能满足学生对传统文化知识的需求，又能培养他们对传统文化的热爱，进而提升民族自豪感和文化自信。

参考文献

一、中文图书

[1] 雅斯贝尔斯，什么是教育［M］. 邹进，译. 北京：生活读书. 新知三联书店，1991.

[2] 中华人民共和国教育部. 义务教育语文课程标准 2022 年版［M］. 北京：北京师范大学出版社，2022：18.

[3] 张岱年，方克立. 中国文化概论［M］. 北京：北京师范大学出版社，1994.

[4] 泰勒. 原始文化［M］. 蔡江浓，编译. 杭州：浙江人民出版社，1988.

[5] 王新婷. 中国传统文化概论［M］. 北京：中国农业大学出版社，2011.

[6] 舒新城. 辞海［M］. 上海：中华书局，1936—1941.

[7] 梁漱溟. 中国文化要义［M］. 路明书店初版，1949.

[8] 费孝通. 论人类学与文化自觉［M］. 华夏出版社，2004.

[9] 邓天杰. 中国文化概论［M］. 北京：北京师范大学出版社，2012.

[10] 马克思，恩格斯. 马克思恩格斯选集 第 4 卷［M］. 中共中央马克思恩格斯列宁斯大林著作编译局，编译. 北京：人民出版社，1995.

[11] 张洪基. 喻世趣文［M］. 2002.

[12] 黑格尔. 哲学史讲演录：第 1 卷［M］. 贺麟，王太庆，译. 北京：商务印书馆，2009.

[13] 赵洪恩，李宝席. 中国传统文化通论［M］. 北京：人民出版社，2003.05.

[14] 李宗桂. 中国文化导论［M］. 广东：广东人民出版社，2002.

[15] 张岱年. 传统文化的精华［M］. 石家庄：河北人民出版社，1996.

[16] 张岱年. 文化与哲学［M］. 北京：教育科学出版社，1988.

[17] 徐奇堂. 尚书［M］. 广州：广州出版社，2001.

[18] 王瑞. 孟子［M］. 成都：四川人民出版社，2019.

［19］朱安群，徐奔．周易［M］．青岛：青岛出版社，2011.

［20］苏士梅．正蒙［M］．开封：河南大学出版社，2016.

［21］张南峭．论语［M］．郑州：河南人民出版社，2019.

［22］王充．论衡［M］．上海：上海人民出版社，1974.

［23］赵守正．管子注译上［M］．南宁：广西人民出版社，1982.

［24］本书编委会．大国智慧 中华优秀传统文化培育的核心思想理念［M］．北京：北京图书馆出版社，2017.

［25］史延庭编著．国语［M］．长春：吉林人民出版社，1996.

［26］本书编委会．大国精神 中华优秀传统文化积淀的珍贵精神财富［M］．北京：北京图书馆出版社，2017.

［27］楼宇烈．中国人的人文精神 上［M］．北京联合出版公司，2020.

［28］夏宇旭．中国传统文化导论 第2版［M］．北京：清华大学出版社，2021.

［29］老子．道德经［M］．安伦，译．上海：上海交通大学出版社，2021.

［30］陈江风．中国文化概论［M］．南京：南京大学出版社，2021.

［31］崔高维校点．礼记［M］．沈阳：辽宁教育出版社，2000.

［32］阮堂明，沈华．中国文化概论［M］．广州：暨南大学出版社，2012.

［33］龚贤．中国传统文化概论［M］．广州：世界图书广东出版公司，2011.

［34］肖辉主编．三字经［M］．北京：中国言实出版社，2020：40‑59.

［35］黄小华．思想政治教育价值实现论［M］．北京：光明日报出版社，2019.

［36］何正波．中国文化形态一本通［M］．沈阳：万卷出版公司，2021：52.

［37］康德．判断力批判［M］．北京：商务印书馆，1987.

［38］教育部高教司组编；张岱年，方克立主编．中国文化概论修订版［M］．北京：北京师范大学出版社，2004.

［39］石云涛．中国传统文化概论［M］．北京：学苑出版社，2009.

［40］张应杭．中国传统文化概论［M］．上海：上海人民出版社，2000.

［41］田广林．中国传统文化概论［M］．北京：高等教育出版社，2011.

［42］孙丽青．中国传统文化概要［M］．青岛：青岛出版社，2009.

［43］伊恩·伍德沃德．理解物质文化［M］．张进，张同德，译．兰州：甘肃教育出版社，2018.

［44］张宏．中国传统文化概论［M］．北京：北京理工大学出版社，2019.

［45］赵昭．中国传统文化十讲［M］．重庆：重庆大学出版社，2019.

［46］金鸣娟. 中国传统文化［M］. 北京：中国农业大学出版社，2004.

［47］刘少虎，彭明福，余杨主编. 中国传统文化概论［M］. 成都：电子科技大学出版社，2019.

［48］王钢. 中国传统文化［M］. 2006.

［49］沈锡伦. 中国传统文化和语言［M］. 上海：上海教育出版社，1995.

［50］段联合，陈敏直，丁珊. 中国传统文化［M］. 西安：西北大学出版社，2005.

［51］刘少虎，彭明福，余杨. 中国传统文化概论［M］. 成都：电子科技大学出版社，2019（6）：3.

［52］李光，肖珑，吴向东主编；王丽萍，张志莹副主编. 中华优秀传统文化［M］. 北京：北京理工大学出版社，2020.09.

［53］杜昀芳，刘永记. 中华优秀传统文化［M］. 北京：新华出版社，2021.

［54］易志军. 中华优秀传统文化读本［M］. 重庆：重庆大学出版社，2020.

［55］李燕，罗日明. 中华服饰文化［M］. 北京：海豚出版社，2022.

［56］张金平，昝风华. 中国传统文化十六讲［M］. 济南：山东人民出版社，2015.

［57］许嘉璐. 中国古代衣食住行［M］. 北京：北京出版社，1988.

［58］张应杭，蔡海榕. 中国传统文化概论［M］. 上海：上海人民出版社，2000.

［59］沈锡伦. 中国传统文化和语言［M］. 上海：上海教育出版社，1995.

［60］杨雪萍. 语言学理论指导下英语教学多维度研究［M］. 北京：中国书籍出版社，2022.

［61］周志培，赵蔚. 语篇理论与教学应用［M］. 上海：华东理工大学出版社，2020.

［62］张秋芝. 中国文化概论［M］. 北京：中国广播电视出版社，2014.

［63］陈华文. 文化学概论［M］. 上海：上海文艺出版社，2001.

［64］周晓阳，张多来. 现代文化哲学［M］. 长沙：湖南大学出版社，2004.

［65］杜刚. 文化治理现代化与文化软实力提升研究［M］. 太原：山西经济出版社，2022.

［66］刘俊哲，段吉福，唐代兴，等. 熊十力唐君毅道德与文化思想研究［M］. 成都：巴蜀书社，2008.

［67］张玉琳，韩亚男．中国传统文化要义与传承研究［M］．北京：中国商业出版社，2020.

［68］马丽娅，马新．中国文化四季 人文荟萃 中国传统文学［M］．济南：山东大学出版社，2017.

［69］王艳妮．中国古代文学的发展研究［M］．吉林出版集团股份有限公司，2021.

［70］龚贤．中国文化导论［M］．北京：九州出版社，2018.

［71］孙子荀．新世纪中国魔幻电影文化研究［M］．北京：中国国际广播出版社，2021.

［72］张崇琛．中国古代文化史［M］．兰州：甘肃人民出版社，2010.

［73］张茂泽．中国思想文化十八讲 修订版［M］．北京：中国书籍出版社，2018.

［74］王秀峰，席红霞，刘国荣．传统文化与现代社会［M］．北京：当代世界出版社，2000.

［75］朱汉民．中国传统文化导论［M］．长沙：湖南大学出版社，2010.

［76］刘英杰．中西文化对比［M］．赤峰：内蒙古科学技术出版社，2015.

［77］杨文笔．中国传统文化导论［M］．银川：宁夏人民出版社，2020.

［78］王卫东，吴晓辉．中华优秀传统文化精要［M］．广州：广东高等教育出版社，2022.

［79］童教英．中国古代绘画简史［M］．上海：复旦大学出版社，1991.

［80］郑祖襄．中国古代音乐史［M］．北京：高等教育出版社，2008.

［81］柳绪为．古代戏曲［M］．重庆：重庆出版社，2016.

［82］彭健．中华传统美德的守望与接力［M］．北京：新华出版社，2022.

［83］刘涛．传统美德［M］．合肥：黄山书社，2016.

［84］崔晓柏．中华传统美德精粹［M］．沈阳：辽宁人民出版社，2014.

［85］徐小跃．什么是中华传统美德［M］．南京：江苏人民出版社，2018.

［86］程凯华．中国传统美德［M］．武汉：长江文艺出版社，2002.

［87］恩斯特·卡尔．人论［M］．甘阳，译．上海：上海译文出版社，2023.

［88］王渝光，王兴中．语言学概论［M］．昆明：云南大学出版社，2005.

［89］孙敬华．中华传统文化读本［M］．重庆：重庆大学出版社，2020.

［90］王文章．中国非物质文化遗产大辞典［M］．崇文书局有限公司，2022.

[91] 赵秀文，王瑞梅．高校学术研究论著丛刊 人文社科 1 新时期现代汉语词汇的认知与教学研究［M］．北京：中国书籍出版社，2022.

[92] 钱穆．中国历代政治得失［M］．北京：生活·读书·新知三联书店，2005.

[93] 阿瑟·史密斯．中国人的性格［M］．北京：人民日报出版社，2010.

[94] 梁漱溟．中国文化要义［M］．上海：上海人民出版社，2005.

[95] 陈寅恪．隋唐制度渊源略论稿 唐代政治史述论稿［M］．南京：江苏人民出版社，2020.

[96] 李兴，李尚儒编译；支旭仲主编．周易［M］．西安：三秦出版社，2018.

[97] 马林诺夫斯基．文化论［M］．费孝通，等译．北京：中国民间文艺出版社，1987.

[98] 向怀林．中国传统文化要述［M］．重庆：重庆大学出版社：2016.

[99] 彭安玉．中国古代制度文化［M］．南京：南京大学出版社，2020.

[100] 辞海编辑委员会编．辞海［M］．上海：上海辞书出版社，1980.

[101] 高放．社会科学大辞典［M］．河南：河南人民出版社，1988.

[102] 李良栋，等．新编政治学原理［M］．北京：中央党校出版社，2001.

[103] ［英］马林诺夫斯基．文化论［M］．费孝通，等译．北京：中国民间文艺出版社，1987.

[104] 向怀林．中国传统文化要述［M］．重庆：重庆大学出版社：2016.

[105] 彭安玉．中国古代制度文化［M］．南京：南京大学出版社，2020. 11.

[106] 李国钧，王炳照．中国教育制度通史［M］．济南：山东教育出版社，2000.

[107] 顾明远．［M］教育大辞典．上海教育出版社．1997.

[108] 安应民．文化经济学［M］．北京：中国经济出版社，1994.

[109] 杨明．清代救荒法律制度研究［M］．北京：中国政法大学出版社，2014.

[110] 庞树奇，范明林．普通社会学理论［M］．上海：上海大学出版社，2011.

[111] 吴宣恭，等．产权理论比较—马克思主义与西方现代产权学派［M］．北京：经济科学出版社，2000.

［112］周新城．中国特色社会主义经济制度论［M］．北京：中国经济出版社，2008.

［113］杨快．土家族主要古籍及其文化研究［M］．武汉：武汉大学出版社，2018.

［114］魏晓芳．三峡人居环境文化地理变迁［M］．南京：东南大学出版社，2014.

［115］何晓明，曹流．中国文化概论［M］．北京：首都经济贸易大学出版社，2007.

［116］夏昭炎．中国文化概论［M］．海口：南方出版社，1999.

［117］隋义，梁敏，翁洁婷．中国传统文化认知研究［M］．长春：吉林大学出版社，2012.

［118］吴海涛，李良玉主编；张邦建著．淮河流域民俗风情［M］．合肥：黄山书社，2022.

［119］李国平，宋梅，孙长龙．中国民俗文化与民间艺术［M］．石家庄：河北人民出版社，2016.

［120］王治国．唤起道德生命的觉醒"适性·动能"德育校本实践体系［M］．成都：四川教育出版社，2021.

二、中文期刊

［1］田慧生，张广斌，蒋亚龄．中华优秀传统文化融入课程教材体系的理论图谱与实践路径［J］教育研究，2022（4）.

［2］杨海蛟，王琦．论文明与文化［J］．学习与探索，2006（1）.

［3］李宗桂．试论中国优秀传统文化的内涵［J］．学术研究，2013（11）.

［4］何勤华，张顺．从"天人合一"到"以和为贵"——中国古代治国理政的法理创新与实践［J］．治理研究，2022，38（6）.

［5］修建军．论"和"为儒学之精义［J］．孔子研究，2005（3）.

［6］陆卫明，吕菲．先秦儒学"以人为本"思想诠释［J］．西北大学学报（哲学社会科学版），2017，47（01）.

［7］刘运华．先秦"人本"思想之追溯［J］．科学咨询（决策管理），2009（6）.

［8］杨依源．中西传统文化视域下的"以人为本"思想比较研究［J］．作

家天地，2022（2）.

[9] 段虎. 传统文化中的贵和尚中精神 [J]. 河南师范大学学报（哲学社会科学版），2008（2）.

[10] 雍际春. 中华优秀传统文化与文化自信——历史依据与现实逻辑 [J]. 甘肃政协，2023（4）.

[11] 蔡向阳，郑柏松. 中华优秀传统文化内涵特征及其融入大学生思政教育的时代价值 [J]. 黄冈职业技术学院学报，2022，24（6）.

[12] 张晓松，林晖，杜尚泽，张贺. 赓续历史文脉 谱写当代华章——习近平总书记考察中国国家版本馆和中国历史研究院并出席文化传承发展座谈会纪实 [J]. 共产党员（河北），2023（13）.

[13] 邹广文. 连续性：中华文明的首要特性 [J]. 人民论坛，2023（14）.

[14] 瞿林东. 深刻理解中华文明突出的连续性 [J]. 学习月刊，2023（8）.

[15] 何星亮. 深刻理解中华文明的创新性 [J]. 学习月刊，2023（8）.

[16] 张玉梅，彭剑勇. 中华优秀传统文化精神标识的三重逻辑 [J]. 现代交际，2023（11）：77－83＋123.

[17] 林国标. 习近平文化思想对中华优秀传统文化的阐释与弘扬 [J]. 海南大学学报（人文社会科学版），2024，42（01）：9－17.

[18] 李红辉. 论中华优秀传统文化的强大包容性及其价值 [J]. 濮阳职业技术学院学报，2023，36（5）.

[19] 翟志峰，董蓓菲. 文化记忆视角下语文教科书融入中华优秀传统文化的路径 [J]. 中国教育学刊，2021（4）.

[20] 赵敏. 新时代中华优秀传统文化的德育价值——评《中国传统"践行"德育思想研究》[J]. 中国教育学刊，2023（08）.

[21] 赵景欣，彭耀光，张文新. 中华优秀传统文化传承与学生发展核心素养研究 [J]. 中国教育学刊，2016（6）.

[22] 肖正德. 中小学中华优秀传统文化教学的突出问题及完善之路 [J]. 中国教育学刊，2019（11）.

[23] 王明娣，翟倩. 中华优秀传统文化融入教学的价值、困境及路径 [J]. 民族教育研究，2020，31（6）.

[24] 王鹤岩，郭佳乐. 新时代推进文化自信自强的中华优秀传统文化维度探赜 [J]. 学校党建与思想教育，2023（10）.

［25］陆志平．以文化人的新境界——新时代的语文课程建设［J］．基础教育课程，2020（10）：7－17.

［26］任翔．语文教材传统文化教育内容体系化刍论［J］．中国教育学刊，2020（06）：23－28.

［28］李金云，翟倩．从文化记忆到记忆文化：中华优秀传统文化融入语文教材的教学转向［J］．当代教育与文化，2023，15（06）：39－43＋105.

［29］温儒敏．"部编本"语文教材的编写理念、特色与使用建议［J］．课程．教材．教法，2016，36（11）：3－11.

［30］杨清虎．"家国情怀"的内涵与现代价值［J］．兵团党校学报，2016（03）：60－66.

［31］刘景泉．关于文化分类的反思［J］．广东社会科学，2006（3）.

［32］胡敏中．论物质文化和非物质文化［J］．新视野，2008（1）.

［33］彭菊花．完善中华优秀传统文化教育浅探——以人教版小学《语文》教材为例［J］．理论月刊，2015（1）.

［34］廖婧茜．统编语文教材与中华优秀传统文化传承［J］．贵州师范大学学报（社会科学版），2022（6）.

［35］郑新丽．统编版初中语文教材中的传统文化梳理［J］．教学与管理，2018（36）.

［36］《关于实施中华优秀传统文化传承发展工程的意见》［J］．中华优秀传统文化研究，2019（00）：3－13.

［37］谭明方．论"社会行为"与"制度文化"——兼论社会学的研究对象［J］．浙江学刊，2001（3）.

［38］任伟，麻海山．制度文化在社会主义文化建设中的作用［J］．前沿，2007（8）.

［39］冯永刚．刍议制度文化在道德教育中的功效［J］．教育研究，2012（3）.

［40］王永贵．建构中国特色社会主义的制度文化［J］．理论探讨，2012（4）.

［41］金勇兴．制度文化功能在当代中国现代化中的作用［J］．社会主义研究，2001（4）.

［42］牟钟鉴．对中国传统文化要进行分类研究［J］．孔子研究，1988（4）.

［43］李群，李凯．中小学需要怎样的传统文化教育？——基于北京市中小学"中华优秀传统文化"课程与教材建设的思考［J］．中小学管理，

2019（1）.

［44］徐育苗．解读政治制度［J］．社会主义研究，2004（2）.

［45］冯天瑜．中国史学的制度文化考释传统［J］．湖北大学学报（哲学社会科学版），2022，49（6）.

［46］孙正军．何为制度——中国古代政治制度研究的三种理路［J］．中国社会科学评价，2019（4）.

［47］李锦山．中国古代农业礼仪、节日及习俗简述［J］．农业考古，2002（3）.

［48］李婧玮，田友谊．国家认同的生成机制考察：学校仪式的视角［J］．现代大学教育，2022，38（3）.

［49］张革新．民间文学艺术作品权属问题探析［J］．知识产权，2003（2）.

［50］陈先云．文道统一原则在小学语文教科书选文中的具体运用［J］．课程．教材．教法，2021，41（4）.

［51］任增元，宋文龙，谭太虎．新时代教材意识形态安全的时代境遇与优化路径［J］．课程．教材．教法，2023（6）.

［52］田克勤，张健彪．中国共产党的百年奋斗与马克思主义的中国化时代化——访东北师范大学马克思主义学部田克勤教授［J］．高校马克思主义理论研，2021（03）：12.

［53］林青，陈慧颖．百年中学生物学教科书里中华优秀传统文化的时代性与继承性［J］．课程．教材．教法，2021（11）：137－143.

［54］唐明燕．论习近平新时代中国特色社会主义思想的中华优秀传统文化基因［J］．理论探讨，2024（1）：88－95.

［55］管贤强，吴欣歆．主题任务单元教学：核心素养导向的小学语文课程改革新探索［J］．语文建设，2023（2）：5－9.

［56］吴艳梅，张晗婧．教科书中的中华民族之美——基于统编语文教科书神话选文的分析［J］中国民族教育2023（12）：50－52.

［57］吴艳梅，段佳沁．文化自信视域下中华优秀传统文化的教学路径——以统编初中语文教材为例［J］．青海民族大学学报（社会科学版），2022（4）：111－117.

［58］高曼曼，吴艳梅．文化自信视域下中华优秀传统音乐文化的创造性转化与创新性发展［J］．民族教育研究，2023（1）：142－147.

[59] 张戈，李雪婷.“互联网＋”背景下民族地区国家通用语言教育质量的提升路径研究［J］. 青海民族大学学报（社会科学版），2022（3）：131－137.

三、中文学位论文

[1] 董成雄. 中国优秀传统文化的系统解读和传承建构［D］. 泉州：华侨大学，2017.

[2] 盛亚丹. 中学中华优秀传统文化教育中存在的问题及对策研究［D］. 武汉：华中师范大学，2017.

[3] 刘丽娜. 中华优秀传统文化融入大学生思政教育的路径探析［D］. 长春：东北师范大学，2018.

[4] 钱斌. 制度文化概论［D］. 合肥：合肥工业大学，2002.

[5] 刘艳兰.“部编本”与人教版小学语文实验教科书比较研究——以第一学段为例［D］. 武汉：华中师范大学，2018.

[6] 闫艺嘉. 社会主义核心价值观的时代性研究［D］. 南昌：江西农业大学，2021.

四、中文报纸

[1] 庞朴. 要研究“文化”的三个层次［N］. 光明日报，1986－1－17（2）.

[2] 习近平在文化传承发展座谈会上强调 担负起新的文化使命 努力建设中华民族现代文明［N］. 人民日报，2023－06－03（01）.

[3] 习近平在会见第四届全国道德模范及提名奖获得者时强调：深入开展学习宣传道德模范活动为实现中国梦凝聚有力道德支撑［N］. 人民日报，2013－09－27.

[4] 姚喜双. 语言文字是文化自信的源泉［N］. 光明日报，2020－08－22.

[5] 靳晓燕. 建设中国特色高质量教材体系［N］. 光明日报，2024－03－26（013）.

五、网络资源

[1] 习近平：决胜全面建成小康社会 夺取新时代中国特色社会主义伟大胜利——在中国共产党第十九次全国代表大会上的报告［EB/OL］［2017－

10－27］. https：//www. gov. cn/zhuanti/2017－10/27/content_ 5234876. htm.

［2］ 中共中央办公厅 国务院办公厅印发《关于实施中华优秀传统文化传承发展工程的意见》［EB/OL］［2017－01－25］. https：//www. gov. cn/zhengce/2017－01/25/content_ 5163472. htm.

［3］ 教育部关于印发《革命传统进中小学课程教材指南》《中华优秀传统文化进中小学课程教材指南》的通知（教材［2021］1号）［EB/OL］［2021－06－01］. http：//www. moe. gov. cn/srcsite/A26/s8001/202102/t20210203%5F512359. html.

［4］ 教育部关于印发义务教育课程方案和课程标准（2022年版）的通知（教材［2022］2号）［EB/OL］［2022－04－08］.

［5］ 教育部关于印发《中华优秀传统文化进中小学课程教材指南》的通知（教材［2021］1号）［EB/OL］.（2021－01－19）［2021－06－01］. http：//www. moe. gov. cn/srcsite/A26/s8001/202102/t20210203%5F512359. html.

［6］ 教育部关于印发《完善中华优秀传统文化教育指导纲要》的通知（教科社［2014］3号）［EB/OL］.（2014－03－28）［2021－06－01］.

|后　记|

　　教材建设是国家事权的重要体现，教材承载着落实立德树人根本任务的关键角色。中华优秀传统文化源自于中华民族悠久的实践历程，涵盖政治、经济、文化等多个层面，汇聚了中华民族千百年来思考与探索的精髓，是中华民族的根和魂，其内涵与中华民族的气质紧密相连，因此具有天然的吸引力，深受人们喜爱。这些传统文化内容蕴含着对中华民族思想信念、价值观念、道德体系的系统揭示与意义建构。

　　在深入梳理与探究统编语文教材中中华优秀传统文化的谱系过程中，我深刻感受到中华文化的博大精深与独特魅力。这一谱系不仅展现了古人的智慧与才华，更凸显了中华民族独特的气质与精神风貌。中华优秀传统文化中所蕴含的民族气质，体现了中华民族独特的文化特色。农耕文明作为中华文明的重要基石，孕育了我们顾恋家园、爱好和平的民族性格。这种气质在语文教材的山水田园诗中得到了充分的体现，诗人们以细腻的笔触描绘了与自然的和谐之美，展现了中华民族对和平与美好生活的向往，教材中的二十四节气主题选文，作为古人观察自然、顺应自然规律的智慧结晶，至今仍在我们的生活中发挥着重要作用。而《论语》中"过犹不及"的哲学思想，则体现了中华民族在社会实践中提炼出的与世界相处的智慧。这些智慧不仅具有深厚的文化底蕴，更对现代社会的发展具有积极的启示意义。此外，中华优秀传统文化还寄托着中华民族对真、善、美的追求。以教材中的古诗为例，其音韵之美、意象之美以及意境之美，均体现了中华民族对美的独特理解和追求。古诗中蕴含的精神之美，则展现了诗人对国家兴衰、民族命运的深刻关切。这种对真、善、美的追求，是中华民族的精神支柱，也是我们在现代社会中应坚守的价值观。

　　学校课程作为承载人类社会文化经验的重要载体，始终承担着传承与发展社会文化经验的责任与使命。将中华优秀传统文化融入中小学课程，旨在发挥中华优秀传统文化的育人功能，提升中小学课程在培育学生品格、启迪智慧、增强能力方面的作用。

然而，我们也应认识到，传统文化并非一成不变的陈词滥调，而是需要与时俱进、不断创新的文化资源。因此，将中华优秀传统文化教育融入中小学课程，意味着我们需关注传统文化与现代社会的契合度，推动传统文化在现代社会中焕发新的生机与活力。这要求我们深入挖掘传统文化的精髓，提炼其核心价值，并将其与现代生活相结合，使传统文化真正融入现代生活、使课程内容体系与社会发展需求紧密相连，推动学校课程内容的时代性、社会性。在课程作为教育性经验的深度激活的过程中，中华优秀传统文化的融入教材的过程将成为一项指向学以成人的事实与价值互通融贯的教育性经历，这一过程是由师生共同创造。

最后，我想由衷地感谢我的研究生团队，他们是我研究工作的得力助手和亲密伙伴。团队成员包括孙晓菲、张旭、张涵婧、孟凡红、梁国婷、吴晓蓓、宋碧薇等，他们每一位都在本书的写作，校对过程中付出了辛勤的努力。尤其是在统编语文教材中各文化类型统计等工作中。这项工作既繁琐又重要，需要耐心细致地分析每一篇课文，梳理其中的文化元素，并对其进行分类统计。正是有了团队成员们的共同努力和不懈追求，这项研究工作得以顺利完成。未来，我们将继续携手前行，将持续关注传统文化在现代教育中的传承与发展，探索其在教学中的实现方式。同时，我们也将关注数智化时代教科书的编制与表达，探讨数字化背景下，有效地将中华优秀传统文化融入教材的存在形态和表征方式，使其更符合时代的需求和学生的特点，增强他们对传统文化的理解和体验，为中华民族的伟大复兴提供强大的精神支撑和文化底蕴。